DESCRIPTION ET RECIT HISTORIAL DV RICHE ROYAVME D'OR DE GVNEA,

aultrement nommé, la coste de l'or de MINA, gisante en certain endroict d'Africque: auecq leurs foy, persuasions commerces ou trocs costumes, langaiges, & situations du pais, Villes, Villages, Cabannes, & personnes, ses ports, haures, & fleuues selon qu'iceulx ont esté recognuz iusques a ceste heure.

Pareillement vng brieff deduict du passaige que les nauires prennent pour y naviguer, passant au trauers des Isles de Canarie, Cabo verde le loing de la Coste de Manignette iusques au Cap des Trespunctas ou que ladicte coste commence: en oultre quelque description aussi des riuieres quon visite en singlant de ladicte Coste vers le Cap de lopo Consalues, d'ou quon se depart, pour retourner de par deca, le tout diligement & exactement descript par l'autheur qui par diuerses fois y a esté.

P.D.M.

A AMSTERDAMME

Imprime chez Cornille Claesson demourant sur leau au liure d'escripture
Anno M.VIC.V.

AV LECTEVR DE BONNAIRE.

APres que l'Eternel Dieu tout puissant eut cree l'Homme pour possider la Terre. il adioignit a vng chacun son estat auecq entendement & sens pour regir icellui, affin dy vaquer & y soy exercer pendant sa vie. Comme a l'vng l'estat Ecclesiastique, a l'autre l'estat seculier, le tiers en mainouvrages & le quatriesme en espritz excellens & Industrieux; pour excogiter diuerses sciences entre lesquelz on trouue plusieurs engins rares qui produisent en lumiere choses: que souuentesfois on iugeroit incroiables au pardeuant & Impossibles d'estre effectuees par mains humaines, & entre icelles trouue on vne science (peu estimee d'aucuns) laquelle est neantmoins grande & digne d'estre louee, oultre passant en valeur toutes les aultres sciences du monde, quon pourroit excogiter, a scauoir l'industrie marinesque & l'Enqueste des pais incognuz. Cest vne chose a plusieurs hommes incomprehensible comme quelqu'vng puisse estre aultant Ingenieux, que soy boutant en mer, sans veoir en troix & quattre voire six & sept mois terre, il puisse attaindre le lieu precogite ou que touttesfois lui ni aultre de la nauire ne fut iamais scachant dresser son cours & asseurer son voyage en chemin tant peu fraye, par science & industrie du Seigneur a lui donnee pour parachener & executer telles choses, dont on dit en commun proverbe que ce fut vng hardi coeur d'homme qui tout premier osa fier sa vie en vng bois dessus la mer, touttesfois combien que ce soit vng acte de peu destime si est il neantmoins de grand courage & valoureux, duquel le gain & prouffict est le plus equitable quon puisse trouuer au monde & considerant de plus prez ne trouuerat on chose au monde plus soubz mise aux dangiers, que l'homme mariner. Tout au premier le peult on quasiestimer perdu & sans vie, a cause que la nef est sitost perdue par mesgarde enfoncee & renversee par tepestes & orages secondement que les vagues de la mer peuuent rompre la navire. Tiercement que soy fourvoyant il peult perir par famine, sans iamais plus comparoistre au quatriesme qu'vng homme soit tant ose, que de soy advanturer au dessus d'vng bois flottāt en mer soy soubz mectant a mille dangers. A la cincquesme questant en danger il ne peult attendre secours, que de Dieu seul, duquel par priere il le peult obtenir, a la sixiesme quon est aussi en danger de poissons lesquelz peuuent endommager la nauire comme me souuient auoir l'eu en Aristote & Pline, qui escripuent quil y a vng poisson en mer, en Grecq dict Echeneys, & en Latin Remora, d'une nature si meschante & envieuse, quit peult retenir le cours d'vne grande nauire singlante a pleine voiles, sans quelle puisse passer plus auant pour roide que soit son cours, dont Lucanus en parle en ceste facon, Non pupsinu reniens eure tendente rudentes in medys Echeneys aquis, qu'est a dire, il y a vng poisson appelle Echeneys, qui retient le cours des nauires qui vent en pouppe singlent en la grande mer. Cest vng cas fort esmerueillable, qu'en vng petit poisson soit telle nature & puissance, quil puisse arrester le cours d'vne nauire singlante a vent deuant: que dirons nous des hommes assoubiectiz a touttes ces choses pour l'esperance d'vng peu de prouffict, laquelle souuentesfois deceue ilz perdent tout ce qu'ilz ont, tellement qu'ils ne sauuent que le corps nud souffrans disettes tresgriefues es voyages principallement lungtains, esquelz souuentesfois ne leur default que de tout, comme on voit advenir, & la ni a rien a achapter & quand Dieu leur donne sa grace, les deliurans de telles miseres & calamites ilz mettent incontinent en oubli tout ce qu'ilz ont endurez, & ly reboutent aussi tost dedans soy abbandonans de rechief en la mer: la raison de telles enquestes est de deux sortes, la premiere se faict par curiosite, l'autre par fuir pauurete: la curiosite faict entreprendre beaucoup, mais la pauurete encor plus. Aulcuns font plusieurs choses affin de veoir quelques enstrangetes, & de venir en estime, aultres a cause du gaing & pour acquerir des biens chacun selon sa fantasie. Les meres ont a soy douloir grandement qui nourrissent leurs enfans auec grands trauaulx & despens lesquelz estans venuz en eage se boutent en mer & sassoubiectissent aux perilz & dangers susdictz: combien que celui qui se fie en Dieu n'est iamais abandonne, & celui duquel Dieu prend garde soit bien garde. Il ne m'a samble hors de propos de faire ce discours icy, pour donner a aulcuns quelque notice des incommoditez de la mer, pource quil y a plusieurs ieunes hōmes, qui auec grande liesse se mettent es voyages loingtains de mer, soy persuadans que touttes choses y accourrent a souhaict, & la cuisine de leur mere les debuera suiure par tout, ne sachans d'aise qu entreprendre: mais estans en chemin lexperience leur faict cognoistre le contraire, a raison dequoy souuentesfois plusieurs cas sortent aultre fin que l'intention premiere n'estoit quand transportez de propre affection ilz ne pensoyent aulcunement pouuoir mal faire. Neantmoins combien qu'on soit soubiect a grand dangers par orages & tempestes de la mer & encores d'advantaige par pirates, qui cerchent de detrousser vng chacun si n'est on du tout sans telz & aultres dangers, quand on demeure en sa maison la pauurete, la guerre, les maladies nous viennent visiter sans estre conviez, voire il semble que l'ung soit ne pour vexer l'autre, & lui faire despit. car celui qui est en repos ne le peult estre plus longuement, que le perturbateur meschant ne veult comme on voit souuentesfois advenir. Mais

quelle guerre n'ont ensamble les animaulx asçauoir les poissons de la mer, les quadrupedes & oyseaux voire les poissons font la
guerre aux nauires, sans estre offencez d'icelles, ni auoir aulcune communauté ensamble. Les quadrupedes s'entretuent
& combattent en diuerses manieres, regardez l'Elefant, vng animal tant grand & robuste, comme il a poeur de la petite souris laquelle montant en son oreille, le tourmente illecq, d'aultre part voit on les Lions acharnez contre les Leopards les
Loups contre les Brebis, les Chiens contre les Cerfz & Lieures &c. Pareillement les oiseaux l'ung contre l'aultre comme l'Es-
peruier a l'encontre de la Cigoigne les Oyseletz contre le Hibou. Les poissons aussi les grands y mangēt les petis comme Bonites
qui deuorent les poissons volans. Vous n'auez aussi moindre combat, ennemitie & dissension entre les animaulx venimeux on
que le Basilisc tue les aultres serpēs auecq sa veue, d'aultre coste les Lasards contre les coleuures, qui leur font tout le mal quilz
peuuent &c. D'aduantage les oyseaux de l'air contre les animaulx terrestres, lesquelz n'offencent onques lesdictz oyseaux
en rien: comme le meschant milan faict lequel voltigeant en l'air, vient a tomber en terre, & surprendre la geline, l'enleuant
en l'air, quil deuore puis apres auecq tous ses poulcins. Telles guerres dessensions & combatz ont les bestes brutes ensamble,
quelles aucune d'enuie doibt on doncques trouuer entre les hommes, ou quel vng se va consumant d'ennuie a veoir l'autre pros-
pere, & ce souuentesfois sans occasion ou proffiet qu'il en aye, ou puisse attendre, aultres y a qui sont enuieux d'aultruy bon heur
tant seulement par vne vaine gloire. & s'en entreportent telles haines & rancunes ensamble, que c'est chose indicible, dont en
vient telle discorde, quilz ne se sçauent comporter veoir en lieu quelconque, combien que la necessite les contrainct a frequenter l'vng l'autre iournellement & cela mesme est cause de grands dommages, comme on peult assez comprendre, que discorde
n'est cause que de mal pourtant ne voulons aussi quaulcun s'en prenne a qui cecy ne touche, car on se pourroit souuentesfois bien
comporter plus amiablement ensemble quon ne faict. Adieu vous commande.

Ce 15. Iour du mois d'Apvrill l'an 1602. en Amsterdamme.

DESCRIP.

DESCRIPTION ET RECIT HISTORIAL, DV ROYAVME D'OR DE GVINEA, AVLTREMENT APPELLE A COSTE

de l'Or de Mina, gisante en vng endroict d'Afrique: auec leurs religions, opinions, commerces ou trocqs coustumes, langaiges & situations de Pais, Villes, Cacabannes maisonnettes & personnes, comme aussi ses ports & riuieres comme on les a iusques a c'est heure retrouuees.

Semblablement aussi vng brieff deduict du passaige que les nauires prennent pour y venir au trauers les Isles de Canarie, passant Capo Verde, *au long de la coste de Maniguette iusques au Cabo de Trespunctas ou qu'icelle coste commence: daduantaige quelque petite description des riuieres quon visite en singlant de ladicte coste vers Cap Lopo Consalues, d'ou quon se depart pour retourner a la patrie, le tout diligemment, & perfaictement descript, par vng qui par diuerses fois y a esté.*

L'an 1600. le 1. Iour du Mois de Novembre.

LE 1. dict sommes nous partiz de Texel, & auons haulcé les voiles pour singler vers la coste de *Guinea*, auecq noz deux nauires, le vent estoit N. E. auecq vng temps serain & clair. Cours des nauires vers la coste d'or.

Le 2. dict continuoit le vent encores N. E. le Matin auons nous encontré, huict nauires Hollandoises, auec deux aultres de guerre, & vers le soir, visines la coste de Flandres, comme Dunquerque & Grevelingues, & d'aultre coste Calis en France, & Douvres en Angleterre.

Le 3. dict estant le vent N. E. comme dessus auons nous veu l'Isle de Wicht.

Le 4. dict passames nous Goustert, & veismes vng voile, nous venir encontre, mais neusmes moyen pour l'abborder.

Le 12. dict auons nous la havlteur des Berliss, & auons baptizé les gens, selon l'ancienne coustume.

Le 16. dict estimions nous Isle *S. Marie*, estre distante de nous, Est & Ouest enuiron 45. lieues.

Le 19. dict auons nous prins nostre cours. S. vers E. & au middy auions nous la haulteur de 32. degrez, & coniecturions Madere E. a l'E. & N. & E. N. E de nous a 20. lieues, telque singlions a l'ouest d'icelle.

Le 23. dict prinsmes nous nostre cours vers le S. & auions la haulteur de 23. degrez 15. minut.

Le 25. dict, poursuivions nous tousiours vers le Su. au middi auions nous la haulteur de *Capo Verde*, & envers le soir, auons nous veu une barque Espagnolle.

Le 30. dict eumes calme, ayans la haulteur de 8. degrez 20. minut:

Le 6. December continuoit encores la bonasse susdicte & estimions la haulteur des Bassis.

Le 12. dict auons nous prins plusieurs *Dorades*, & *Hayes*, le temps estoit fort chauld.

Le 23. dict survint quelque venteler, qui tiroit le long de la coste, ayans quasi flottez par 25. iours en calme, sans avancer que de peu.

Le 25. dict du matin a bon heure en Iour de Noel, auons nous veu le pais de la coste de meliguette, auec grande liesse.

Le 26. dict auions nous fondz en 28. brasses fond d'argille, & veismes au Riuage deux voiles, a l'approcher desquelles, avons cogneu icelles estre de *Balthasar de Moucheron*, qui retournoyent vers Zelande. 2. Nauires appartenans a moucheron.

Le 27. dict auions nous le vent du pais, & veisines la nef de *Iacob Pluyt*, gisant sur la coste de Meliguette, en vng endroict dict *Crou*.

Le 28. dict, auons nous veu bien matin deuant iour, vne Nef, & a l'approcher, estoit ce vng marinier de Hambourgh, qui estoit fourvoye, pensant estre es Indes occidentales, mais nous lui auons dict, quil estoit a la coste de Meliguette; Il vouloit estre en Brasil, & auoit perdu son petit mast, que la Tonnere lui auoit emporte.

Le 30. dict auons nous veu le Cap de Palma ayans la haulteur de quattre degrez.

L'an 1601. le 1. de Ianuier.

Le 1. dict auons veu le Cap de trespunctas & au soir l auons nous passe.

Le 2. dict veismes nous Kormentain, ayans passé le lieu de nostre commerce.

Le 3. dict sommes nous venuz deuant *Mourre*, ou que nous trouuames 3. nauires Hollandoises, qui y faisoyent leurs traficques.

Le Passaige & cours que les nauires prennent pour surgir a la coste d'or de Gunea.

des Nauires singlantes vers la coste d'or Canarie. Caboverde

Les Nauires estans en ordre, en Texelle, Meuse ou Vielunge, d'ou que communement elles se departent de ces Prouinces unies du pays bas, pour singler vers l'Afrique, la coste de meliguette, ou celle d'or de Gunea, pour y faire leur trafficque auecq les Negros: ayans perdu de veue ces pays dressent leur cours envers les Caps, pour passant oultre & trauersant le Canal entre l'Anglererre & France, venir en la grande mer d'Espagne, ou quelles se tournẽt puis vers les Isles de Canarie, lesquelles passees a veue d'icelles ou leur haulteur, au rapport du Pilote, ils poursuiuent leur erre iusques a la veue de Capo verde tousiours S. vers E. & S. S. E. iusques a ce qu'ils ont la haulteur de 15. degrez, & alors n'apperceuant encores terre, on dresse le cours vers l'Est. Estant a Capo Verde, on envoye communement quelques batteletz vers terre, pour rafreschissemens desquelz on trouue Illecq bonne commodite, cela faict, estans en poinct pour poursuiure le voyage, on dressera son cours quelque peu vers le Sud a l'Ouest, iusques a ce quon soit bonne piece au dehors du riuage, duquel communement on se peult malaisement departir, a cause de la maree & vents Sudz qui repoussent tousiours vers le riuage, tellement que bien souuent on est plus prez d'icellui, quon ne presume, & ceulx qui ont intention de trafficquer aussi sur la coste de Maniguette, quand ils seront au dessus des Bassis de Riõ grande, alors se pourront ceulx la bien retourner vers le riuage pour cercher quelque prouffict en *Serra Liona*, & es aultres riuieres, tout au long de la coste visitant les villes & riuieres iusques au Cap de Palme, d'ou qu'ilz dresseront leur cours tout tenant le riuage iusques au Cabo de Trespunctas mais ceulx qui ne vouldront point surgir a Cabo Verde ou a la coste de Maniguette, mais veulẽt tenir leur cours tout droict, vers la coste d'or, ou de Mina, telz prennent leur cours, passant les Isles du Sel ou de Cabo verde, laissent icelles communement a Babord, ou aultrement selon l'addresse du vent, & ayans la haulteur de 10.9 ou 8, degrez, Ilz se commencent peu a peu, a bouter pres du riuage & de prendre leur cours Sud vers l'Est, & viseront auecq tel cours de passer au dessus de tous Bassis ou seicheresses, sans le changer aulcunement, car celui qui vient sur cestes seicheresses, appellees les Bassis de S. *Anne* gisantes sur 6. degrez, ont beaucoup de paine, auant qu'ilz s'en sceauent de partir, d'aultre coste consumeront ilz grand tamps la dessus cuidans souuentesfois les auoir passees, quand la nef y est encores dessus, ce qu'advient, a cause que telle seicheresse n'est continue mais a des fossez & puis, ayant ores 3. brassees de fond, ores bien 10. brassees d'aultre coste vous poussera la maree tousiours vers le riuage, tellement que plusieurs perdent icy beaucoup de tamps a cercher, par leur nonchalance auant qu'ilz sçauent paracheuer leur voyage predestiné, ores singlant quelque peu auant & venant iusques a la haulteur de 7. & 6. degrez, a on la communement quelque bonasse, principallement quand cest hors de la saison des Trauados, ce quest en Auril May & Iuing, dont on craint fort. Il nous est aduenu que nous auons flotté icy au dessus de ces seicheresses en bonasse, l'espace de 20. iours, sans gaigner quelque haulteur voire ce que lvng iour advancions auecq la maree, l'auons nous de rechief perdu le iour ensuiuant par vent contraire, de facon quon se doibt bien garder du riuaige, principallement les nauigans vers le Brasil, qu'ilz ne s'approchent de trop pres du riuaige, affin que telle bonasse ne les surpriẽne, car i'ay trouue vnefois icy vng maronnier, qui pensoit singler vers la Baye de Todos los Sanctos, lequel pensant que le flux le poussat es corbures des ouest Indes, vint a decheoir sur la coste de Maniguette, tellement quil fut contrainct, de tourner en arriere la ou ne pouuant obtenir son droict cours, il fut necessité de laisser son voyage predestiné, & en lieu de nauiguer vers le Brasil venir a surgir a S. Thome, tellement quon ne peult advancer riens auec le vent sur ceste haulteur, mais biẽ auec le flux, qui va tousiours vers l'est & la corbure. D'aultre coste ay ie encores leu & souuentesfois ouidire, quau tamps de l'inventiõ du destroict de Magellan, les Espagnolz singlans vers icellui, pour y bastir quelques fortz & chasteaux, voguerent sur ceste haulteur de, 7 & 6. degrez en bonasse bien trois mois, auant qu'ilz vindrẽt au vent N. N. E. tellemẽt qu'vne grande commotion se leua entre eulx, estans quasi tous periz de soif, les nauigans des Est Indes, euitent aussi ces bonasses, au possible, pour venir au dessus des bancs du Brasil, quon nomme les seicheresses du Brasil, mais souuentesfois aussi par trop, car alors sont ilz contrainctz par le vent & flux de surgir au Cabo de Lopo Gonsalues & de singler puis au long de l'Equinoctial bien 3. ou 4. cent lieues deuant qu'ilz soyent de rechieff en leur vraye trace, comme n'a guerres il est advenu encores a quelques nauires des nostres, a grand interest du voyage. Puis apres estans passez ces bonassez & arriuez quelque part a terre, environ Cap de Palme, ou quelques aultres endroictz cogneuz, on dressera son cours tousiours au long du riuage, sans y approcher de plus pres que de 28. brassees, iusques au dela le Cap de Trespunctas ou que la coste d'or commence, & les nauires Hollandoises font leur trafficque auecq les Negros.

Leu pour querre des viures fort propre. Qui veulent trafficquer a la coste de maniguette ce qu'ilz ont a faire.

Ceulx qui vont droict vers la coste or comment quilz ont

bonasse coustumiere. Difficulte de passer Exemple d'vng qui ne sceut parachever son voyage entreprins estant decheu vers riuage.

Brief recit de Capo verde gisant en 15. degrez ou que les nauires abbordent communement, qui veulent estre a la coste de Meliguette, ou Mina pour y trafficquer.

Premiere

PRemierement paſſant les riuieres de Senega, on commence a s'approcher a Cabo verde, pais aſſez bon a cognoiſtre, quand on a parfaictement ſon haulteur & coniectures. Car le premier coing qui ſe diſcouure auecq deux collines s'eſtend & advance fort en mer, & aux coſtes tant N. que S. ſe perd le pais, mais au S. du Cap, en viron demie lieue du riuage. apparoiſt vne iſle diſtante auſſi de demie lieue du riuage, ou que grande quantite d'oyſeaux nichent, & ou peult aller querir abondanne d'œufz, au derriere de ceſte iſle giſt vng terrible rochier, vng peu ſepare de l'Iſle. Ceſt Iſle n'eſt guerre propice pour conioindre les batteletz, on peult bien ſingler auec vne nauire de 160. charges entre l'Iſle & la terre ferme, mais non ſans dangier, car il y a des Rochiers cachez ſoubz leau: mais pour plus grande ſeurte de biens & nauire vault il mieulx, qu'on ſingle a l'oueſt de ceſte Iſle vers l'autre, ou quon met en vng les batteletz, laquelle on peult veoir diſtante a trois lieues de ceſte cy au S. E. en ces iſles ne demeure perſonne auſſi ny a rien a recouurer que du Ballaſt & bois a bruſler mais a cauſe quil y a icy vne vallee fort propice pour mettre en poinct les batteletz, ſe ſert on fort de ceſt endroict & beaucoup de nauires y abbordent. Mais en terre ferme habitent pluſieurs Negros, qui negocient auec touttes nations, & a cauſe quilz frequentent & hantent auec pluſieurs nations eſtranges ſcauent ilz parler diuers langages, comme Eſpagnol, Anglois, Franchois, & Flamen les Francois ſont fort cogneuz en ces endroictz & ce a cauſe que les nauires Francoiſes y ſouloient iadis ſouuent venir, plus quelles ne font pour aſtheur a raiſon de quoy les Negros parlent au plus ce langaige, les gens y vont tout nudz, hormis les parties vergogrieuſes, quilz couvrent d'vng petit drappeau. Mais les officiers comme Capitaines & Gentilz hommes) font plus grande piaffe que la commune & ſont ayſement a cognoiſtre a leurs accouſtremens & affublemens quilz ſont des ſuperieurs, ilz portent vne longue chemiſe de catton, tout au tour fermee faicte a la mode d'vne chemiſe de femme, rayee de traces bleues, comme vng coutil, ils ont auſſi es bras pluſieurs facqs quarez de cuir tout a lentour attaches enſamble, pareillement auſſi a leurs Iambes, mais ce que y eſt dedãs m'eſt incogneu, a cauſe quilz ne veulent permettre quon le regarde, au tour du col portent ilz vng patenoſtre, faict de dens de cheual de mer, auecq quelques couleurs de Coralz & telles choſes que nous leur apportons: deſſus la teſte portent, ilz vng bonnet, ſelon la mode de leur affublement. Ceſt aultant qu'homme peult eſtre, fort diligent & ſoigneus pour gaigner la vie, leur principalle occupation eſt en agriculture, pour ſemer du Riz & fourment, la plus grande richeſſe quilz ont eſt en vaches, leſquelles ſont icy bien peu & fort cheres, mais quelque peu plus au dedans du pais, y en a quantite, car on va querre a Portadilla navires plaines de cuirs ſalez, quon y change pour du fer, n'eſtant que 7. ou 8. lieues de Capo verde, ilz trauaillent fort gentiment en fer, lequel eſt icy bien voulu, principallement des barres longues & belles, deſquelles ilz ſont fort curieuz voire aultant qu'hommes au monde & les mettent en oeuure pour faize des Inſtrumens a peſcher & cultiuer la terre, pareillement auſſi pour armures comme arcqs, fleſches, arpons, & aſſegayes. Ilz ont petite cognoiſſance de Dieu, mais ceulx qui frequentent & converſent beaucoup auecq les eſtrangiers, ſont vng peu plus modeſtes que la commune, ilz ſont auſſi fort gourmans au manger, & guerres moins au boire. Ilz ſont auſſi fort palliards & addonnez a larrecins & Luxure, vng homme y tient autant de femmes, quil peult nourrir, les femmes y ſont auſſi fort Impudicques principallement auecq des eſtrangers dont ilz ne ſont tant ialoux, comme de leur propre nation, & voiſins leur religion & doctrines ſont a la guiſe Mahomettaine, quaſi en tout ſemblable a icelle, comme en la circonciſion & ſemblables badineries. Ilz ſont auſſi fort grands menteurs, dont on ne ſe peult aulcunement fier, pourtant quilz ne tiennent point leur parole, & quon les ſurprent ſouuentesfois ſur menſoinges & tromperies. Le pais eſt fort fructueux de pluſieurs fructz & Herbages, comme de Dattes, Limons, Oranges & Tubac, Riz & fourment. vin de Palme, riuieres belles & puis, eſquelles ont peult ayſeement querre lea u, il y a auſſi des Febues groſſes & des Pors menuz, mais point en abondance: d'Elephans, Chameaux, Aſnes ou petis muletz, ſinges, Marmotz, coloeuvres, Porc Eſpicz, Vaches ſemblables a celles de pardeca, Cabrittes, Boucs, Gelines, Colombs, Cigognes, Perroquetz, auecq grande quantite de petis Oyſeletx, en certaine ſaiſon de l'annee y prend on auſſi grande quantite de Poiſſons comme Fraſmes, Eſcreuiſſes, Moulues ou ſemblables a iceſles, auecq nombre treſgrand d'aultres poiſſons, que nous ne cognoiſſions point, ou ne leur ſcauions donner vray nom: Ilz ſe ſeruent a tel meſtier d'inſtrumens fort induſtrieux comme d'arpons de fer, pour darder le poiſſon, auſſi font ilz des filetz tiſſuz deſcorpes d'arbres, a' guiſe d'vne bourſe, telz filetz ſont rondz & cloz par embas & en hault ouuertz, leſquelz ilz laiſſent deualler au fondz auecq vng caillou, qui les tire en bas, au milieu mect on l'amorce bien fermement attachee a laquelle le poiſſon vient ſuccer, quilz ſentent biẽ toſt, & le ſentant ſuccer a l'amorce, ilz tirent le filet amont, comme vne bourſe ilz vſent auſſi des Canoes quilz ſcauent cauer hors d'vng troncq d'arbre, eſtans Aſſis en icelles pour les gaſcher, comme ceulx de la coſte d'or, mais leurs gaſches ou ſouches auecq leſquels ilz gaſchent ſont d'vne aultre facon, ilz ſont ronds par en bas comme des tranchoirs, fort nonchallemment faictz. Les marchandiſes quon negocie icy au plus, ſont Cuirs, ambre gris, Gomme Darabie, ſelz & aultres denrees de moindre importance, comme Riz, Grains, dens & vng peu de Ciuette. Les Portugois ſont icy auſſi demeure & y ſont grande trafficque auecq aultres nations, auecq leſquelles ilz peuuent librement & franchement trafficquer, a cauſe quilz ne ſont point ſubiectz au Roy d'Eſpagne, d'aultre part ne ſont ilz point maiſtres du pays, ou ny ont nul commandement ſauf au deſſus de leurs eſclaues. Les ſauuages ou Negros ſont deſſoubz les Mandemens de leurs ſuperieurs, qui ſe nomment Algayer, en leur langage que

Cabo verde facil a cognoiſtre.

Iſle demie lieue diſtãte de Cabo verde.

Iſles diſabitees.

Vaches la plus grande richeſſe du pays.

Fer bien voulu en Cabo verde.

Portugalois habitans au Capo verde.

que veult dire aultant, comme Capitaine d'vng village a son *Algayer* a part soy, quand quelques nauires abordét viennent incontinent telz superieurs a bord auecq vne Canoe, pour auoir l'argent d'ancraige, on donne cõmunement troix barres de fer, mais de ceulx qui ne sceuent point l'vsance, prendront ilz aultant quilz pourront auoir ilz sont fort noirs de corps & bien proportionnes, quand ilz parlent ilz tirent le coller comme les poulles d'Inde & parlent fort vistement, ayans vng langage a part entremeslé de diuers langages, mais a cause que ie n'ay guerres tarde icy, aultant de tamps seulement, que nostre battelet fut mis en ordre, n'aye sceu auoir plus grande notice de plusieurs aultres choses, dont ie m'en rapporte au dire de quelqu'vng aultre, qui aura frequente ces contrees plus que moy,

Quel passage on prent du Capo verde, *en costoyant la coste de Meliguette, vers la coste d'or de Mina, comment les places sont situees, se nomment, & sont distantes les vnes des aultres.*

PArtans de Cabo verde vers la coste d'or de Mina tient on le cours au plus pres du riuage, selon que le vent veult seruir, iusques au lieu ou quon veult negocier, & faire quelque train de marchandise auec les Negros de Cabo verde a Rio gambi sont 25. lieues, de Rio Gambi, iusques au Bassis de Rio grande sont 30. lieues iusques a *Sierra Liona* sont 60. lieues il faict fort bon Hyuerner icy en ceste riuiere, en lembouchure d'icelle a on au moins cincq brassees de profondeur & puis tirant plus auant vers la rade encores 14. lieues, a on 16. 14. 12. 10 & 8. brasses d'eau. de la Riuiere *Sierra Liona* iusques a Rio de Gelinas (ainsi dicte a cause que les Gelines y sont a fort bon marche la piece pour vng couteler) sont 40. lieues de Rio de Gelinas iusques a Capo de Monte sont 18. lieues, le pais de Capo de Monte s'estend tout vers le S. E. au S. c'est vng pais fort bas, mais le Cap est pais esleue, comme vng mont ou vne selle de Cheual, auecq vne fente, de Cap de Monte iusques a Cap de Palm sont aussi 50. lieues & de Cap de Bassis iusques au Cap de Palm sont aussi 50. lieues, ceulx cy sont les trois plus fameux caps de toutte la coste de Meliguette, ce Cap gist en quattre degrez & est le plus extreme de bout de toutte la coste, qui plus s'estend vers le quateur le pais est la plus part S. E. & N. O. fort applani, selenant quelquefois vng biẽ peu, sans que touttesfois aulcune montaigne haulte se discouure au pais, de Cap de Palm iusques au dela Cap de Apolonie, iusques a Cap de Trespunctas sont 60. lieues, du Cap de Mont iusques au Cap de miserade sont 16. lieues. Ce Cap est vng pais esleue, du Cap de Miserade iusques au Rio de Chestes sont 24. Lieues, iusques icy a on bon ancraige iusques en 12. brassees, le coing ouest est vng double pais, comme vng mont qui se discouure au dedans du pais, quand il est. N. de vous, lors estez vous ioignant Rio de Chestes, a l'embouchure de la riuiere gist vne petite islette & le village ou quon negocie gist vne lieue plus hault dedans la riuiere de Rio de Chestes iusques au Cap de Bassis sont 5. lieues ce se Cap monstre cõme vng voile & est vng blang Rocher de pierre dedans la mer, quand on est a deux lieues du Cap, on a la profondeur de 34. 35. brassees bon ancrage, vous pouuez tenir vostre cours tenant le riuaige a 32. 33. 34. brassees pres mais ni approchez de plus pres, en cas que vous ne voulez point surgir a la coste de Meliguette, a cause du flux & du vent de mer, semblablement aussi pour les rochiers & fonds mal asseures qui y sont, ce que ne vous peult causer advancement aulcun. Du Cap de Bassis iusques a Sanguin sont 3½ lieues icy troune on foison de meliguette a vendre & on y faict bon commerce de Sanguin a Bosoe sont 2½ lieues icy se negoce aussi, De Besoe a Serres sont 2. lieues, icy faict on aussi trafficque & est vng bon lieu.

Rio Gambo bassis de Rio grande Sierra Liona.

Cap de Bassis.

De Serres a Bottovva sont deux lieues cest aussi vng bon endroict pour negocier. De Bottovva a Synno sont 5. lieues ou quon trafficque aussi de Sunno iusques a Souvveroboe sont 3. lieues, de Souvveroqoe a Baddoe sont 2. lieues, De Boddoe a Crou sont 4. lieues. De Wappa a Granchestre sont 2. lieues ceste place est nommee des Franchois, Paris, de Granchestre a Goyava sont 4. lieues, icy vient foison de meliguette a vendre & est vng bon lieu pour trafficquer auec les Negros. De Goyava a Cap de Palm sont 3. lieues, & tout cecy de Cabo verde iusques a Cap de Palma se nomme la coste de Meliguette au dedens de laquelle le Royaume de Melli est situe, duquel ceste coste obtient le nom & est des estrangiers appellee la coste de Meliguette & des flamans la coste des grains. Ce Royaume de Melli en a encores vng aultre soubz soy, nomme Bitonin, situe guerres loing de Rio de Chestes. Cestui Royaume de Melly est puissant en fourmens grains, Riz, Cattons & Chair, auec nombre grand d'Elephans, dont procede, quõ y trocque quantite grande de dens. Les Habitans sont gens cruels & meschans, tachans, tousiours daccabler & tromper les nations estranges, qui y viennent, & les mettre a mort trahistreusement, mais l'vne nation leur est mieulx venue que l'aultre, & entre icelles les Franchois, qui y ont nauigue long tamps y a, mais les Portugalois y abbordent astheur que bien peu, nos flamans sont mieulx venuz en vng endroict quen l'aultre, & ce a cause qu'ilz l'ont eulx mesmes aulcunesfois occasionne, dont les Negros cerchent en auoir leur revenge. Le plus grand commerce quon faict icy est en grain, dens & vng peu de riz, le restant quon y troune encores ne peult estre permute en telle quantite comme le grain, dens, & ni est acquerable quen petite quantite: mais touchant a aultres rafreschissemens pour la necessite de la vie humaine, d'iceulx y en a raisonnablement, & le vin de Palma quon tire des arbres est icy fort delicat & d'vne tresdoulce saveur & aultant exquis comme on pouuroit acquerir en toutes ces contrees. Les habitans sont assoubiectis a leurs superieurs quilz nomment *Taba*, ausquelz ilz sont fort obeissans pour accomplir leurs commandemens. Les Rois ou supe-

vng de Palme excellent a la coste de Meliguette

superieurs de leurs villages tiennent fort leur grauite, & gouuernent rigoureusement tenans leur commune en grande subiection, le langaige quilz parlent est different en certains endroictz, mais ilz parlent la pluspart vn peu de Franchoys, & ce a cause quilz sont accoustumez a negocier beaucoup auecq iceulx, & quilz comprennent pour cela leur langaige vng peu, comme font ceulx de la coste d'or aussi, qui veulent semblablement parler vng peu de Portugalois & ce pourtant que les Portugalois iadis y ont fort frequente. Ilz sont fort diligens en lagriculture, comme en semer grain, dont ilz font grande trafficque, aussi sont ilz fort faictiz en leurs mestiers, faisans plusieurs gentillesses, principallement des belles Canoes, auecq lesquelles ilz se boutent en mer, quilz font hors d'vng arbre creux, a façon des gondoles venetiennes, fort estroictes selon leur longueur pour soy donner dessus en leau. Les hommes tiennent aultant de femmes quilz sçauent entretenir, les tenans fort en bride & estroictement, car ilz en sont fort ialoux, voire quand ilz retrouuent que quelqu'vne de leurs femmes se soit forfaicte, ilz en fairoyent bien la guerre contre labuseur d'icelle, mettant en commotion toutte la ville, tellemẽt que les femmes ne sont pas tant communes icy comme à la coste d'or de Mina & aillieurs. Puis passant le Cap de Palm vient on en plusieurs riuieres esquelles on permute quantite de dens, tirant tousiours iusques au Cap de trespunctas, lequel endroict se nomme a ceste cause aussi la Coste des dens au loing du Riuaige gisent plusieurs petiz villages, lesquelz on peult bien aller veoir auecq le battelet en passant. Les habitans negocient illecq fort gentiment & ce a cause quicy viennent peu de nauires marchandes. En ceste coste y a de profondeur 20. brassees bon ancraige & fond seur & meilleur que de la coste precedente: ces gens cy sont aussi fort industrieux en faire accoustremens de Gotton, pour les revendre sur la coste d'or, ilz negocent beaucoup auecq ceulx de Mina, aulcunesfois trouue on bien de l'or chez eulx, mais bien peu, ilz commencent aussi a le cognoistre, & le tenir en grande estime, tellement quil ni auroit nul prouffict a faire au troc. Passant ores plus auant vers le Royaume de Gunea celui est s'end en tout quasi en la longitude de 500. lieues, ce quest environ 400, lieues d'allemagne du Royaume de Melli iusques au Rio de Benin inclusiuement, nonobstant que soubz icelui se trouuent nombre de petiz Royaumes, neantmoins les comprend on tous soubz Gunea. Ores passant le Cap d'Apolonie (gisant entre Cap de Palm & Cap de trespunctas) cincq lieues au dela gist vng petit chastelet mais guerres muni que les Portugois tiennent, dict Axien, mais le village se nomme Achombene, icy habitent grand nombre de Negros; mais ilz viennent raresfois aux nauires qui y iettent lancre, & ce pour la defense des Portugalois. Auec cecy est on passe les Costes de Meliguette & dens, doresenauant commence la coste d'or de Mina.

Ceulx de la coste de Melli fort ialoux de leurs femmes.

La Coste des dens.

On trouue icy aulcunesfois que peu d'or.

B DESCRIP-

DESCRIPTION DE LA COSTE DE GVNEA SITVEE EN

en la seconde partie du Monde, appellee AFRIQVE, auecq leurs facons de faire, religions, & langages, pareillement leurs commerces & trafficques.

Premierement comment le Pais d'Afrique est situe & en quelle facon il s'estend.

Africque dou elle a prins nom.

SElon que *Iosephe* escript au premier liure des antiquitez Iudaicques au 23. Chapitre, a ceste partie du Monde nommée Africque, obtenue son nom, d'Afer filz de Madian, estant des arriere filz d'Abraham, lequel dict que ceulx de libye sont venus auecq grand pouuoir & ont prins leur demeure en ce pais cy, apres quilz eurent surmonte leurs ennemis, cest vng pais grand & desert estant au plus frequenté & cultiue a lentour de la mer, en orient est il separé del'Asie, par les mers rouge & celui d'Inde qui lenuironnent aussi en touttes ses parties meridionales, a l'occident a il le grand Ocean, & au Nord est il desioinct de l'Europe, par la Mer Mediterranee, tellement quil seroit quasi vne Isle, sil n'estoit attaché a la palestine par une fort petite estrecissure a comparaison de toutte la grandeur du pais. Ceste partie d'Afrique, est diuisee des anciens Historiographes en plusieurs prouinces mais pour le iourdhui n'est elle distribuee que en quattre quartiers lesquelz sont les principaulx asçauoir en Barbarie au septentrion, en libye a l'occident des flamans nommee les costes de meliguette & *Cabo verde*, en Numidie a l'orient chez nous dicte le pais de prestre Iehan, la quatriesme en Ethiopie ou pais des Negros, auquel est comprins le Royaume de Gunea, duquel le contenu de ce liure parle & cy apres ensuiura.

l'Afrique pour la plus part diserte & dishabitee.

Africque veult aultant dire en Greeq comme sans froid, au milieu du pais est elle dishabitée & incogneue a nous, & comme plusieurs en rendent tesmoignage, est ce vng pais sec, sablonneux, chaud & inculriue rempli de plusieurs animaulx sauvaiges & cruelz, comme Elephans, Dragons, Tygres, Rinoceros, Leopards, toreaus & Cocodrilles, sortans de la Riuiere du Nil, d'aultres animaulx domestics, est il aussi bien pourveu, seruans a la nourriture de l'homme, dont nous en parlerons encores en son lieu. Les habitans environ l'Europe, sont Mores blancs, & cest endroict est fort fructueux, produisant beaucoup de Sucres, Oranges, Limons, Dattes & figues auec des aultres fruictz, mais bien peu de fourment, vers le middi est il fort dishabité a cause de son ardante chaleur, principallement vers *Capo de bona Speranca*, ou que les gens sont fort sauvages & robustes, les bœufz quon troune la, ont des bosses sur le doz, a l'orient sont ilz crestiens, soubz la iuridiction du Prestre Iean, & a l'ouest ont ilz encores quelques superstitions iudaicques, & diuers aultres poinctz, y estant la gent du tout noire. Ce pais cy at encores plusieurs isles excellentes soubz soy, comme les Canaries dictes insule fortunate, ou bienheureuses, a cause de leur esmerueillable fructuosite, tant en Vins que en Sucres, cestes cy sont appellees Madera, Palma Ferro, Teneriffa, Gomera, Canaria, Forte ventura, & lansarotte, elles gisent a l'ouest d'icelle, soubz le Roy d'Espagne, & vng peu plus bas gisent les Isles de Cabo verde, mais cestes cy ne sont point si bonnes, ni frugiferes, que les Canariennes mais rendent beaucoup de Sel, dont elles se nomment de nous les Isles du Sel. Elles furent descouuertes en l'an 1472, par les Portugalois, qui les tiennent encores & ont en quelques endroictz des fortz muniz, ilz leur imposerent les noms de S. Iago S. Antonie S. Lucia S, Vincent S. Philippe S. Nicolas. Alba. Salis isles de May & du feu, faisans ensamble le nombre de dix Isles, mais a cause quelles ne rendent rien de precieux, on n'en faict point de cas, d'advantaige trouue on encores au grand Golfe ou mer de Brasil troix grandes isles n'aguerres retrouuees & par cy deuant point cultiuees, mais ores par lesdictz Portugalois habitees, qui les ont descouuertes, situees soubz la linie equinoctiale a scauoir S. Thome ainsi dicte pourtant quelle fut trouuee au iour de S. Thome. On dict que ceulx qui viennent demourer en ceste isle, lesquelz n'ont leur croissance accomplie, quilz ne croissent plus, & qu'ung corps mort se y consume en 24. heures par l'ardante chaleur de la terre: on tient ce lieu pour le plus insalubre d'air du monde, il donne touttesfois grande quantite de sucres & est fort fructueuz d'aultres fruictz. La seconde Isle de ces troix & la meilleure d'Icelles est appellee ou nommee

Isles de Canarie leurs noms.

Isles de Cabo verde & leurs noms

l'Isle de S. Thome,

nommee insule del principe, ayant tel nom, pource qu'vng Prince Portugois la discouurit, distante de la susdicte, de cincq lieües plus vers le nord, & combien que ceste cy n'est plus esloignee de l'autre ; si la tient on pour plus saintieuse de beaucoup que S. Thome. Icy croist aussi beaucoup de Sucre & Gingembre, Tubac, & aultres fruictz, & est fort frugifere. Ceste isle a vng arbre par dessoubz espois de 24. brassees, la troisiesme ise nomme insula Formosa ou de Fernande Poo, pour aultant que l'homme ou Pilote qui la discouuerte fut ainsi nommé, mais ie ne sçay point qu'aulcun Portugois y face demeure ou quelle rende quelque chose d'estime mais bien qu'vng tas de Negros sauvages l'occupent qui mangent chair humaine & sont fort cruelz. Au zu de lequateur gist encores vne isle dicte d'Annabon plus petite que les precedentes, laquelle est aussi habitee des Portugalois & rend beaucoup de Cottons & est abondante en fruictz & Porceaux.

Touchant les Isles situees a l'orient d'Afrique, en la mer orientale, elles sont la pluspart incogneues, comme est l'Isle de S. Laurens, alias de Madagascar, l'Isle S. Spirito, Monfra, Myrsica, Mene, Amici, & touttes les aultres, desquelles on peult aiseement cognoistre la situation au Globe terrestre Geographique, comme ainsi soit que cecy nous importe bien peu a nostre intention, le passerons en silence & commecerons a deduire de ce quauons propose & que concerne la *Guinee*. Des Isles vers l'Orient d'Afrique.

Le 1. Chapitre.

Comment quilz se marient ensamble & quels douaires & dotz, quilz s'entredonnent, tant de part du sire de nopces, comme de la nouvelle mariee.

Lors que le Seigneur Createur toutpuissant, eut cree Ciel & Terre, auec les Eaues, Bestes, Poissons, & Fruictz il crea puis apres l'homme & la Femme, comme *Adam* & *Eva*, pour inhabiter & son seruir dicelles, & pour par leur accointance mutuelle multiplier le genre humain: il ne sera doncques sans raison, de commencer ceste nostre description du mariage du appairement de masle & femelle, lesquelles de necessite debuoyent premiers estre au monde, pour & affin quil y fut quelqu'vng qui dignement selon l'ordonnance diuine, se sceust seruir de touttes ces choses, que le Sr. tres haultain y a disposees autant merueilleusement. Quand doncq les ieunes filz de ces pais, commencent a devenir grands & aptes pour cultiuer le Iardin de venus, lors pourchassera le pere a son filz quelque fille, laquelle lui semble bien sortable a son filz, sans que le filz laye iamais veue ni cogneue, ni sans aulcun amourachement, que le ieune homme doibue faire a la fille, les accouplant ainsi ensamble, le pere ne donne riens auecq son filz en marriage, mais sil a gaigné quelque chose a pescher ou conduire des marchans a bord des nauires, cela lui sert alors, pour en commencer le mesnage, mais les Parens de l'accordee donnent la valeur de 14. Florins en or, auec leur fille en marriage, ou pour son dost asçauoir silz sont de quelque pouuoir, lors donne le Pere auecq sa fille vng pois d'or & demi & la mer vng demi pois d'or, faisant ensamble selon nostre compte vne demie once d'or poix de Troye & cela lui donnent ils pour achapter vin de Palma, pour en faire les nopces, car elle n'a aultre chose que ce que les Parens lui donnent, pource quelle n'a rien gaigne en sa ieunesse, comme le ieune homme a faict, si cest vne fille de Roy ou filz, on ne donne point d'advantaige auec eulx en mariage, car on tient cecy pour vne coustume ordinaire entre eulx, de ne donner rien plus auecq leurs filles, mais ilz lui font donation dung esclaue, affin de leur seruir lors quilz vont tenir mesnaige. Marriage de ceulx de Guinea comment ilz se marient.

Puis est ceste cy comme sa femme mariee, laquelle faict en presence des Parens & amis qui viennent au festin serment & promesse quelle sera lealle a son mary, sans prendre conversation charnelle auec aultre homme quelconque: l'homme ne faict point semblable promesse a sa fiancee, mais est quicte & libre de tel serment, & en cas quelle forfaict en cecy, soit ce auecq son gre ou non, si l'homme le vient a averer, Il la chassera envoye & mesprisera, & l'homme auec lequel elle aura forfaicte, sera tenu de payer au Roy pour amende, 24. pesos d'or ou selon, nostre compte neuf onces en or, mais si cest vng flaman, il n'est tenu a telle amende, a cause quil est estrangier & ne scait point si cest vne femme mariee ou non, ce que l'excuse, mais le malheur touche la femme, qui a faict le mal, laquelle est tenue encores a payer a son propre mary quatre pesos ou demie once en or d'amēde, de ce quelle, s'est ainsi forfaicte, asçauoir en auoir pour l'accointance charnelle auec vng aultre homme, soit quelle en aye eue quelque prouffict ou non, ce que ne la peult excuser, & en cas quelle na dequoy payer lamende a son mary & quelle se soyt fort a haict de l'homme ouquilz ont peu daffection ensamble, sil veult il la peult chasser & soy departir delle, estant le lien de mariage alors rompu entre eulx, & lors peult il de rechief prendre vne aultre femme selon son plaisir.

Or sil ne peult averer cecy de sa femme, par descouurement d'aultres personnes, mais que apart soy il le presume aulcunement, tant peu que ce soit soupconnant, que la femme pourroit auoir eue a faire auec quelqu'vng aultre, il le faict proposer a icelle, & prendre du sel dessus auecq quelques aultres coniurations de leurs idoles ou *Fetisso*, la femme se sentant incoulpable faict volontiers son serment, pour ne venir en male grace de son mary, mais s'en sentant souillee, elle n'ose faire le serment, craignant par son faulx serment quelle fairoit,

 que

que le Fetisso la faitoit mourir, dont il appert que la femme se decele soy mesme, & cause le separement entre elle & son mary, ce que procede principallement de la grãde ialousie que le Mary a de sa premiere femme, car il cause vne terrible rancune, amertume, & envie entre eulx, pource que ce lui est en vitupere & blame, & souuentesfois en procede tel discord, quilz tueroyent bien la personne, laquelle combien quelle aye payee lamende, imposee, est tenue de soy partir de la ville, si le mary le veult. Puis apres estans au mesnager ensamble, si l'homme vient a prosperer & acquerir moyens pour achapter encores vne femme, il ne le peult pourtant faire sans consentement de sa premiere, si ce n'estoit pour quelque discord quil eut aueca elle, & quil la chassat par cause legitime, quil eut encontre delle, mais aueca le conge d'elle en peult il bien achapter encores, moyennant quil face a sa premiere femme quelque donation de 2. 3. 4. 5. ou 6. engelse d'or, selon quil peult accorder, tenant puis les aultres femmes pour esclaues, a lui seruir ou pour ses Etigasou en Pourtugalois dict Peres & en Franchoys putaines, desquelles il n'est point tant ialoux, ni leur porte aultant d'affection, comme a sa femme, & cestes cy vont a labbandon, a qui en veult, ni personne peult forfaire, ni aulcun sçauroit contraindre aultrui a payer quelque amẽde pour icelles. Sa premiere femme devenant vieille, & n'estant plus tant addonnee a la conversation aueca l'homme, quand il appercoit cela il se va tenir plus estroictement aueca la plus ieune, pour en prendre ses plaisirs dont ceste ieune vient a debouter facilment l'aultre & a obtenir la meilleure place en la bonne grace de son mari, tellement que a la vieille demeure le soing entier du Gouuernemẽt de la maison, dont elle a son entretenemẽt durant sa vie, sans quil la puisse reiecter, mais il fault quelle serue la ieune, sans que la ieune s'entresmesle de quelque chose, sauf de bien manger & boire & de complaire & obeir a son mary, en ce quil commandera a elle.

Les aultres femmes ieunes pour Concubines.

Le 2. Chapitre.

De leur Mesnager ensamble a scauoir du mari & de la femme & leur generation, & enfantement, & en quelle maniere les femmes tiennent leurs gesines & se comportent en icelles.

APres l'accouplement de l'homme & de la femme, procede tout premierement la procreation des enfans, quilz ont ensamble pendant leur mariage, & ainsi quil est biẽ seant de poursuiure touttes choses selon le meilleur ordre, ne me semble hors de propos de poursuiure ceste matiere au cas susdict nous auons cy dessus desia racconte de quelle facon, l'homme peult entretenir plusieurs femmes, pourveu quil aye dequoy les alimenter, si fault il touttesfois scauoir quil ne prend ni n'achapte point telles femmes d'vng esgal eage, mais d'vng different l'vne plus ieune que l'aultre, affin d'estre mieulx serui de ses femmes.

Car quand la plus vieille ne peult plus (affin quil ne laisse destre serui) que alors la plus ieune face la besogne, & contente le mari, laquelle est tousiours tenue d'icellui la plus chere, chasque femme a sa demeure apart separee des aultres, voire fut ce qu'vng homme en eusse dix des femmes, comme souuent ilz ont, la femme garde l'argent du Mary, quand il veult quelque chose, il fault quil le voise querir chez elle, ilz ne mangent point ensamble, mais chascun a sa viande apart, le mari mange auec vng de ses compaignons, aueca lequel il frequente ou qui va aueca lui a la mer, ses femmes mangent pareillement aueca leurs parens ou voisins, portans les portions ensamble, faisans ainsi bonne chere, semblablement au soir, se retirent les femmes chacune a sa maisonnette, ilz ne sont que de iour ensamble, mary & femme dorment chacun apart, au soir estendent ilz vng materas faict de ioncs, en terre, prennans vne petite sellette desoubz la teste en lieu d'vng oreillier, comme les riches vsent, faisans vng petit feu de bois, quilz tiennent allume pour y coucher aueca les plantes des pieds encontre, affin que la chaleur du feu tire hors la froidure, quilz ont acquise de iour, allant a piedz nudz en terre, tenant cela pour fort bon, comme ils nous fault aussi confesser. Ce pendant si lui survient quelque cas, de nuict que sans femme il ne scauroit acheuer il la va appeller ou il la faict querre, pour dormir celle nuict, & prendre leurs plaisirs ensamble, la laissant le iour ensuiuant tourner a sa demeurette, sans quelle le puisse rapporter aux aultres femmes, quelle a eue la bonne nuict chez son mari, car elles seroyent ialouses les vnes des aultres, si elles soubzconnoyent que la portion fusse disegualement repartie. Ores estans enceintes & que le temps soit venu, pour mettre l'enfant au monde, & quelles soyent en trauail d'enfant, lors y accourera tout le monde, hommes, femmes, garcons, filles, enfans & tous, tellement quelle enfante sans aulcune vergogne: ien diroye bien d'advantaige mais pour l'honnestete des Femmes vault mieulx le passer en silence: ayant enfante, ilz courreront vers l'eau pour la lauer & nettoyer, sans aulcunement s'entendre de gesine d'vng mois ou deux, ou de debuoir prendre chaudeaux ou Ipocras, comme les femmes font de pardeca, ilz ne scauent aussi riens de sages femmes ou garde gesines pour les soubsleuer & secourir & faire leurs aises, elles s'encourrent la, ayans prinses vng cueillier plain d'huile, aueca vne poignee de Maniguette ou Grain, de cela font ilz vng boeurage, quilz boyuent, d'ou quon peult comprendre que les femmes de ces pais sont de complexion plus robuste & grossiere, que les femmes d'Europe, car le iour apres leur enfantement, vont elles par les rues faisans leurs besognes, ilz donneront a l'enfant quelque nom quilz aduiseront ensamble, le coniurant aueca leurs *Fetisso* & aultres sorcelleries & quand il est temps ilz circonciront l'enfant tant femelle que masle, tenans la dessus vng grand festin, faisans grand chere ensamble a boire & manger, dont ilz font grand cas, Mais a lencontre de cest effronteurs dishonneste des femmes en leur enfantement ont les hommes vne

aultre

Femmes ont leur demeure chacune apart

l'Homme les femmes mangent & dorment apart.

Facon dimposer nom a l'Enfant.

aultre coustume entre eulx, asçauoir, quilz ne dormiront point auecq icelles femmes que troix mois ne seront passez, pour en prendre leurs plaisirs, combien que ie n'estime point quil procede de vertu, mais plustost de coustume, car ilz ont des aultres femmes assez, pour leurs fureurs priapiques. Puis prendront ilz lenfanceau, & lenvelopperont en vng petit drappelet autour du corps, le mettant tout plat en terre dessus vng petit Matras, non point en quelque Berceau, le laissant ainsi soy veautrer & vire volter & faire son mieulx, devenant eagé de 2. ou 3 mois, le prendra la mere & le liera sur son dos en vng drapelet, laissant prendre l'enfant illecq, ainsi que les femmes des souldartz allemans portent leur bagage, l'enfant bra[illegible]ant pour auoir vng tetin ou soy allaicter, lui iettera la mere vng tetin au par dessus les espaules, le laissant ainsi pendre & laicter, elle va deca dela, sans sen soucier d'advantaige, comme si elle n'eut point d'enfant sur le dos, tellement que la teste de l'enfant, vient droictement par dessus les espaules & en courrant ainsi, va l'enfant soyrüãt ca & & la, chose effroyable a regarder, quil nous est merveille, que les enfans ne rompent les reins, a cause quon n'en prend aultre soing en leur tendre eage, mais on ni voit point on peu de gens erenez. Ilz apprennẽt a leurs enfans bien tost aller, car ilz ne sen soucyent gueres, & les laissent bien tost aller a chatons, dont ilz commencent puis aller droict, ilz leur apprennent aussi bien tost a parler, tellement quil y a des enfans qui sçauent aller & parler au dedens leur annee, voire aultant de langaige, quon les peult entendre en leur iargon, de facon quilz parlent & cheminent beaucoup plus tost, que les enfans de noz pays, ce que nous faict grandement esmerueiller, car ilz deviennent gras & gros & hommes dispos, comme arbres, dont nous en parlerons plus amplement en vng aultre lieu a cause quil ne vient pas a propos icy.

Coustume des hommes auec les accouchiers

Chapitre 3.

Comme ilz nourrissent leurs enfans & quelle instruction quilz leur donnent & en quelle facon les Parens admonestent & chastient leurs enfans.

LEs enfancons estans venuz a leage d'ung mois ou deux ilz lui attoureront le corps, auecq vng retz a la mode, d'une chemisole, lacee descorces d'arbres, ledict retz orneront ilz tout plein de leurs *Fetissos*, comme a dire auecq des croix d or, fils de Corailz autour des bras & iambes, les cheveulx rempliz de coquilles, dont il font grande estime, car ilz disent que tandis que l'enfaucon sera garni auecq tels retz, le diable ne le pourra griper ou emporter, & ne layant point endossé, que le diable lemporteroit, a cause que l'enfaucon estant encores si ieune ne se sçauroit defendre ni opposer au diable, mais ayant ce retz autour quil est alors armé & que le diable n'a nul pouuoir sur lui, en oultre font les *Fetissos* grand cas des corailz quilz ont autour, quilz iugent estre bons contre les vomissemens, le second *Fetisso* attache aux cheueulx est fort bon contre les cheutes, le troisiesme est bon contre le sainer, le quatriesme est bon au dormir lui l'attachant au soir au col, affin quil puisse bien dormir le cincquiesme est bon aux animaulx offensifz & contre le mauuais air auecq plusieurs telz *Fetissos*, ayant chacun son nom & quelles vertuz quil a, & a quoy ilz sont bons & aydans, a quoy ilz adioustent ferme croyance quand ilz vseront telz *Fetissos* contre le vomir, dormir, tomber, saigner & aultres choses quil leur doibue incontinent aider & quil leur aide alors contre ce a quoy ilz l'usent. En oultre nourriront ilz lenfancon des sa ieunesse auecq touttes sortes de viandes grosses, quand ilz aurõt quitté les mammelles de leur mere & seure, ce quilz font bien tost ne les laissans longuement allaicter, & des lors commenceront ilz a apprendre a leurs enfans a manger leurs viandes grosses & a boire de l'eau, & quand il sera accoustumé a cela, ilz n'en prendront plus grand soing ni garde mais metteront l'enfant en leurs logettes en terre, comme vng chien, vaultroyans comme Porcelets: dont procede que les enfans apprennent bien tost a aller, puis quil les laissent ainsi faire, selon leur naturel instinct, chacune femme nourit ses enfans & chacun enfant cognoit sa mere & se y tient auprés, iusques a ce que le pere emporte l'enfant, & le voise revendre, ce quadvient souuent assez que le pere prenne les enfans & les oste de leurs Meres & les revend a aultres personnes pour esclaues. Puis apres quand les enfans commencent a courrir & cheminer seuletz, ilz se donneront incontinent vers leau pour apprendre a nager & courre en l'eau. Les enfancons a leur naissance ne sont point noirs du tout, mais rougattres, comme ceulx du Brasil, se changeans petit a petit iusques a ce quilz sont du tout noirs, comme poix resine, croissans comme sauvages, courrans pesle mesle, garcons & filles, se battans & frappans ensamble, pour prendre l'vng l'autre le manger, dont ilz commencent des leur enfance a s'entre hayr ensamble, devenans ainsi grands en toutte insolence, sans que les Parens admonestẽt leurs enfans a quelque vertu, ou les laissent apprendre quelque chose, les laissãs courrir tous nuds, ainsi quilz sont venuz du ventre de leur mere, tant filles que filz, courrans auec leurs parties vergogneuses nues, sans en estre aulcunement honteux, ilz chastient & batent leurs enfans aussi terriblement, leur donnant auec des bastons sur les reins que nous nous esmerueillons quilz ne les etenent point mais pour petite occasion, ne le fairont ilz point, mais il fault quilz en ayent quelque cause signalee, deuant quilz se metteront a les chastier, dont procede que les enfans ne craignent point leurs parens, pource quilz ne les chastient point ordinairement, tellemẽt quilz mettent facillement en oubli, quand bien ilz en ont eu vne fois, car ilz ne recoiuent nulle bonne instruction de leurs Parens, mais accroissent comme sauvages. Aians consomme ainsi leur premiere enfance en insolence, & quilz attaignent a 8. 10 & 12. ans, lors commenceront les Parens a admonester leurs enfans de faire & prendre quelque

Viande grosse bien tost donnee aux petis enfans.

chose a la main, les Peres enseigneront a leurs filz a filer le canepin des arbres, & lacer des retz, & quand ilz scauent cela, les Peres les meneront auec eulx pescher a la mer. Puis quand ilz scauront gascher vng peu, ils iront tous seulz entre eulx deux ou troix garçons ensamble, en vne Canoe, & ce quilz prendront le rapporteront ilz, a leurs Parens, pour manger. Mais estans puis a leage de 18. ou 20. ans commenceront ces ieunes gens a faire leur propre train de marchandise, & se departent de leurs Peres & vont a demourer eulx 2. ou 3. ensamble, en vne maisonnette apart, achertans ou prennans a louage vne Canoe, auecq laquelle ilz vont pescher en mer, & ayans prins quelque chose ilz se revenderont pour or, en prennans tout premierement leur nourriture & du reste que y advance, ilz en achapteront vne brassee de linge, quilz mettent autour du corps, pour en couvrir leurs parties vergogneuses, comme silz commencoyent alors a soy vergogner. En oultre commencent ilz a hanter auecq les marchans & les conduire a bord auec leurs canoes, les seruans pour gascheurs & en ceste facon commenceront ilz a entrer au maniement de l'or & a gaigner quelquechose. Puis apres quand ilz commenceront a faire lamour & prendre plaisir es ieunes filles, ilz s'estiment desia hommes, & les parens qui s'appercoyuent de cela, leur font auoir vne fille, & plier le dos au ioug de mariage, de facon quilz les marient fort ieunes, tellemēt qu'enfans engendrent enfans, comme cy dessus auons plus amplement deduict. Touchant les filles celles la commencent aussi a faire quelque chose, selō leur eage plus tempre que garcons, elles apprennent a faire des *Cabas, Matras*, & chapeaux de strain de tendres ionceaux, quelles entrelacent auecq les mains, d'advantaige apprennent elles aussi a lacer bourses, bonnets & vestimens du canepin des arbres, tainctes de touttes sortes de couleurs fort artificiellement elaboureez: comme si elles fussent tissues d'vng tisseran, a grande merueille de plusieurs personnes: comme leurs ouvrages quon apporte pardeca en rendent tesmoignage.

Gaing des Ieunes filles appartient aux meres.

A la troisiesme apprennent elles a briser du Milliet & faire du pain, quelles vont revendre pour leur mere, leur rapportant largent pour en achapter des aultres viandes, & ce quelles gaignent & prouffitent elles le donnent a leur mere qui les pourveoit lors quelles se viennent a marier d'vng don, comme cy dessus auons recite, en ceste manier commenceront les filles des leur ieunesse a gaigner leur vid, & a apprendre les ouvrages de la maison, en quoy elles sont selō leur vsance fort gentilles, passans les hommes en touttes sortes d'industrieux ouvrages comme nous en deduirons encores plus amplement cy apres.

La description du pourtraict No. 1

En ceste pourtraicture demonstre on la proportion & stature des hommes, leur ressemblance forme, & facon, la lettre A. *represente vng esclaue quilz nomment Acoba comme ilz vont aux champs auecq vne serpe pour coupper du bois.* B. *represente comme les ieunes villageois nommez Abeffra viennent au marche auec leurs Cannes de Zucre & aultres fruictz* C. *demonstre vng pescheur ou pilote nommé Aponso, comme il s'en va au rivage, auecq ses bagages ascauoir vne sellette de bois & vne hone pour gascher* D. *est comme les deux negros portent la Canoe en mer* E. *est comme les villageois viennent auec leur Vin de Palma au marché.*

Le 4. Chapitre.

De quelle proportion que les hommes sont en ces pais & a quoy on les peult mieulx comparer, selon leur qualite?

Les hommes sont en ces paysçy fort advenans de corsaige, beaus de reins, & bien dispos es iambes, & puis de corps bien figurez, ce quon peult assez remarquer, pource quilz vont quasi tout nudz, ils sont ronds de visage n'ayans point si grosses leures, ou bouches tant larges, comme les Barbarisques, mais ont des nez platz, quilz pressent ainsi en leur ieunesse, car ilz tiennent le nez plat en elegance, d'aultre coste ne leur diffaconne cela point la visage, car selon la proportion de leur corpulence, orne il leur Chere, & face: ilz ont des oreilles petites, y eulx blancs auecq des sourcilz gros, dens blancs dedans la bouche, reluisans comme Ivoyre, car ilz ont des petis bastonceaux auecq lesquelz ilz fouillent tousiours dedans la bouche nettoyans les dens, dont il font les dens fort polliz, de barbe & moustaches leur en viennent peu, ilz sont larges d'espaules, gros de bras & mains auec des doigts longs, ausquelz ilz laissent croistre les ongles fort longs, les tenans fort poliz a racler, voire aulcuns y en a qui les laisseront croistre a la longueur d'vne des ioinctures des doigts tenant cela pour vng grand ornement, comme voulans estre de la noblesse, les marchans du dedans du pais, vsent aussi telz ongles pour bienseance, car ilz les entretiennent en raclant si blancs comme si cestoit yvoire: d'aultre coste leur viennent ilz bien apropos, car il advient souuentesfois quilz n'ont point de louche aupres deulx quand ilz ont ouuert leurs bourses pour peser l'or, quilz se seruent auecq leurs longs ongles, & mettent l'or auecq iceulx en la bilance: voire ien ay veu aulcuns, qui pouuoyent a la fois prendre bien vne demie once d'or en sablonniere, en leurs ongles, puis sont ilz peu ventruz, longs de iambes, a pieds larges & longs ont eilz, ilz sont bien veu peluz dessus le corps, mais au dessus de la teste ont ilz des cheveux crespuz, mais point tant comme les mores blancs, car il sont quasi soyeux & point laineux au dessoubs de leurs piedz mains & levres sont ilz du tout blācs, ilz ont la peau doulce cōme velours par tout egalement, ou quilz ne sont piequettez, ilz sont aussi biē pourveus de bons outilz, dont ilz sont aussi grans

Cheveulx des Negros quelz ilz sont peau doulce comme Velour,

cas,

ca, lestiment pour eulx vng grand Tresor, d'auoir des Instrumenz a trauailler au Iardin de venus bien conuenables, aussi en sont ilz en commun bien garniz, passans en cela noz flamans & comme ilz n'en sont point ignorans, aussi s'en sçauent ilz bien vanter & en faire la piaffe, comme cy apres en parlerons encores plus amplement, en oultre croissent ilz tousiours de noirceur iusques a la trentiesme annee de leur eage, quilz sont au plus advenant & meilleur chois de leur vie, mais devenans eagez de 70. ou 80. ans, leur commence celle noirceur a deminuir & deviennent vng peu iaunastres & la peau commence a devenir inegale, & a rider comme le marroquin d'Espagne, en conclusion en proportiõ & stature surpassent il tous les aultres mores d'Afrique, tellement quon les estime a bon droict en ces quartiers, pour les plus beaux & vaillans hommes d'icelle.

Le 5. Chapitre.

De quel naturel & condition les hommes sont en ces pais & comment quilz s'affublent & quelle magnificence ilz ont en leurs accoustremens.

Les hommes sont icy tout ce qu'vng vaillant homme doibt estre, durables au labeur, robustes de corps hõmes comme arbres, ingenieux a comprendre quelque chose, ce quilz verront faire ilz le vouldront incontinent contrefaire, ilz sont de veue fort aigue voire ilz sçauent bien veoir plus loing que noz flamans, car quand illecq viennent abborder des nauires ilz les auont plustost en veue que nous aultres ilz sont fort fins pour negotier auec eulx, ce quilz apprennent encores iournellement des flamans, de façon qua la fin ilz seront plus rusez que les flamans mesmes, pource quilz ont bonne cognoissance des marchandises & denrees quon leur appresente a vendre, ilz sont d'vne dure complexion & d'vne bonne digestion, car il sçauent digerir viandes crues, quilz deuorẽt souuentesfois & les sçauent digerir, comme ien parleray encores plus amplemẽt au chapitre de leur mode de nourriture, ilz s'entreportent grande envie & haine, voire ilz porteront bien dix ans haine sur aulcun, en cerchant tousiours occasion de leur revenge, & le tiendront si long tamps caché, & puis en ayans l'occasion, ilz le deceleront & s'en vengeront. Puis apres sont ce des idolatres & fort superstitieux en leur creance, ilz sentent fort l'huile de Palma, dont ilz se frottent continuellement au reste sont ilz fort netz au corps, les lauans & frottans

Comment les hommes de Guinea.

De forte complexiõ & bon estomac.

tans

tans souuentesfois,ilz sont fort vexez des peus & pulces,n'ayans nulle honte a monstrer leurs corps, mais a faire vesses ou pets,sont ilz bienapprins,ayans vne bonne coustume en cecy,car ilz n'enfecteront point l'air auec icelles en presence d'aulcun,voire ilz sont esmerveillez quauleuns des flamans n'en font aultre cas,car ilz ne le peuuent ouir en façon quelconque, quon laisse vng pet en leur presence,car ilz le tiennent en grand vitupere & mespris comme en effect il est aussi.

Quand ilz veuleut faire leurs aises,ilz sen vont communement la matinee ou bout de la ville (ou quil y a vng lieu a ce destiné) affin quil ne soyent veux,ou que les aultres gẽs qui y passassent n'en receussent mauuaise odeur ilz tiennẽt pour mal quon chie plat en terre,a ceste cause font ilz des maisonnettes a branches esleuee de la terre,pour recevoir leur adure & tousiours prendront ilz vng baston par torcheeul,ou ilz s'en iront au riuage de la mer chier au grauier,& quand les susdictes maisonnettes sont pleines,ilz y boutent le feu,& les laissent consommer encendres,ilz pissent a hurtons comme les Pourceaux & point de continuite,ilz sont fort auaricieux & serfs de la convoitise & de nature fort grands brimbeurs & caimans,voire ilz scauẽt si biẽ caimander & sont telz maistres en cest art quilz surpassent tous les gueux de noz pais,comme s'ilz eussent desia este assis aux eglises en Hollande & Zelande 10. ou 12. ans,ou passe de rue a aultre pour y demander l'ausmosne, ilz n'en scauroyẽt plus faire quilz en scauent desia,mais encores quilz sont fort riches & nullement liberaux a donner quelque chose,si est ce quilz seront neantmoins fort liberaux,de ce quilz auront ainsi acquis a mendier,ilz sont fort addonnez a paillardise & impudicitez,principallement pour lasciuir auec les ieunes garces,tellement que de varoles & poulains, ilz en sont assez pourveuz quilz estiment touttesfois bien peu,& n'en ont nulle honte,ilz ne sont pas moins addonnez a l'ivroignerie car ilz en font vng naturel,ilz sont aussi fortz frians,qui mangent & boiuent voluntiers quelque chose de bon,en leur manger sont ilz fort gourmans la pluye estiment ilz fort mauuaise sur leurs corps de facon quilz s'en gardent fort,ilz sont aussi grands menteurs, lesquelz on ne peult peult fier aulcunement des larrecins & a desrobber quelque chose,ne sont ilz pas exempts mais desrobbent comme corbeaux,voire aincoys que ce soit le Roy ou le Capitaine mesmes,si ont ilz cela tellement en nature,quilz ne sen scauent passer. Au pescher & a lagriculture sont ilz fort diligens & es accoustremens & en leur alleure sont ilz fort arrogans, tellement quilz nont pas petite defectuosite d'orgueil,car ilz sont fiers superbes & enflez en touttes leurs guises & facons de faire,ilz ne sont point a fier aussi on a ne leur peult vendre rien a credit car ilz ne paient point volontiers, voire on le leur peult aussi bien donner a bon escient que a credict ilz ont grande memoire & portent long tamps cognoissance, de nature sont ilz chaleureux & ardans de maniere quilz ne scauent guerres endurer la froidure,ilz ne scauent aussi point espargner,mais ayans gaigné quelque chose il fault quil soit incontinent despendu,car ce leur creueroit le cœur de facon quilz sont en cecy semblables aux enfans, qui ne scauent point espargner. De nager & plonger soubz leau sont ilz aussi maistres & sen scauent adextrement ayder oultre passans nostre nation.

On ne leur peult rien vendre a credit.

Grands maistres a nager.

La description du Pourtraict No. 2.

Pourtraicture comme les marchans & aultres hommes s'affublent en ces pays, & quelz accoustremens quilz portent ce que vous pouuez veoir a ces troix personnages. Premieremẽt a la lettre A. demonstre on vng Gentilhomme ou quelque grand Seigneur, quilz nomment Brenipono, comme icelluy va iournellement par les rues auecq la facon d'vng bonnet en teste, son manteau, ou affublement autour du corps est de linge La lettre B. represente vng Marchant quilz nomment Batafou, venant de pais loingtains pour faire son train de marchandise au Riuaige de la mer, ayant en teste vng Chappeau d'une peau de Chien, & vng entortillon de Cotton ou linge autour du corps, & en l'vne main vne Assegaye & en l'aultre vng Bassin de cuivre. La lettre C. denote vng Truchemau qui vient auec les marchans ou paysans aux nauires achapter des marchandises, ayant dessus la teste vng chappeau faict de roseaux de sucre. La lettre D. Represente vng marchant qui ayant faict ses trafficques auec les flamans, s'en retourne vers sa maison auecq ses esclaues, charges d'icelles marchandises.

Le Chapitre. 8.

Comment quilz s'accoustrent, & quelz affublemens les hommes portent en ces quartiers.

Rudicule facon de leurs tonsures,

COmbien que la valeur & l'ornement de leurs habitz & accoustremens ne soit guerre de chose, neantmoins ont ilz grand orgueil en iceulx, comme au premier ont ilz grande oultre cuidance en faire tondre leurs cheveulx chacun a sa mode & au plus beau comme l'vng est tondu en demie lune, l'autre en couronne, de presttre, le troisieme aura deux ou troix cornes de cheveulx en teste, ainsi chacun a sa fantasie, tellement quon n'en trouuera point entre cincquante hommes deux ou troix tonduz d'vne mesme facon, aux bras pendent ilz des anneaux d'Ivoire trois ou quattre a chaque bras, ces anneaux sont ilz & ronds & platz, rayez auecq des traces & croixettes a facon d'vne touche d'enfans, autour du col pendent ilz vng Cordon auecq des Madrigettes ou bebises, de diverses coleurs, que noz flamans leur apportent. Mais vng Gentilhomme ou qui veult estre quelque chose plus d'apparence, ceulx la ont autour du Col des colliers d'or, & aux pieds ont ilz quantite de tuyaus de Roseaux, leur damans le non de Fetisso (selon leur Idolatrie) car s'ilz veulent manger ou boire, ilz cracheront

font dessus ces Fetissos, leur donnent premierement à manger & boire, aux genous portent ilz aussi ordinairement vng Cordon de bevises de venize aguisees & entregarnies parmi auecq des Corailz d'or ou quelque aultre gentilesse faicte de fin or, quasi comme les ieunes filles es pais de pardeca portent des patenostres autour de leurs bras: en oultre portent ilz des bonnetz faictz de Canepin d'arbres auecq vne longue queue y attachee, quilz enveloppent autour de la teste à la turquesque en place d'vng cordon de Chapeau, estant tainct & couloure en diuerses manieres, secondement entortillent ilz aussi des Chapeaux de roseaux & ioncs, a la troisieme font ilz des Chappeaux auecq des bords larges de ioncs verds a guise des nostres. A la quatriesme scauent ilz aussi faire des Chappeaux des peaux des Chiens & Cabrittes, quilz estendent dessus vne forme de bois &c. auecq plusieurs aultres façons de Chappeaux quilz portent chacun au plus bienseant de l'aultre, d'advantaige prennent ilz deux brassees de linge quilz traversent parmi les iambes & autour du corps comme une ceinture, les laissant pendre iusques aux genous a la guise des haultes chausses d'vng Portugalois, & quand ilz vont hors du logis, ilz prennent encores vne brassee de linge, Saye ou quelque aultre drapeau autour du col, & pardessus les espaules, & pardessoubz les bras, comme si s'estoit vn Manteau, prennãs encores tousiours vne *Assagaye* ou deux dedans la main allans & marchãs ainsy par les rues: est ce vng marchant ou quelqu'ung de qualite ung tel aura tousiours vn garçon ou esclaue derriere soy, & la ou quil va deuiser ou passer le tamps, là metron tousiours sa sellette pour y soy asseoir dessus laquelle ledict garçon ou esclaue porte continuellement auec lui, ilz sont fort glorieux en leur alleure, car ilz chemment poseement & a grand pas, allans par les rues regardent ilz tousiours deuant eulx, sans haulcer aucunement les yeulx deuant que quelquvn parle a eulx, de plus de qualite quilz ne sont, a telz parlerõt ilz & leur donneront responce, mais au moindre d'estoffe quil ne se presume, ne donnerat il poinct de responce, mais parlera a lui desdaigneusement auec vne chere de colere, disant taisez vous ne parles point a moy, affin quilz ne vinssent par cela en mespris, car cest honte illecq de parlera vng plus bas destime sur la rue, car ilz sont la pluspart hault assis, & enflez es paroles, monstrant neantmoins tousiours grand honneur & reverence aux estrangers, affin quilz en puissent estre recompensez du mesme. Or quand ilz viennent aux nauires alors mettent ilz les accoustremens envoye & prennent vng petit drappelet large d'vne paulme quilz traversent par les iambes & mettent autour du corps, & estant de retour a terre ilz metteront tout cela ius & s'en vont lauer de pied en cap & oindre puis d'Huile de Palme ou quelque aultre graisse danimal, affin quilz soyent reluisans, & entre les orteils se oignent ilz aueq du sauon, affin quilz soyent netz & poliz: d'advantaige vsent ilz tel oignemẽt aussi pour n'estre picques des monches dessus leurs corps nudz, De matin sortans de la maison & venans a rencontrer quelqu vng de leurs amis ou cognoissance, ilz le salueront aueq grande reverence lui donnant le bon iour, prennant l'vng l'aultre es bras & pressant l'vng l'aultre les deux doigts de deuant de la main droicte, lesquelz ilz prennent & en font vng clicquetis deux ou trois l'vng contre l'aultre, abbaissant les testes a chasque fois disans *Auzy, Auzy*, que veult aultant dire en leur langage, que bon iour, bon iour.

La description de la figure N. 3.

Ceste pourtraicture demonstre la facon & contenance des femmes quelz affublemens & ornemens quelles vsent & soy en entretiennent iournellement A. *Est vne femme Portugoloise residante sur le Chasteau de Mina, laquelle est a demi blanche a demi noire, quilz appellent Melato, & les tiennent ordinairement pour leurs femmes, a cause que les femmes blanches ne scauent durer la, cestes cy s'accoustrent elegãment auec des beaux affublemẽs & garnissent le corps auec beaucoup de corailz & Patenostres, elles sont tonduez fort court, comme les hommes soy persuadans que cela leur sont bienseant* B. *Est la femme villageoise qui viennent iournellement en ceste facon au marche auecq leurs fruictz pour les y revendre.* C. *Est vne ieune fille qui se nomme Acatiassa, comme elle va iournellement par les rues, ayant les cheveulx bien frisez des anneaux autour des bras, vng drappeau de linge autour du corps laquelle estant en fleur deage a ses mammelles ioliment rondelettes* D. *Est vne femme ordinaire nommee* Hiro, *ainsi qu'icelles se lient leurs enfans au dessus des espaules & iettent vng tettin audict enfant pour l'allaicter au par dessus desdictes espaules, estant au corps entaillees par decoupures & enduictes de couleurs au visaige, pour plus grand ornement de leurs personnes, la teste ioliment entrelacee, auec vng sommet dresse, comme vng bonnet de damoiselle, que iadis elles souloyent porter de pardeca.*

Le 7. Chapitre.

Les accoustremens, addobures, & ornemens des femmes de ce pays, comment icelles vont affublees depuis l'arriuement des Portugalois & flamens: & comment elles souloyent auparauant aller & pour le iourdhui du dedans du pays, loing du riuage de la mer, vont encores.

NOus auons cy dessus deduict la facon comment les hommes s'affublent & accoustrent, leur oultrecuidance, geste & maintiē tant esdictz habitz & accoustremens comme aussi en leur allure & pourmenees,
quand ilz sortent du logis, pour aller cacquetter chez quelqu'vng de leur cognoissance & qui vouldra de — Les Negros ont apprins leurs facōs superbes des Portugois.
pres obseruer leur contenance & grauite cognoistera aiseement, quelle suit de poinct en poinct la modelle prin-
se des Portugalois, qui de voisinance Espagnolle ont ce mirays vos superbe auecq la grauite gruesque en la leuee
des plantes, de la quelle la facilite franchoise & flamende ne faict aulcun cas, tant inclinee est la nature humaine
de suiure, comme vng Singe, ce que aulcunement l'incite ou invite a soy complaire & flatter par orgueil en l'a-
mour de soy mesme, mais encores que les hommes scauent bien contrefaire telles mines, si n'est ce rien encores
au pris des femmes, lesquelles pour complaire aux estrangers & a leur sotte fantasie, ont depuis l'arriuement des
Portugois & flamens aussi change de meurs coustumes plumes & facons d'addobures estrangement comme le
lecteur debonnaire pourra facilment cognoistre par le recit que cy apres en ensuiura, mais deuant
que deduisons par menu les ornemens Habitz & affublemes dicelles sera bien en premier lieu, de
dire de quel naturel complexion, condition & manieres qu'icelles femmes sont en ces quartiers cy : il
fault doncq sçauoir que les ieunes gates ou fillettes vont tousiours en leur plus tendre eage tourtes nues pesle
mesle parmi les garçons, comme cy dessus auons deduict, puis apres quand elles arriuent a leage idoine au mariage ou à laccointance de l'homme on les accoustre, leur faisant couvrir les parties vergogneuses auecq lesquelles
elles souloyent parauant aller nues & ainsi leur faict on en vng mesme temps & par mesme moyen entrer quelque honte & vergogne & d'aultre part exciter la concupiscence charnelle, cognoissant la raison pourquoy alors &
non parauant on les a accoustrees & faict couvrir ce que parauant elles souloyent porter nues & puis quelles ne
sont bridees de l'honnestete & chastete comme les femmes de pardeca, facillement s'abbandonnent elles à
cueillir les fruictz de venus, lesquels vne fois goustez les faict apparoistre telles quelles sont asçauoir gloutonement friandes te tel appast & terriblement addonneez a palliardise & impudicite en quoy on les pourroit biē las-
ser mais iamais saouler. Vray est que deuant l'arriuee des Franchois flamans & Portugalois les femmes ne souloyent en ces endroictz estre tant oultrecuidees precieuses & superbes, comme pour le iourdhui elles sont, mais a
quoy leur eut serui pour exemple & miroir la facon de faire des femmes Portugaloises que (combien peu) y ont
este, & d'aultre part leur provient cela aussi a raison que les blancs alloyent plus volontiers, (pour en auoir laccointance charnelle) chez vne belle fille & bien addobee & aornee, que chez vne malsade & mal en ordre & a ceste cause pour estre cheries aymees & poursuiuies faisoyent elles leur mieulx pour soy embellir affin de venir par
tel moyen en la bonne grace des blancs, car cela va entre elles en poinct d'acquest & victoire, dont elles s'en van-
teront d'auoir eu affaire auecq vng blanc : voire elles l'estiment en grand bonheur. Tellement quelles sont de-
venues plus malicieuses & ont change celle naturelle simplicite auecq laquelle sans soy vergogner de la nudite
naturelle elles souloyent auant l'arriuement des estrangers, courrir & pracliquer ensamble, aussi nous ont racconte les Negros que la vergogue & honte leur sont venues auecq l'arriuement de nous aultres d'Europe & ce
principallement autour du riuage de la mer, car parauant ne faisoyent elles nul cas d'aller nues, comme pour le
iourdhui celles du dedans du pais ne font encores. En oultre sont elles inclinees aussi au larrecin, mais point tant
comme les hōmes Oultrecuidees orgueilleuses & fieres sont elles aussi en leurs allures & accoustumens, dressans vng sommet dessus la teste par leurs cheveulx a la facon d'vng bonnet que les damoiselles dallemaigne souloyent porter en teste & tout autour du front font elles des lacetz ronds comme quasi vng bord, grands cōme
vn daldere, les frottans & refrottans ca & la & se miransau miroir tant & si longuement quelles s'en complaisent — Facon de frizer les Cheueulx.
& contentent, lesquelz lacetz estant puis apres frottez & oinctz de Huile de Palme, se monstrent cōme cheveulx
frisez elles ont des peignes a 2. dentz loignetz, desquelz chacū dent est long d'vn doigt, ceulx la mettēt elles, dedās

Trenchutes au front des femmes

les cheveulx,fouillant auec iceulx continuellemēt esdictz cheveulx,a cause quelles sont vexees de poux, d'aultre part vsent elles aussi lesdictes Peignes pour en faire reverence & honneur a quelquvng car elles vous donneront le bon iour faisans des chicquenaudes d'vne main, auecq l'aultre seront elles embesoignees a tirer hors & remettre les peignes hors des cheveulx,ce a leur servant a faire reverence en lieu de s'encliner, devant leur front se trenchent elles trois ou quattre coupures de la longeur d'vng doigt & aupres de leurs oreilles aussi, laissant enfler cela a lespesseur d'vng dos de cousteau quelles frottent puis auec des couleurs. Du dessoubz de leurs surcilz font elles aussi des rayes blanches & au visage se piquotent elles auecq des tachettes blanches, qui semblent de loing comme si le visage fut plain de belles Perles,elles piquottent leurs bras aussi au dessus des mammelles auec diverses facōs de ferremens, frottans chacque mattinee diuers coleurs de tainctures dedans la piquoture tellemēt quil semble aulcunefois cōme vng Iuppon darmozin piquotté,ou vn pectoral de femme de satin, elles portent aussi des anneletz dedans les oreilles de cuyure iaune ou estain autour des bras portent elles aussi des anneaux de cuyure,& Yvoire,& aux iambes plusieurs anneaux de cuiure rouge & iaune,mais vne ieune fillette a marier porte plusieurs petis anneletz de fer autour des bras,ayant souuentesfois bien trente ou quarante de telz anneletz a chacun bras, vne femme d'abbandon ou putaine(nommee Etigafu) porte quasi tousiours des anneaux de cuyvre aux iambes auecq des sonnailletes allant par les rues tintant,elles sont vaillantes de corsage & fort advenantes de reins,oultrepassans de force & galliardise les femmes de nos pays, aultant en leurs gesines comme en aultres choses dures,quelles ont de nature,comme cy dessus vous auons recité,en leurs facons de mesnager,elles sont aussi fort diligentes & industrieuses & la plusspart bonnes mesnageres & nettes en faire la cuisine mais elles ne sont point curieuses a escurer & faire reluire leurs chaudrons & plats de cuiure mais tiennēt autant d'vtensiles,comme leur est necessaire d'user iournellement elles n'vsent point a aller cacquetter chez leurs voisines,tellement quon les trouuera plus a la maison,que celles de noz pays:elles ne sont point trop fertiles, mais sont bien 2.voire 3.ans auant quelles soyent engrossies ce que iestime advenir par leur complexion chalereuse & l'ardeur de l'air du pais:secondement aussi a cause que leurs mariz entretiennent aultant de femmes comme a dire vne deux,trois quattre chacun selon son pouuoir & tout en vng mesme tamps selon la coustume de leurs pais,tellement que les souppes reparties en tant de lieux,y sont plus maigres,quelles desireoyent bien touttesfois s'en sçauent les hommes mieulx despecher quen nos pays,voire la premiere chose quilz vous diront,est,de leurs femmes & enfans,car celui qui a icy plusieurs femmes & enfans,s'y estime homme riche les femmes ensoignent aux filles de leur tendre eage a faire pain,ou a briser du Millet auec des aultres choses concernantes le mesnager, d'ou quil procede que les femmes sont bonnes mesnageres a cause quelles y sont excercitees des leur ieunesse,elles sont fort orgueilleuses en dentz blans & reluisans,car elles vont tousiours fouillant es dens auecq vng certain bastonnet,dont elles les scauent escurer & frotter aultant poliz quilz reluisent comme Yvoire, ce que leur est aussi fort bien seaut d'auoir des dens si blancs es visages aultant noirs,elles prendront autour de leurs corps vne brassee de linge ou brassee & demie,attachant cela au dessoubz de leurs mammelles & au dessus de leur nombril qui tombe iusques aux genous,puis apres prent elle vne piece de drap rouge bleu ou iaune duquel elle faict vne ceinture quelle se ceinct autour du corps pendant a icellui ses couteaux & bourses auec argent comme aussi quelque clefz,combien quelles n'aient gueres de cofres ou cabinetz si sont elles touttesfois garnies de beaucoup de clefz,pour en faire bone mine aussi attachent elles beaucoup de pailles autour de la ceincture,quelles enfilent plaines de feues & bevises de venize,cecy tiennent elles pour leur Fetissos ou Sainctos, aulcunes prennent du drap,aultres font vng mattras de canepin d'arbres,quelles prenderont autour du corps,des aultres y a qui prennēt vne piece d'vne carpette,de façon quelles font touttes,d'auoir quelque chose autour du corps, & ainsi vont elles iournellement par la maison,mais quand elles s'en vont au marche pour achapter quelque chose,alors mettront elles tout cela ius & s'en iront a vng chaudron d'eau ou quelles se laueront de cap en pied puis elle reprendra vne aultre piece de linge autour du corps,auecq vne aultre ceinture la dessoubz &puis prent elle vne brassee de linge ou deux quelle attache soubz ses tettins iusques au pieds comme vne robbe la dessus prent elle encores vng autre affublement de toillette,saye de Leydes ou linge trace, lequel elle pend autour du corps pardessus les espaules & pardessoubz les bras comme vng mantelet & prend aussi auecq elle vng plat de bois,quelle haulce en lair & faict ainsi son chemin vers le marche,estant de retour du marche ou d'aultre part au logis mettera elle incontinent ius lesdictz affublemens & s'accoustrera d'autres de moindre valeur,car elles sont plus espargnantes que les hommes,a ceste cause porte elle aussi la bourse, & quand l homme veult quelque chose il fault quil le vienne querir chez elle.

Femmes portent la Bourse,

Le Chapitre 8.

Quel mesnage ilz sont accoustumez de faire touchant le boire & manger & de leur incivilite audict manger & aultres cas.

Premierement

PRemierement apres que les femmes tiennent le gouuernement de la maison prendera l'homme soing de tout son pouuoir a gaigner & conquester quelque chose, mais la femme demeure Gouuernante, pour pour veoir la famille iournellement selon la necessite de viures & nourriture, nonobstant quilz mangent separez, le mari & la femme chacun apart soy, comme dessus at este dict & ainsi viuent ilz selon l'Euangile, pourtant quilz n'achaptent iournellement non plus que ce iour la leur est necessaire, & quilz sçauent deuorer ce iour. Premierement s'en vont ilz'au soir vers leurs graignes ou cabannes au millet ou grain, qui sont dehors de la ville, chacun prent la vne gerbe de blé dehors, ou aultant quil en à de besoing pour sa famille, cecy mettent ilz dedans vng puis quilz cauent es rochers, puis prennent ilz vng baston & mettent en pouldre tel millet, comme on pile les espiceries chez les espiciers, & voilà leur guise a battre le ble, puis va la femme & faict vanner cecy en vng plat de bois iusques a ce quil soit tout net ceulx pui ont des esclaues le font faire par iceulx. Ce millet est vne semence blanche & belle quand il est pulverisé comme ailleurs en dirons encores, alors mestent ilz ce grain auec vng peu de mays a moicte au soir en quelque peu deau & au matin a la poincte du iour ilz le vont lauer & apprester, puis ilz prennent ledict millet quilz mettent au dessus d'vne pierre comme les painctres vsent pour broyer leur couleurs, lors at elle encores vne pierre de la longueur quasi d'vng pied quelle prent es mains & broye ainsi ce millet aultant menu quelle peult iusques a ce quil soit reduict en paste & alors at il quasi la facon d'vng gasteau de paniz ils mistionnent ceste paste auec de leau & Sel & en font des boules de la grosseur de deux poings ceulx la mettent ilz dessus vng paue chaud ou quil cuict vng peu & voila leur pain quilz vsent. Les Negros du Chasteau, de Mina font du beau pain de Mays, quil est quasi semblable au pain de fourment de pardeca & en font aussi du biscuit quilz sçauent garder bon & dur lespace de 3. ou 4. mois, car ilz font prouison de tel pain dedans leurs barques, quand ilz les envoyent vers S. Thome ou Angola aultres qui nont point le moyen pour faire tel pain vont au marche & en achaptent quilz appellent Kangues, Quand les pescheurs retournent de la mer auecq leur prise, lors vont les femmes auec les poissons prins au marche ou chacun vient a vendre chair fruictz & aultres denrees. Ilz mangent aucunefois viandes crues & inusitees, principallement, chaleureuses, comme a dire poignees de Grain ou Manignette, gobletz plains deau du vre alalleroyent ilz a ung traict ilz bevoront chiens, chatz, & chair puante d'Elephantz & Buffles dont la vermine soit a milliers, tellement que de puanteur on ne peult durer au tour : il y a aussi des petis oyseletz illecq, plus petis que les moineaus de coleur grisatres auec des bees rouges qui fort artificiellement font leurs nids aus branches des arbres quasi au plus delié d'iceulx, pour estre affranchies des couleuvres & aultres animaulx venimeux lesquelz ces Negros devorent tout vifs peau & plumes & tout, iay entēdu d'aultres Negros que les pansans audedans du pais mangent des laseites. Les paisans & esclaues voire & la commune aussi qui ont leur habitation au rivaige de la mer combien quilz ont raisonnablement bien des rafrechissemens sy ont ilz encores ceste nature chaleureuse, quilz mangent les entrailles des Gellines sans les cuisiner aultrement, comme par experience auons veu, car il est advenu qu'vng garçon estant demoure en ostage dedās la nauire fut trouue tant glouton a devorer viandes crues, quil est incroiable nonobstant quil eut assez a manger & boire des viandes de la nauire, il mangeoit tousiours la mangeaille des gellines hors de leur tronc il fit vn bastō percé au boutau & vng clou dedans, & quand quelque gelline boutoit la teste dehors, il la frappoit auec son clou dessus la teste, tellement quelle esvanouissoit, & alors venoit il monstrer, quil y auoit des gelines mortes, cela faisoit il pour auoir les entrailles crues, car il n'attēdoit point iusques a ce que telles entrainlles fussent vn peu nettoyees, mais il les prēnoit ainsi, cōme elles sortoyēt de la geline, & les engouloit ainsi, a quoy on peut apperceuoir la bestiale nature quilz ont encores, ilz mangent aussi le poisson seiche au soleil qui desia put, mais a dire quilz vsent telles viandes crues tant seulement, seroit mensonge, car ilz sont friands assez & appetissent bien ce qui est savoureux, quand ilz le peuuent auoir, Il y a des femmes qui ont demoure auec les Portugois dessus le chasteau, qui sçauent bien apprester quelque chose de bon. Ilz prennent leur refection aussi auec les poulerz, Cabrittes, Boeufs & Cerfz, mais telles viandes ne mangent point ceulx du peuple, mais la noblesse ou qui ont les moyens pour les achapter, ilz mangent aussi des Ignames, Bananas & Patates. Ilz ont aussi trois sortes d'arbres, comme les Palmites, desquelz l'vne sorte est la femmelle qui ne donne point de vin, mais vne trousse de grappes grandes comme Prunes de couleur orangee estant aux de boutz vng peau noiratre, de telles grappes prennent ilz la pellure iusques au dessus du noyau & d'icelle font ilz l'huile quilz nomment huile de Palmal, lequelle est fort delicat & bonne, ceste cy vsent ilz pour en apprester la viande, & en font vne bōne sausse au dessus de leur poisson, de plus espais de cest huile vsent ilz pour en frotter leurs corps & les femmes l'vsent pour en frizer leurs cheveulx telz noyaux sont si grans qu'vne noix commune & sont tresdurs comme pierres, ilz ont au dessus trois petis pertuis, estans rompuz y trouue on dedans trois noisettes a facon de bouletz d'argille comme avelanes, mais en les mangeant & mascheant n'ont ilz nulle saveur mais ont goust de bois, ilz ont aussi beaucoup de sortes de feues & poix & entre icelles vne semblable aux Phaseoles de couleur Purpurine, ces Feues sont fort bonnes & graisses, quilz apprestent auecq de l'huile de Palma & en font une excellente viande, causant bonne nourriture, mais les aultres sortes de Feues & poix n'a ccoustument ilz point a manger pource quilz ne y proviennent point en quantite, les Ignamus vsent ilz aussi en plusieurs endroictz en lieu de pain. Or quand a leur beuvrage il est coustumierement par tout eau, en quelques endroictz brassent ilz vne boisson auecq de leau & quelque peu de Mays

leur façon de tenir mesnage.

façon de leur pain

Pays de Mays quasi semblable au nostre de pardeça.

Sortes de Febues & Pois.

Vin de Palme comment ilz le boyvent.

chaptent vng pot de Vin de Palma, mais ainsi quil ne peult guerres se maintenir bon ilz iront leurs 4. ou 5. hommes, a en achapter vng pot ou deux, chacun desquelz potz en faict dix des nostres & le payent en commun & le versent dedans vng grand *Cabas*, qui croist aux arbres, desquelz en y a des biens grands contenans bien 12. potz, autour d'iceulx se vont ilz asseoir & chacun homme envoye a sa plus chere femme vng petit Potequin dudict vin, & le premier traict quilz boiuent ilz le puisent de ce *Cabas* auecq vng aultre qui est vng peu plus petit & les aultres hommes se tiennent debout lui leuans le chappeau de la teste, mettans leurs mains dessus icelle, crians a haulte voix *Tantosi, Tantosi*, puis apres ilz boiront le demeurant iusques a peu pres quilz ietteront dessus la terre disans I. O. V. comme pour le donner a leur *Fetissos* a boire, silz ont encores des aultres *Fetissos* a leurs bras & Iambes, ceulx la encracheront ilz, au premier traict quilz font, comme leur donnant aussi a boire, car ilz pensent silz ne faisoyēt cela ou quilz loubliassent quilz ne scauroyent boire leur vin paisiblemēt ensāble, que leur *Fetissos* lempescheroit: tellement quilz sont en nature fort grands yvrongnes & point moindre il civilite vsent ilz en leur manger, mais mangent aultant mausadement & gloutonement comme vne trouppe de Porceaux, car estās assis en terre pour manger ensamble, natt enderont ilz poinct l'vng morceau apres l'aultre. Ilz ne mettent point la viande dedans la bouche, mais la reparti sent en morceaux, quilz prenderont auec leurs troix doigts de deuant hors du plat & bayans ilz les getteront droictement dedans la bouche iusques au gavion sans faillir ou les ietter du coste, de facon que nous nous en esmerveillons fort, ilz sont tousiours affamez & mangeroyent bien tout le iour durant, tellement quilz ont des bons estomacs, & nonobstant que ce soit vng pais fort chauld, auquel on diroit que l'ardāte chaleur de l'air deburoit causer quelque nourriture, si sont ilz touttesfois fameliques, & nos flamans y estans point peu aussi, mais y auons tousiours bon appetit, de facon que ie diroie que la chaleur causeroit digestion illecq, mais n'estant docteur pour n'estre reprins n'en veulx le manitenir rien peremptorialement, & pource quilz font grand cas de faire grande chere, ilz font des leur ieunesse grāde diligence pour gaigner quelque chose & de collecter vng peu d'or, mais ayant quelque chose d'Espargne, si ne le peult il longuemēt garder mais s'en ua incontinent despendre auecq ses compaignons a boire, ores l'vng or l'aultre, tenans ainsi leurs tours, mais s'il prouffiicte quelque peu extraordinairement alors il se mettera a espargner pour converser auec ceulx de meilleure qualite, comme encommenceant lors a conduire des marchans a bord des navires, de facon que celui qui n'a guerres illecq ne peult aussi recouvrer guerres, a cause quilz ne sont point espargnans selon leur auarice.

Comment quilz iettent les morceaus dedans la bouche.

Le 9. Chapitre.

Quelle marchandise & commerce quilz font ensamble & auecq quoy ilz se entretiennent & gaignent leur vie.

Dequoy ilz suydoyent & avont la venue des estrangers pour affublemens.

AInsi que iay artendu des habitans de ces pays, auparauant que les Portugois y abbordassent pour trafficquer auecq eulx avoient ilz peu de biens pour soy entretenir & soustenter, mais s'aidoyent seulement de ce quilz acqueroyent illec, que n'estoit guerres de chose, principallement d'estoffe pour soy accoustrer, car ilz souloyent aller tout nudz parauant, comme desia auons recité plus amplement ilz auoyent aussi bien peu de bestiail & aultres viures pour soy soustenter car ceulx qui y sont astheur, y ont les Portugois a peu a peu conduictz, tellement que le pais en est rempli ores, & de bestiail & de grains, de facon que pour le iourdhui ni a quasi faulte de riens duisant a la necessite & nourriture des hommes, mais il y a prou de tout, comme cy apres dirons encores plus amplement, & apres que les Portugalois eurent commence a trafficquer icy & faire leurs commerces auec les sauvages du pais, ont lesdictz sauvages prins cognoissance de touttes choses: Or pour venir au propos de ce chapitre passerons cecy en silence & le reitererons en vng aultre endroict ou quil viendra a propos, premierement venoyent ilz au tamps passé aupres des Portugalois auec leur or, & achetoyent la ce que leur estoit de besoing de linge, draps &c.

Et ainsi que les paisans du dedans du pais nosoyent du commencement venir aupres des Portugois, pour trafficquer auecq eulx, comme estans sauvages vers les aultres nations, a cause que ce leur estoit chose espouentable quasi, de veoir des hommes blancs, & ceulx la vestuz ('& euix tous noirs & nudz:) n'en osoyent ilz approcher, & ainsi en advenoit il aussi a plusieurs de nostre nation, quilz estoyent de prime face estonnez, quand ilz veoyent quelques Negros ou Mores: alors portoyent ilz leur Or aux habitans du rivage de la mer (ou que les Portugois faisoyent leur train de marchandise) leur disans quelles marchandises & denrees quilz desiroyent pour leur argent, ceulx cy alloyent envers les Chasteaux & achaptoyent la ce quilz demandoyent comme fer, estain, bassins derain, couteaux, draps, linge, chaudrons, corailx & semblables choses, & le marchant qui les envoyoit la, les contentoit aussi, de chacun *Peso* d'Or aultant, s'il trafficquoit beaucoup de *Pesos* lors receuoit il aussi grand salaire & auecq cecy gaignoyent ilz la vie, mais puis apres en succez de tamps que nous sommes venuz a cognoistre ceste coste & que les nauires y commencoyent a surgir de Hollande (dont le premier qui commenca a faire le train auecq les Negros fut vng Barend Ericsz de Medenblicq) & a tracer les proffictz que les Portugois y faisoyent, nous sommes nous enhardiz a reiterer la routte, par diuerses fois par le susdict Barent qui y auoit este auecq les Portugois dont il cognoissoit les commodites des endroictz, mais n'ayant lieu asseuré sur la coste (comme les Portugois) pour mettre les marchandises & denrees en terre & dedans des magasins pour les distribuer en negociant a

Comment les Hollandois y ont prins cognoissance.

son

son tamps, mais y estant tenu en ennemy par tout, tellement quil nosoit ni pouuoit venir a terre en lieu que ce fut, estoit il contrainct se tenir a l'ancre en mer, deuant les villes en attendant les marchans, qui vinssent auecq leurs Canoes pour negocier auecq lui, & les sauvages ou Negros voyans quilz auoyent des marchandises se sont enhardiz a venir trafficquer auecq les Hollandois, apportans quant & eulx leur or & ainsi quilz demenent ores peu de train de marchandise auecq les Portugalois, mais tant seulement auecq ceulx de nostre nation vous commenceraye a reciter premierement en quelle guise quilz trafficquent auecq nous. Facon de negocier des Negros & Hollandois.

Ilz viennent bien matineusement auecq leurs Canoes ou barquettes de terre vers les nauires qui y sont a la Rade deuant leur ville pour negocier auecq icelles, la raison que les marchans viennent ainsi du matin au bord pour trafficquer, est telle, pource que le vent vient au matin du pais, quilz nomment Bofone, & alors est il tamps tranquille & eau quoye car envers le midi vient le vent de la mer quilz nomment, *Agom Bretton*, & alors regarderont ilz d'estre rechief au rivage a tamps que la freschure vient de la mer, car les paisans qui viennēt du dedans du pais, scauent mal comporter la mer & venans es navires scauent ilz malaiseement se tenir en pied ou aller, mais s'en gisent la comme chiens vomissans & sont fort malades de la mer, mais leurs gascheurs ou Pilotes qui les conduisent a bord, sont endurcis a tel mal & n'en ont point de defect & ce par l'accoustumance d'abborder iournellement lesdictes nauires telz marchans y a qui en sont tant malades de la mer quilz rendent la gorge & vomissent quasi tout ce quilz ont au corps & estans ainsi maladifz en beau tamps, ont ilz telle poeur des orages (quand les ondes s'enflent vng peu) quilz se retournent tousiours par tamps au riuage, voire il y en a aulcuns des paisans & marchans qui n'osent encores venir a bord des nauires redoutans la mer mais ilz donnēt leur or aux Pilottes & leur disent quelles marchandises quilz veulent auoir achapees & ces Pilotes ou Truchemans viennent auec cest or aux navires ayans aux corps attache vne boursette en laquelle l'or est, chacune partie apart soy dedans vng papier ou drappelet retenans en leur memoire cest or appartient a vng tel homme, qui en veult auoir telles marchandises, telle boursette vient a vng tel aultre qui en veult telles & telles denrees & ainsi auront ilz plusieurs commissions pour achapter des marchandises voire bien 10. ou 12. ensamble desquelles l'vne est d'vng pesant d'or l'aultre de 3.4.5. & quand quelque or n'est de poix ilz le remetteront en leurs boursettes & le rapporteront a leur homme, car si les Pilotes y mettoyēt quelque chose pour parfournir au poix le marchant ne le lui rendoit point a cause quilz ont pese desia leur or en terre, & scauēt ce qui y est, deuant quilz viennent aux nauires car ilz ne se fient point l'vng l'aultre: Or ayans employe leur argent, lors fault il quon leur face vne donation, quilz nomment *Dache*.

Le 10. Chapitre.

Pour quelle raison on est tenu a leur faire telz presens, quand ilz ont achapte quelque chose & que chose signifie Dache.

APres que 2. ou 3. Nauires de diuers endroictz cōmencerēt a abborder icy pour y trafficquer, comme a dire l'vne de Middelbourg, l'aultre d'Amsterdamme la troisieme de quelque aultre ville des pais vnis, venās illecq a ietter l'ancre l'vne aupres l'aultre pour y revendre leurs marchandises & que l'vne d'icelles s'apperceuoit que l'aultre demenoit plus grande trafficque & vendoit plus de marchandises quelle, ilz ont excogité, pour attirer les marchans a leurs bords, de promettre aux truchemans (quil fault necessairement auoir en estime car ilz conduisent les marchans au bord) affin quilz conduisissent les marchans vers leurs nauires de leur donner aultant: Ces truchemans pour auoir quelque chose conduisoyent lors les marchans a vne telle nauire, car ilz sont fort auaricieux, les aultres voyans cela sont venuz a s'enquester des truchemans la raison pour laquelle ilz abbordoyent plus a celle nauire que a la leur, dont est venu que pour allicher lesdictz truchemans a leur navire ilz leur ont faict telles & plus grandes promesses & donations, & ainsi de main en main haulcans a guerre les donatifz pour a soy tirer les marchans, & truchemans, est venue la coustume de ce Dache a vng tel disordre, que pour le iour d'hui il monte bien iusques a 6. & 7. par cent, tellement quil est tenu en debte ores, par la dissension des commis, qui ne se sont point sceu accorder ensamble, tellement quon scat ores combien quon leur est tenu de donner pour Dache ou donation, comme a dire d'aultant de toilles, draps, fer, bassins, chaudrons quilz achaptent aultant, selon leur nombre mesure ou poix, aultant pour le marchant & aultant pour les gascheurs qui la mmenent a bord, ce quest vne maniere bien absurde, aultre part point ouie quon est tenu d'ainsi bailler ses denrees pour Dache & combien quilz ont desia achapte si at on encores le plus grand rompement de teste auec ce Dache & on a plus de paine auecq vng qui achapte peu que vng qui employe beaucoup d'or, fut vng tamps que les Negros & marchans pendant que les flamans y estoyent ainsi trafficquans. devindrent si faulx auecq ce Dache, considerans quon en suiuoit leur volonte, quilz venoyent dedans les nauires esquelles ilz ne vouloyent rien achapter ou negocier auant quilz veissent les donations que les Commis leur presentoyent affin quilz trafficquassent, voire il leur convenoit aussi donner a manger & boire du vin, tellement quen lieu que les paisans, & marchans souloyent iadis payer les Pilotes, & truchemans, pour courtaige & gascher attirent ores a soy lesdictz Pilotes les marchans a cause du proffict du Dache quilz recoyuent des Commis, affin quilz amenent les marchans a leur bord, & ainsi en lieu que les paisans souloyent ia payer les truchemans, payent ores les Pilotes aux Du Dache que les marchans dorment en lieu de courtage & comment venu en coustume.

paisans

paisans ledict Dache, a cause des grandes donations quilz recoiuent. En oultre beaucoup de marchans venans du dedans du pais au riuage de la mer, voire de 100. & 200. lieues d'icellui riuage, ceulx la viennent auecq bonne quantite d'or & amenent leurs esclaues auecq eulx que au retour ilz chargent auec les marchandises quilz ont achaptees es nauires, comme aulcuns en y a qui ont bien 20. ou 30. & plus d'esclaues, selon quilz sont de qualite, & font grand train de marchandise Ores scauent tels paisans leurs logis ou quilz vont loger & a leur hoste ou trucheman ilz donneront en poix l'or quilz ont apporte, lui disans quelles marchandises ou denrees quilz veulent auoir achaptees, or ces truchemans venãs aus nauires y amenẽt ordinairemẽt auec eulx vn de ces marchans pource quilz ne se fient guerres l'vn l'autre, laissant les aultres marchãs auec leurs esclaues a terre, & diront quelle marchandise quilz demandent & quel argent quilz ont aupres deulx. si cest vng paisant qui ne scat poinct parler Portugois ilz le vous donneront incontinent a entendre disant aux Commis ne parlez point nostre langage, car cest un villageois donnans notice par cecy quilz le veulent piper & lui de frobber quelque argẽt. Ces pauures paisans estans malades de la mer ne se scauent ayder, mais couchent en terre dedans les nauires renardans cõme chiens & laissent cependant faire le marche a ces courtiers, leur disant combien de marchandises quilz veulent auoir encontre aultant de poix en Or ainsi que la marchandise y est vendue, quasi continuellement a vng pris les truchemans n'vsent guerres de paroles auecq les Commis, mais s'en vont barguigner auecq le paisant pour le contenter auecq si peu de marchandises quilz scauent, quand ores le pris est accorde auecq le paisant on pese l'or, & apres que la trafficque est acheuee ilz se retournent a terre laissant s'en aller le Cageois auec ses marchandises, vers sa demeure, quand le paissant est parti vers ses quartiers, alors viennent les gascheurs & truchemans au bord des nauires pour y querre ce quilz ont de frobbe, auparauant au pauure villageois tellemẽt quil advient biẽ souvent quilz desfrobberont par telles practiques au paisant bien la troisieme partie de sa chevance, & cecy repartissent ilz ensamble, & le vont dissiper inutillemẽt, aultres truchemans qui ne scauẽt ceste maniere de faire ou moyenner ou ne s'en seruent craignans que les villageois s'en appercoyuent, & quilz vinssent a perdre leur chalandise, comme il advient bien que les paisans s'appercevans quon les rase trop lourdement s'en vont chez aultres pilotes ou truchemans, abbandonans telz semblables ceulx la se vont asseoir, aupres des villageois a la table, prenans garde quand il pese son or, & quand le villageois tourne quelque peu la teste pour cracher ou aultrement lors h'apperont ilz quelque piecette quilz musseront incontiẽnt dedans leur bouche, oreilles ou narines, faisans a croire au paisant que son or est trop leger, aultres voyans que leur larrecin ni a place & que l'argent est trop leger, souffleront dedãs la bilanche, affin de la faire avaller: les Commis ni prennans aulcunefois point de garde, pensans d'auoir leur poix entier, en sont trompez tellement quilz se scauent ayder par mille moyens pour desrobber quelque chose soit aux marchãs des nostres ou des leurs pour leur emporter leur chevance, ilz souloyent au commencement estre fort simples en leur trafficque, car ilz se fioyent tant es flamans que nous en estions esmerveillez, car ilz pensoyent que les blancs (ascauoir les flamans) fussent dieux que ne fissent aulcune tromperie ou mensonge prennans les denrees sur leur parole, sans en faire aultre calculation dont ilz furent souuent fraudez & abusez, car quand ilz acheptoyẽt dix brassees de linge on ne leur en donnoit que 8. & on leur en mescomptoit deux & aultres choses a l'advenant de ceste, lesquelles les Commis firent si exorbitantes, que les paisans sen apperceurent & prennoyent meilleure garde & devenoyent aultant subtilz au compter, quilz scauent ores ayãs achapté vng cent brassees de linge ou deus a vne brassee pres, silz ont leur mesure ou non, & en cas que vous les frustrez aulcunement es mesures ou comptes, ilz sont si testuz quilz en eviteront vostre bord & ne y tourneront plus voire pour vng resgard de trauers ou cure parole, que vous leur donniez ilz vous porteront telle hayne que vous ne vous en scaurez plus reconcilier auec eulx, d'aultre coste tacheront ces truchemans ou courtiers d'achapter quelques marchandises a credit des marchans, approchans auecq vng bon semblant de paroles & quand ilz auront obtenu quelque chose, ilz ne payeront non tant seulement point, mais escheviront de la en avant vostre bord, & s'en iront aux aultres nauires: a raison dequoy il vault mieulx leur donner quelque chose a bon escient, que a credict, car ilz pensent l'auoir en butin, quand on leur vend quelque chose a credict, & ne font point conte de le payer iamais, mais marchans de qualite achaptent tous argent contant & ne proposeront point telle chose a aulcun, de leur fier quelques marchandises a credict.

Comment ilz viennẽt a bord des nauires.

Comment quilz negocient ensemble.

Ce quon leur vend a credit doibt on estimer perdu.

Le 11. Chapitre.

Quelles marchandises & denrees les Hollandois leur apportent & a quoy ilz les vsent & s'en seruent.

Deuant que les blancs arriuassent icy auecq leurs marchandises pour les revendre, auoyent les Negros du pais peu de biens, ou estoffes pour soy accoustrer, sur quoy ceulx de Portugal y abborderent premierement, leur apportant beaucoup de denrees y necessaires, & les flamans s'appercevans que les Portugalois faysoyent illec, sur ceste coste des tresgrands proffictz & gaignages, sont estéz occasionnes par les troubles & guerres intestines a trouuer practiques pour y nauiguer aussi, & darracher des mains desdictz Portugois ceste navigation auecq ses emolumens & les y depouiller totallement comme il est advenu aussi, car depuis que les flamans sont

sont venuz en commerce en ces pais, auecq les Negros, y sont les Portugalois venuz en decadence, & leur traffique y est quasi anneantie, comme plus amplement auons a dire encores : Tout au premier leur apportons nous tresgrande quantite de toilles de Slesie qui y sont acoustumees en terrible nombre, a cause quilz saccoustrent auecq icelles, & cest la plus ordinaire estoffe dont ilz saffublent secondement y apporte on aussi quantite de diuerses sortes de bassins pour barbiers, pour esteuues, & aultres, puis des paelles escossoises ayans deux brasses en rondeur, petis bassinetz sans bords, de telz bassins se servent ilz a diuerses choses cõme des grandes neptes pour mettre dessus les sepultures de leurs morts, & les y murer dedans, aussi pour porter quelque chose auecq, les petites neptes vsent ilz pour mettre l'huile dedans, dont ilz se frottent, les bassins de barbiers vsent ilz pour couvercles, a d'aultres, affin que nulle ordure y tombe dedans, les bassins ouvrez vsent ilz pour y mettre leurs ioliuetes dedans, & leurs attiffemens, des grandes poeilles escossoises se servent ilz pour y occire vng pourceau ou Cabrito & le nettoyer la dedans en place d'vng Cervier, les petiz bassinetz sans bords vsent ilz pour y cuisiner dedans chose a eulx fort diuisable, ilz ne veulent poinct des manches a icelles comme on les vse chez nous, & telz semblables bassins y apportent les nauires en si grande quantite & y remplissent le pais tellement auecq iceulx, quon vend souventesfois la dinanderie en ces quartiers a si bõ marche aux negros ou ceulx du pais, comme elle a couste a Amsterdamme, & nonobstant que telz bassins y sont apportez en telle quantite & ne soit marchandise aultant consumtible comme le linge si ne voit on la guerres de vieilles dinanderies a ceste cause fault il que le pais au pardedans soit terriblement peuple, qui consumẽt & vsent vne telle quantite de denrees, qui ne s'vsent poinct: en oultre apporte on la aussi tresgrande quantite de chaudrons quilz vsent fort & s'en servent pour aller querre de leau auec, aux puis & vallees aussi des potz a estouffer de cuiure rouge audedans couvertz destain, dont ilz se servent pour y mettre de leau dedans, en lieu d'vng tonneau de Cervoise & les potz de terre vsent ilz aussi pour y boire dehors, le fer vsent ilz pour en faire leurs armures comme Assegayes serpes, poignards &c comme a dire les Assegayes & dagues en armures, & la serpe a lagriculture pour en bescher la terre, en lieu de houes & d'aultre coste aussi pour aller au bocage & en esbrancher les arbres pour leur fabrique car ilz n'ont nuls aultres outilz a cela: puis encores beaucoup des draps rupinois rouges, bleuz, iaunes verds, dont ilz sen seruẽt pour ceinctures autour de leurs corps, pour y appendre leurs chosettes, comme bourses cousteaux dagues & aultres les mante velues d'espaigne vsent ilz pour pendre autour du corps en lieu d'vng manteau, les anneaux rouges & iaunes vsent ilz pour porter en grand ornement es bras & iambes, ouvrages destain vsent ilz aulcunesfois aussi, comme autour des bras en anneaux, mais point en grand nombre ilz consument aussi grand nombre de couteaux, quon faict en noz pays. en oultre consument ilz vne tresgrande quantite de breuises de venize de touttes sortes de couleurs, mais l'vne d'icelles coleurs leur est plus a gre que l'aultre, ilz les rompent en quatre ou cincq piecettes & puis ilz les aguisent au dessus d'vne pierre, comme noz enfans les noyaux de Cerises & les enfilent a escorces darbres a faisceaux dix & dix ensamble dicelles font ilz grand train de marchandise, car ilz portent ces coraılz aguises autour du col, mains, & iambes, ilz vsent aussi des Patenostres ronds & principallement grands, ceulx la penderont & entortilleront ilz dedans leurs cheveulx les laissans ainssi pendre aupres de leurs oreilles & les Espingles usent ilz pour en faire des hauets a pescher, des queues de cheval garnies vsent ilz pour danser auecq & pour en dechasser les mouches de leurs corps nudz quand ilz sont assiz en oysiuete, miroirs auecq des cruchettes a laict & telz semblables fatras, vsent ilz aussi, mais les denrees qui y sont cousumees en plus grande quantite, qui sont demandees de tous & sy permutent plus facilement, sont toilles, draps, dinanderies, comme bassins, chaudrons, couteaux & corails, le demeurant ni est poinct consume en quantite, mais ainsi vng peu ca & la d'advantage ainsi quõ s'apperçoit encores iournellemẽt des marchandises qui sont duisables illec, on les leur apporte alors, voire on y apporte aulcunesfois quelques denrees en esperance de faire du proffict (: car cest le but du negociant :) & ainsi leur at on porte par espreuue vne partie de trompettes de terre, ce que du commencement leur estoit vne nouvellete a corner la dessus, mais quand ilz veirent quilz se cassoyent tombans a terre, n'en voulurent ilz plus achapter aulcunes: secondement des estreviets de cheval desquelz quand ilz les veirent premierement ilz demanderent aux Commis si les femmes de pardeça les portoyent es oreilles, dont ilz dirent n'en apportez plus, car les oreilles de noz femmes, sont trop petites pour y appendre telz grands anneaux: a la troisiesme leur at on porte des lunettes mais a cause quilz ont des gros platz nes, au dessus desquelz ilz ne se peuuent tenir, on ne leur en apporte plus aulcuns, a la quatriesme des clefz, quilz demandoyent bien au commencement, sen servans a les mettre en trousse & pendre au coste, mais puis apres les at on apporte la en telle quantite quon nen tient plus de compte, & nen veulent plus, dont est advenu quilz demanderent a quoy on sen servoit chez nous ce quon leur monstra, que cestoit pour ouvrir les serrures des coffres & garde mangers, a quoy ilz respondirẽt quon n'en apportast plus, car ilz ne duisoyent poinct aux armaires de leurs femmes, quilz estoyẽt suffisans assez pour les garder, aincoys que ne leur apportissions point telz clefz, auecq telles choses qui ne sont point a leur appetit ilz se mocqueront vilainement, mais quand on y apporte des marchandises, quils ont en estime, ilz s'en entrebatteront ensamble, comme au premier quand on leur apporta des tachies, quilz vsent pour

Marchandises des flamans illecq apportees toiles de Slesie bassins de plusieurs sortes poeilles escossoises.

Trombettes de terre.

Estriuiers de cheval

Lunettes.

Clefs.

y cuisiner dedans, estans comme escuelles d'estain a laict, auecq deux anneletz au debout quilz auoyent tant volontiers comme aulcune marchandise, mais pour la grande quantite quon leur apporta en fut tellement rempli les pais, quilz ne sont plus estimés astheur, & ainsi en advient il souuentesfois, quand il y a quelques marchandises quilz appetissent fort, quon l'apporte illecq incontinent en telle quantite que le pais en regorge, et quon n'en faict plus de cas, & en ceste maniere se va amoindrissant le commerce, en ceste coste de Gunea, de facon quon ni trouue plus les proffictz quon y souloit auoir. Les Portugalois de Mina & aultres lieux illecq au dedans du pais, font achapter plusieurs marchandises par leurs esclaues en leur baillant une partie d'Or & les envoyent envers les nauires gisantes deuant les villes ou quilz achaprent ce quilz desirent comme linge, drap, Corailz, & bevises, & envoyent icelle marchandise au dedans du pais auecq leurs esclaues pour la revendre, & en proffiter quelque chose, & gaigner la vie les bevises ou Corailz font ilz aussi achapter beaucoup, quilz font briser & aguiser par leurs Negros ou esclaues, & ceulx la vsent ilz pour en achapter leurs vivres, quand ilz voyagent es aultres villes, & les permutent encontre des Vaches, Cabrittes, Gelines, & semblables animaulx, & proviandes, seruans a leur sustentation & entretenement de leur vie.

Le 12. Chapitre.

Quelle notice & entendement quilz monstrent auoir au commerce & denrees & marchandises quon leur apporte, des peages & aydes quilz donnent a leurs superieurs des marchandises, quilz ont achaptees des estrangiers.

Tout premierement quand les Portugalois commençoyent a negocier auecq les habitans de ces pays neurent ilz aulcun choiz pour rechanger ou permuter aulcune marchandise, mais ce que leur estoit baille des Portugalois failloit il, quilz s'en contentassent: Mais depuis nostre trafficque, que nous y auons hanté, leur at on a peu a peu tellement donne leur vouloir, quilz sont ores devenuz fins & canteleux, a faire le train de marchandise, de facon quon ne leur peult bailler aulcune marchandise, quilz veulent achapter quilz ne la changent par deux & trois fois, tellement quilz se commençent a entendre aultant es marchandises, quon negocie auecq eulx, que noz flamans mesmes, car on les souloit tout au premier bien abuser, tant en launage de toilles comme au bailler des bassins revassez & rapieces, & chaudrons, perces pour leur argent, & draps pourriz pleins de trous & cousteaux rouillez, quon ne sçauoit tirer de la guaine, sans les rompre, & choses telles, dont ilz sont en progres de tamps devenuz tant mis en la cognoissance des denrees quilz nous surpassent quasi. Tout premierement quand ilz achaptent de la toille, ilz regarderont si elle n'est endommagee de lair, puis apres si elle est blanche & large, car ilz sont fort curieux de toilles blanches & larges, sans viser tant a sa finesse, comme a sa largeur, car il l'vsent pour la mettre autour de leur corps, principallement les femmes ont volontiers quelle pende par dessoubz les tettins iusques au bas des genous, d'aultre coste prendront ilz le drap & le garderont encontre la clarte du iour sil n'est trop vuide, les cousteaux tirent ilz de la gaine pour sçauoir silz ne sont rouillez la dedans, les bassins regardent ilz piece a piece, silz nont nulz trous, ou ne soyent crevassez, & y trouuant le moindre trou ilz le reiecteront, & en veulent auoir des aultres, d'aultre part quand ilz sont vng peu engraissez ilz ne les veulent point aussi, des toilles sçauent ilz coniecturer si elles ont la deue mesure ou non. Le fer mesurent ilz auec leurs pieds & regardent sil est long assez & a sa mesure competente. Les chaudrons mettent ilz en bas en terre auecq le fond en hault puis se mettans dessus auecq tout le corps, ilz les presseront de telle maniere auecq leurs poulces que le chaudron va sus & ius comme si son fond fut de parchemin, & ceulx la ne veulent ilz point, mais ceulx qui sont tant durs au fond quilz ne cedent point a leurs pressemens, telz veulent ilz bien: ilz ont telle force a presser des poulces quilz ny a nul flamen, que le sceut faire, & quand quelque paisant du pais, vient a achapter vne chaudiere, d'vng thaller ou d'vng escu en or, il regarde & faict telle preuue dudict chaudron, que les femmes d'Hollande seroyent honteuses a faire tant de peines pour vng chaudron, comme eulx font & combien que ce soit, quilz ayent souuentesfois faict vng marche de quelques marchandises auec vous, si ne laisseront ilz poinct pourtant de le quicter sans achapter riens. Les bevises comptent ilz aussi a une a vne de cordon en cordon, pour sçauoir si chaque cordon a son nombre competent a poinct, en cas quil y faut vng corail, si est il necessaire de le leur bailler. Quand ilz ont faict leur commerce auecq les Commis des Nauires Hollandoises & s'en retournent en terre pour aller vers leurs quartiers & villes, d'ou quilz sont venuz, lors trouuent ilz les garçons & faitneans, attendans au riuage, le retour desdictz marchans auecq leurs denrees, semblablement aussi quand les pescheurs tournent de la mer auecq leur prinse, & quand aulcunes Canoes viennent d'aultres lieus comme d'Anta auec du vin de Palma, lesdictz garçons les sont attendans & a leur arriuement courent ilz dedans leaue arencontrer telles Canoes, iusques au collet, ausquelles ilz boutent les mains & s'en nagent auecq elles vers terre, ou quilz happent chacun quelque chose hors d'icelle & le portent vers le logis du marchant ou gascheur, encor que ce ne fut que la sellette ou la pierre sur laquelle il estoit assis, pour gascher, quilz prennent & la portent vers leur maison les aultres viennent pour layder a tirer sur terre leurs Canoes, & la mettre sus leur estagement, & ce tant seulement pour en auoir quelque chose car les pescheurs leur donneront vng petit possonnet, les marchans du vin vng traict d'icellui & les aultres Marchans vng petit Loupin d'Or comme vne limaille ou la teste d'vne Espingle

Comme on souloit au passe tromper les Negros au commerce

Fer

chaudrons comment quilz les preuuent.

Le salaire des garçons

Espingle & amcoys quil ni eussent que mis la main tant seulement, faisant semblant daider, si parleront ilz de leur paiement, voire ilz sont si mal prestz au seruice, quilz n'ont garde de faire quelque courue l'vng pour l'aultre, soit de porter ou monstrer quelque chose, ou de faire quelque message, ou il fault les contenter & payer, & quand ilz ont faict quelque chose qui merite loyer, ilz sont si malaisez a contenter, quon n'en scait quasi venir a bout pour les contenter & donner leur payement.

Le 13. Chapitre.

Quelz peages que les marchans payent au Roy, tant pour leur passage, que pour leurs marchandises.

LEs Roys ont leurs Peagiers, habitans aux riuages de la mer, la ou que les nauires se viennent a mettre a l'ancre deuant, pour y faire leur commerce, auecq les gens du pais. Ces peagiers sont la constituez de par les Roys, pour y prendre bon soing & regard que ses reuenues & tributz lui soyent deuemēt satisfaictz & affin qu'a cela ni eusse faulte & que tort ne lui sut faict ilz mettent ordinairement d'adioinct audict peagier vng de ses filz ou proches parens, ce peagier cy reçoit la gabelle des poissons qui sont prins en son quartier ou haure, il a vne mesure auecq laquelle il mesure le poisson & les poissons qui sont au dessoubz de ceste mesure (soit ce de telle sorte de poisson que ce soit) ne payent poinct de gabelle, mais ceulx qui leccedent, d'iceulx prent il le cincquiesme poisson, ou bien aultant quil lui semble bon, pour sa gabelle & ce poisson est incontinent envoyé envers le Roy de ce quartier auecq ses esclaues qui chaque iour bien matin les viennent querre. Les marchans qui viennent du pais fault quilz payent au Roy du haure ou quilz veulent aller pour y faire leur commerce en or la valeur d'vng teston, pour passage, pource que le Roy permet quilz passent par son pais, soit ce quilz veulent achapter beaucoup ou non, si fault il neantmoins quilz satisfacent a tel tribut, quand ilz ont puis apres faict leur train de marchandise dedans les nauires, le peagier en prendra visee, quand ilz sont de retour auecq leurs denrees au riuage, & alors vient il & prend au paisant vne partie des ses denrees, aulcunesfois bien la quatriesme part, de ce quil a achepte, & va avecq icelles vers son logis, le paisant porte le restant aussi vers son logis, & tourne puis vers ledict peagier (quilz nomment la Garda) & font accord auecq lui & le contentent auecq si peu de chose, que leur est possible, & rachapent ainsi leurs marchandises, & de tout ce quilz ont achapté montant moins en valeur que deux onces d'or, ni a nul peage limite dessus, mais en donnent aultant, quilz scauent accorder auecq les Negros ou Peagiers, & tel argent vient au proffict du Peagier, & lui est comme son salaire, mais de tout ce que les marchans ou villageois achaptent plus que de deux onces en or de valeur, fault il, quilz donnent ½ donce en or pour peage, les deux onces nomment ilz Benda, & ainsi fault il quilz payent pour chaque Benda d'or de marchandises quilz achaptent des flamens ½ donce d'or, pour peage, & cest or ou argent vient a proffict du Roy, mais les habitans des Riuages de la mer ne donnent nul peage des marchandises, quilz achaptent, quand il n'eccede en valeur la Benda, mais s'elles eccedent il fault aussi quilz en payent gabelle, comme les marchans du pais.

Peagiers des Roys aupres du riuage de la mer.

D'aultre part quand ilz se sont desrobbez l'vng l'aultre quelque chose, de cela reçoit il aussi argent selon l'importance du cas, semblablement aussi quand ilz ont paillarde la femme l'vng l'aultre, il en recoit aussi lamende & quand les paisans viennent auecq leurs armes dedans la ville (ceulx qui y viennent a revendre des fruictz) & qui ne mettent bas les armes au dehors de la ville, il fault quilz en payent d'amende le valeur d'ung teston en Or, en cas quilz vinssent auecq quelques armes es villes du riuage de la mer, pareillement ceulx qui ont falsifie l or, & semblables amendes beaucoup, lesquelles viennent touttes au proffict du Roy & le Peagier fault quil voise rendre compte chaque trois mois, & deliurer ce quil a receu au Roy.

Amendes viennent au pagier de la part & les au prouffict du Roy.

Le 14. Chapitre.

Des Mesures, Balanches & poix quilz vsent pareillement leur nombrer & calculer.

ILz sont fort ciches de leur Or, & pour vng grain d'or que defauldra, & pour parfaire le poix competent, ne le leur scait on tirer des mains, pource quilz sont tant cichez & auares de leur Or, tellement quilz peseront tousiours leur Or, a terre, deuant quilz viendront a bord des nauires, & viennent puis aux nauires, ayant leur Or reparti par poix chacun apart & cela poisent ilz aux Commis, & sil ne correspond, ilz reprenderont leurs propres balanches & le peseront eulx mesmes, & regarderont s'il accorde auecq leur poix ou non. Ilz font des poix de cuiure, chaque poix a l'advenant, ilz ont des petites balanches de cuiure, rondes a façon d'vne pelure d'Orange, auecq des cordencins fort longs & vne vergette courte sans tenaille & entre deux vne petite languette, en laquelle y a vng petit trou, parmi lequel ilz mettent vng filet & auecq cecy pesent ilz prennans, ce filet au doigt auecq le poulce, & haulcent auecq icellui la balanche en sus en ius. Cest a nous difficile peser auecq,

Forme de leurs pois & balanches.

D ij car

car il en fault auoir vng singulier maniement, pour en bien vser, car quand on poise aueсq icelle des petites parties d'or, il fault bien viser de pres, car quand on pense auoir le vray poix, il s'en fault souuentesfois bien la moictie, quon treuue puis apres moins que la competence, mais eulx entre eulx scauent si iustement peser auec icelles, quil ne s'en fault de rien, ilz prennent nos balanches deuant quilz pesent leur argent & regardent si elles sont egalles ou non, & si l'vne des balanches n'est plus grieue que l'aultre, d'aultre coste regardent ilz nos poix mesures & aulnes & les remarquent auec vng signal & quand ilz sont de retour ilz verront si ce sont les mesmes mesures & poix & si rien n'est changé en elles, dont on les pourroit tromper par poix ou mesures plus grandes, de facon quilz y visent bien de si pres a tout, comme possible est de faire.

Les paisans du dedans du pais, ont des poix faictz de bois, & de feues rouges & noires. aueсq ceulx la saydent ilz, comme scachans combien de Febues facent vng peso 2. ou 3. des flamans ou Hollandois. Vng benda est leur plus grand poix & est aupres de nous deux onces, *Benda Affa* est vne demie Benda asçauoir vng once Assuvva est deux pesos, & demi Eggeba est deux Pesos ou demie once Sirou est vng Peso & demi, Ensamio est vng Peso ou demie once Quientas est ⅓ d'vng Peso, Agiragué est vng demi Peso ou vng quart d'once Mediaraba est ⅓ d'vn Peso & chacun Peso faict aultant qu'vne demie once, tellement que leurs poix correspondent de noms aux nostres & s'en fault a la liure vng Pesos & demi asçauoir trois quarts donce tellement que leurs poix sont d'aultant plus legiers que les nostres ilz mesurent leur toilles a 2. brassees par ensamble & cela coupent il en deux & le nomment iectam & revendent ainsi la toile entre eulx & ces deux brassees sont a nostre mesure vne a ulne & trois quarts ilz sont fort fins, a mesurer la toile apres nous, sachans a dire & calculer combien d'aulnes, facent aultant de brassees, le drap detaillent ilz en ceinctures, de largeur tant seulement d'vne paulme & s'en seruent a ceindre autour du cors & revendent ainsi le drap entre eulx, sans quil soit aultrement distribue ou revendu que telle mesure.

Les Paisans dedans le pays ont des poix de Febues.

A nombrer ne sont ilz point fins, principallement au calculer, car quand ilz sont passez les dix en nombre, prononceront ilz tant de paroles ensemble d'vng nombre quilz en sont incontinent a bout, & ne s'en sçauent despetrer & sont ainsi begueyans iusques a ce que tout s'en vole de leur memoire & quilz sont necessitez a recómencer de rechief, dont ilz ont depuis quilz commencerent a negocier aueсq nos flamans & quilz ne scauoyent calculer oultre les dix, (comme ilz accoustument seulement entre eulx) compte iusques a telz dix & prins alors vng doigt de la main & apres cela comptoyent ilz de rechief dix & prenoyent vng aultre doigt & ce consequiuement iusques a tant quilz sont a bout des deux mains & alors ayant cent ensemble faisoyent ilz vne raye & cela reitereront ilz iusques a ce quilz auront leur nombre competent ou deux 3.4. ou 5. cens ou plus. Iay cy derriere mis le principal nombrement quon vse es plus fameuses villes & plus marchandes mais il y a encores des aultres petis denombremens, qui sont vses en aultres places comme a *Chinchi*, ou quon a n'a guerres commencé le commerce, icelui trouuerez vous aussi illecq.

Ilz ne sçauent encores bien nombrer.

Le 15. Chapitre.

De leurs Marchez & comment quilz les tiennent & quel train de Marchandise & aultre quon y demene.

ILz tiennent aussi leurs iours de marches prefix, quon troune la alors plus a vendre, que es aultres iours, & l'vne ville a son iour de marche en vng tel, & l'aultre en vng aultre iour: comme si ores est foire en vng tel endroict, en l'aultre elle sera en vng aultre tamps & tiennent ainsi leurs foires differentes l'vng de l'aultre, & quand leur foire vient en la sepmaine, lors auront ilz aussi deux iours de route, quon tient le marche: ilz ont aussi leurs foires en la sepmaine, quand les principaulx paisans ou marchans viennent du pais pour demener leur train de marchandise aueсq les nauires: ilz ont aussi vne Dimenche & alors ne font ilz nulz ouvrages ou commerces.

Marches a iours signales en la sepmaine diuers en diuerses places.

Tout premierement a la poincte du iour viennent les paisans aueсq leurs cannes de Sucre les ayans liez comme Fagotz dessus la teste en boteaux 2. ou 3. ensamble ces boteaux deslient ilz & les estendent la dessus la terre, lors viennent les habitans du lieu & achaptent telles cannes a Sucre des villageois l'vng en achapte deux l'aultre trois cannes, selon quil en a de besoing tellement que ces villageois en sont bien tost quictes, car ilz l'vsent moult a manger, & environ ce tamps que ces paisans auront vendu leurs Cannes a Sucre, commencent les femmes ou villageoises a venir au marche aueсq leurs marchandises comme l'vne porte vng Cabas aueсq des Oranges ou Limons, l'aultre apporte Bannanas & Bachioues, Patatas & Indiamos la troisieme y porte du Millet, Mays, Riz, & Maniguette. La quatrieme apporte gelines oeufz, pain, & semblables viures, que ceulx des villes maritimes peuuent auoir de besoing, & achaptent, comme aussi font les flamans, qui y viennent au marche. Les habitans du riuaige de la mer viennent aussi aueсq leurs denrees au marche, quilz achaptent des flamans l'vng auec de la toile & drap l'aultre aueсq des couteaux corails aguisez, miroirs, espingles, anneaux de bras & aueсq du poisson aussi que leur mariz prennent dedans la mer, que telles femmes achaptent en quantite & le portent a revendre au dedans du pais es villes illecq, pour en faire quelque proffict tellement que le poisson quon prent a la mer est bien emporte par plus de cent lieues au dedans du pais, pour vng grand present nonobstant quil put souuentesfois

comme

La description de la figure No. 4.

Cette pourtraicture demonstre le marche de Cabo Corso *situe vne grosse lieue a l'Est du Chasteau de Mina vng lieu de commerce, fort bon. & a cause que cest le plus beau marche de tous les aultres endroictz, l'auons nous mis icy.* A *Est la maison ou residence du Capitaine de ceste place* B. *Est la logette ou grainge ou que le Capitaine tient son millet.* C *Est le marche aux Bannanas ou fruictz auecq la place ou quon vend la chair,* D. *Est vne loge ou que les villageois auecq leurs pots a vin de Palma viennent asseoir dessoubz* E. *Est le marche a poullailles* F. *Est le marche a poisson* G. *Est la marche du Bois.* H. *Est le marche ou quon trouue a vendre le Riz & Millet* I. *Est lendroict ou que leau fresche est a vendre* K. *Est le marche ou quon vend les Cannes a Sucre* L. *Icy mesure on latoille de Hollande a brasses, ainsi que les villageois lont achaptée es nauires & apporté en terre & la reuendent icy* M. *Est lendroict ou que les femmes du Chasteau de Mina sont assises auec leurs kanbes a vendre* N. *Est la table de sacrifice de leur dieu Fetissos.* O *Sont les Hollandois trauersans le marche pour y achapter quelque chose* P. *Est la garde du Capitaine qui va auecq ses armes* Q. *Est le chemin vers le riuaige de la mer* R. *Est le chemin vers foetu & aultres villes du pais.*

comme vne caroigne & quil fourmille de vers. Ces femmes sont fort soigneuses en leur commerce car elles sont si enflammees an train, quelles chemineront par iour bien 5. grosses lieues & aulcunes bien six iusques au lieu premedite pour reuendre leurs prouiandes, estant chargees comme asnes, ayant en oultre vng enfant sur le dos auecq vng pesant fardeau de fruict ou Millet dessus le teste ainsi chargee vient elle au marche, ou quelle achapte de rechief du poisson pour rapporter au lieu de sa demeure, tellement quelles tournent souuentesfois autant chargees vers leurs logis comme elle estoyent en venant au marche, cestes cy ne donnent nul peage icy au Roy, mais trouuant en chemin quelque Fetisso, qui sont leurs idoles, a ceulx la donnent ilz quelque refection de leurs fruictz & Millet, estant quasi comme en donnant la disme de ses biens. Ces femmes vont tousiours en compagnie de 3. ou 4. a pairs ensamble, & sont fort alaiges en allant par chemin, car elles sen vont communement tousiours chantans & menent grande ioye & recreation sur la voye Enuers le middi commencent les paisans a venir auecq leur vin de palma au marche, ceulx cy apportent le vin en potz l'vng y apporte deux potz l'aultre qu'vng, selon quil a prosperé, ceulx cy viennent au marche auecq des armes comme ayans au corps vne serpe & dedans la main 2. ou 3. assegayes, mais approchans au marche met chacun ses armes bas, & quand ilz se veulent retourner ayans vendu leur vin, prend chacun ses armes & va son chemin sans que telles armes soyent desrobbees

bees ni changees d'aultrui, mais chacun trouue & prent le sien, quil y a mis, & enuiron le tamps que le commerce est fini auecq les Hollandois & Negros est le tamps que ces villageois viennent auecq leur vin au marche & ce que les Pilotes ou gascheurs ont alors advance par Dache ou par auoit conduict des marchans a bord, le despendent ilz en vin quilz boyront parensamble, ilz payent tel vin auecq du linge ou or, mais la pluspart le payent auecq de l'or, quilz se poisent l'vng l'aultre bien escarsement, voire quand il y a beaucoup de marchans & que le vin y soit bien voulu, il y est souuent plus cher que le vin despagne en nostre pais, touchãt sa substance & valeur & comment quil est faict, dirons nous ailleurs plus distinctement, en oultre sçauent ces gens du marche, chacun son lieu prefix, quand ilz viennent au marche auecq leurs marchandises, ou quil se auront a mettre, comme a dire ceulx qui viennent auecq des fruictz au marche ont a vng tel coste leur lieu limite, les aultres qui viennent auecq des Cannes a Sucre de l'aultre coste du marche leur endroict certain, les aultres venans auecq du bois, pain, & eaue, vont d'vng aultre coste ceulx qui viennent auecq le vin de Palma en vne aultre part, tellement que chacun sçait sa place & ne se va fouiller entre les aultres, mais le vin de Palma quon y apporte d'aultres endroictz par mer n'est poinct porte au marche pour y estre vendu & ainsi quil y est apporte la plus part du soir, que les gens sont quasi tous oysifz, il ne y arriue aussi si tost que les Negros qui sont au riuage l'attendans ne y accourrent pour en prendre chacun vng pot auecq lequel il sen vent leur chemin, de maniere quil est incontinent tout vendu : il n'est besoing que le marchant aye peeur, que ses vins s'aigrissent ou quil ne les sçaura vendre, car ilz en sont si ardans apres, principallement a boire ce vin quilz s'en entrebattent souuentesfois, ilz n'vsent point dargent ou monnoye pour se payer l'vng l'aultre, mais acheptans quelque chose ilz se payent auecq de l'or & ce a poix, & si cest petite partie quil ne peult importer aulcun poix, ilz se contenteront auecq des piecettes quarrees d'or, pesantes d'vng grain ou d'vng demi grain, la raison dont ilz ont cecy en coustume & s'en sçauent seruir pour se payer l'vng l'aultre, procede des Portugalois du Chasteau de Mina ceulx la leur ont de prime face monstre cecy, car auparauant que les Portugois arriuassent illecq n'en sçauoyent les Negros a parler, car quand ilz acheptoyet quelque chose l'vng de l'aultre ilz permutoyent denre a denree, mais les Portugois y estans venuz, & n'ayans monnoye pour les contenter, quand ilz acheptoyent quelques fruictz ou victuailles, trouuerent ceste inuention pour payer l'vng l'aultre auecq des Kacratten en lieu de monnoye, dont il procede quenviron le Chasteau de Mina vient aultant d'or a trocquer en piecettes ou Kacrattes, plus ques aultres endroictz, car es aultres lieux ou quilz nont notice des Portugalois n'vsent les Negros point telle monnoye, mais venden leur Or, ainsi quil sort de la terre: pource quil n'ont point l'industrie de fondre l'or & y travailler dessus comme les Negros qui hantent auecq les Portugalois, & en lieu de monnoye pour se payer parensamble de petites sommes, vsent ilz petites lancettes de fer auecq vne lun a l'vng des debouts, & cecy vsent ilz en lieu d'argent, n'ayant en toutte la coste d'Or de Gunea aultre espece de monnoye d'argent que cy dessus a este recite dont ilz se payent les vngs les aultres.

Loyer du dache employe au vin de Palme.

Chacun a son certain lieu a marche.

Le 16. Chapitre.

De leur Dimanche & leur Idolatrie en leur creance & de leurs Idoles quilz nomment Fetisso.

DAvantaige nonobstant quilz soyent tous robustes sauvages & mal apris n'ayans nulles escriptures ou liures, voire ni aussi quelques loix remarquables, dont on pourroit escripre ou deduire, quilz s'en gouuernent, si est ce touttesfois, apres quilz auront travaillé par six iours de la sepmaine & exerce leurs mestiers en iceulx, quilz exceptẽt le septiesme, pour soy reposer & cesser du travail, comme nous vsons & tenons nostre Dimanche: deulx nomme Dio Fetissos, que veult dire aultant en nostre langage que Dimanche, mais ilz ne le tiennent ou obseruent point au iour de nostre Dimanche, ou au Samedy, comme les Iuifz, mais l'obseruent au mardi, au deuxiesme iour ouvrier de la sepmaine, quelles ceremoines ou loix les ont induictz a cela, n'ayie sceu enquester deulx sinon quilz tiennent le Mardi en leur Dimanche & alors n'iront les pescheurs point en mer pour y faire quelque prinse de poissons.

Leur Dimanche nomme par eulx Dio Fetisso

Les femmes ou villageoises ne viendront point au marche, aussi auecq leurs fruictz, mais demeurent auecq leurs marchandises au logis, les paisans n'apportent aussi nul vin au marche mais liurent leurs vins quilz tirent en telz iours des arbres au Roy, qui les donne le soir a l'advantaige a ses gentilzhommes, qui le boyuent entreulx ilz se contiennent ce iour la de faire quelque manouvrage ou commerce l'vng auecq l'aultre, mais les manans du rivage de la mer ne laissent point pourtant de venir aux nauires & y achapter des marchandises des flamans. Ilz ont sur leurs marchez vng eschafault quarré, de quattre piedz de largeur, auecq quattre piliers, estant de terre, esleue quasi de deux bras, au dessus plat & bien serre auecq des roseaux autour environne de fatras de paille ou Fetissos, la dessus mettent ilz Millet, vin de Palme ou eaue, donnans cela a leur Fetisso a manger & boire, pour se y sustenter auecq affin quil ne perit de faim ou soif, se persuadans quil mange & boyve & viue de cela, mais ce sont les oyseletz de l'air qui devorẽt le grain & boiuent leaue, & quand il est consume engraissent ilz l'autel auec de l'huile & le rafreschissent d'aultre proviande & boisson, faisans selon leur imagination auecq cela vng grand seruice ou sacrifice a leur Idole ilz ont aussi vng quidam quilz tiennent en ministre appelle en leur Iargon Fetissero, tant a dire comme vng ministre & serviteur de leur Idole, cestui cy se vient asseoir dessus vne selle en leur

iour

La deſcription de la Figure No. 5.

En ceſte pourtraicture vous eſt repreſente comment & en quelle guiſe ilz font honneur a leur Fetiſſos, & quelles ſuperſtitions & ſingeries ilz demonſtrent a leur idole, penſans lui faire reverence A. *Demonſtre comme vng Fetiſſero, ou vng de leurs miniſtres ſe tient auecq ſes deux femmes aupres d'vne arbre, pour adorer leur idole & demenent pluſieurs Grillons, ſonant du Tambourin tandis que ſes femmes, ſautellent l'vne contre l'aultre, eſtans addoubees en iour de feſte, faiſans rage en ioyeuſetez, a l'honneur de leur Fetiſſo, au pied de l'arbre, eſt vng chien noir, qui ſe y vient couſtumirement monſtrer, a larbre attachent ilz beaucoup de Fatras de paille, quilz nomment Sainctos, quilz ſe nouent auſsi aux bras & Iambes.* B. *Icy eſt repreſente vng aultre ſorte doraiſons quilz font auſsi, ſupplians leur Idole, quil leur veulle envoyer beaucoup de marchans & quil puiſſe plouuoir, affin quilz peuſſent trouuer de l'Or.* C. *Repreſente comme ilz font leurs aſſemblees au mardi, qui eſt leur Dimanche, pour y baptiſer & coniurer les Enfans.*

iour de feſte, au milieu du marche, viz a viz de ceſt autel ſur lequel ilz font leur ſacrifice au Fetiſſos, & les hommes femmes & enfans ſe viennent aſſeoir tout autour de lui, & il leur faict la vng relas, quilz eſcoutent entre eulx, mais dequoy ce ſoit ou ce quil veult ſignifier auecq cela, n'auons ni moy ni aultre iamais ſceu comprendre ou entendre & on le ſcait malaiſeement deſcouurir deulx, car ſouuentesfois que ie leur en demandoye ilz eſtoyent hanteux de le dire, ſans men vouloir donner reſponce. Mais iay veu que ce fetiſſero auoit vng pot auecq du breuvage auquel eſtoit vne lacerte & vng Aſperget & que aulcunes femmes auecq des petis enfans venoyent aupres de lui, quil frottoit auecq quelque coleur & auecq ladicte eaue du pot, ſur quoy elles s'en retournoyent au logis, ce que a mon aduis eſtoit quelque oignement ayant aultant de vertu comme leau benite de noz pais, ſil ne faiſoit prou il ne faiſoit pis. Ilz tiennent leur Fetiſſo pour bon & mauuais quand ce Fetiſſero a fini ſon rapport, il ſe leue & engraiſſe ceſt autel par ſon aſperget auecq leaue de ſon pot, & lors crieront ilz enſamble quelques paroles, & clicquettent les mains enſamble, crians *I. ou. I. ou.* & auecq cela finit leur predication & chacun va a ſa chacune ilz pendent a leurs corps beaucoup de fatras de paille, ſe perſuadans deſtre affranchis par cela que leur Fetiſſo ne leur fera point de mal du matin quand ilz auront bien laue leurs corps, ilz tracent leurs viſaiges auecq des rayes blanches, par vne terre blanche, comme croye, & cela auſſi a l'honneur de leur Fetiſſo, comme vſans cela en lieu de leur oraiſon ou matines, quand ilz commencent premierement a manger ilz preſenteront a leurs Fetiſſos (ces pailles quilz ſe nouent es bras & iambes) le premier morceau & premier traict quilz boyuent l'arrou-

Silz ne font bonne prinse en mer ce quilz font alors.

sant auecq icelle eaue quasi en lui donnant a boire, s'ilz ne faisoyent cela ilz penseroyent de n'auoir bon heur ce iour la, car le Fetisso ne les laisseroit en paix ou sans molestie. Quand il y a peu de poisson en mer & que les pescheurs ne font point bonne prinse, ilz pensent que leur Fetisso soit courrouce & quil ne leur veult poinct donner du poisson, alors font ilz vng grand brayement ensamble & prennent leur Fetissero & lui donnent vng peu d'Or, quil veuille coniurer leur Fetisso, quil leur laisse prendre du poisson. Ce Sorcier va & faict orner ses femmes 3. ou 4. tant quil en a, a leur mieulx, auecq leurs meilleurs accoustremens & attours, lesquelles vont autour de la ville, cryans & brayans, & faisans grandes lamentations, clicquettans les mains platz ensamble, puis apres s'assemblent elles au riuage de la mer, & cueillet la des branches d'arbres, quellez se pendent autour du collet. Ces arbres cy tiennent ilz aussi pour leurs Fetissos Dasianam qui leur octroye comme ilz pensent le poisson : le Sorcier qui aura a coniurer le Fetisso, vient auecq vng tambourin & y frappe ou ioue dessus deuant telz arbres quilz estiment a ceste intention estre bonnes, cela faict s'en vat il aupres de ses femmes au riuaige, ou quilz parlet long tamps ensamble, & iette lors du Millet en mer pour sa viande, auecq des aultres couleurs, se persuadans que leur Dieu soit alors contenté, & leur permettera prendre du poisson assez, quand le Roy ne recoit peage asses & que marchans ne y viennet Assez, quil s'en sache entretenir, lors vient il aupres d'vne arbre quil tient pour son Fetissos & lui faict sacrifice en lui apportant illecq a manger & boire, sur quoy les enchanteurs viennent puis, & coniureront cest arbre Fetisso quil veuille dire, si les marchans viendront ou non. Ilz ammoncellent vng tas de cendres comme vng pain de Sucre, & ilz couppent vn harcelle de ceste arbre, & parlent alors de rechief l'vng a l'aultre & y crachent de nouveau vng peu dessus, puis apres prennent ilz de ceste cendre, & en oignent leurs visages & font ainsi plusieurs singeries iusques a ce que bien tost apres se revele vne voix, laquelle vient sans doubte du mauuais espit ceste la leur donne quelque chose a entendre & auecq cela s'en vont ilz au logis & en rapportent les nouvelles, selon ce que leur Fetisso a dict, ilz garnissent leur enfans estans ieunes auecq beaucoup de ces fatras, comme l'vng Fetisso est bon pour faire dormir, l'aultre pour garder de tomber l'aultre au vomir & telz semblables, dont ilz sen fient si fermement, comme possible est, que quand ilz portent telz Fetissos, contre vng tel accident, que cela leur ayde incontinent & quilz n'auront a souffrir en riens, d'vne telle adversite, ou mal, voire ilz font des beuvrages quilz donnent a boire a leurs femmes en serment, quelles n'ont eu conuersation auecq nulz aultres hommes, dont elles en sont si estonnees, que en cas quelles se sentet coulpables, n'osent boire tel boisson, car soy sentant entachees elles craignent faisant faulx serment, auecq tel breuvage que le Fetisso les fairoit incontinent mourrir. Quand quelquung y meurt, font ilz aussi vng Fetisso, & supplient, quil veuille porter le corps, en l'aultre monde, & quil ne lui face aulcun ennuy ou mal en chemin, quand il voyage sur quoy les plus proches parens tuent vne geline & la nettient pour cuisiner, lors vont ilz en leur maison s'asseoir en vng coing & prennent la tous leurs Fetissos, ou Sainctos, aupres deulx lesquelz il mettent tous en ordonnance, le plus grand Dieu au milieu & les aultres plus petits autour en bel arroy ou quilz ont encores vne partie de Patenostres faictz de coquilles, aultres de Febues & grands pois, aultres sont faictz de plumes & tous noues auec canepin d'arbres, auec telz patenostres garnisset ilz leurs Idoles, lors prennet ilz le sang du poullet occiz lequel ilz degouttet au dessus de leur Fetisso (a cause qu'vn mort est tenu d'offrir a son Idole du sang) lors va le Fetissero querre certaines herbes verdes des chãps, lesquelles il appẽd autour de son col, cõme vne chaine, & ce pẽdãt que l'hõme s'appreste en telle façõ, se cuisine la geline laquelle estant cuicte, y est aussi apportee, & Colloquee au milieu de leur Fetissos en vng plat lors cõmence il a faire ses sorcelliers, vsant beaucoup de paroles, encracheãt ces Fetissos auec du vin & de leaue, alors prẽt il 2. ou 3. feuilles de ces herbes verdes quil a autour du col & les frotte entre ses mains & en faict vng boullet, quil prend puis entre ses deux doigts de deuant, lesquelz ilz trauerse alors parmi ses iambes, les y mettant & remettant ainsi & disant a son Fetisso Auzy, que veult signifier vne salutation comme le saluant & lui donnant le bon iour, lors espreinct il le suc de ce verd boullet par dessus ses Fetissos, & tel suc estant espreinct au dessus des Sainctos il met le demeurant en terre & arrache de rechief du collier quil a autour du col 2. ou 3. feuilles, lesquelles il frotte de rechief dedans ses mains & en faict encores vng boullet, lequel il remect de nouveau par ses iambes & y parle certaines paroles dessus, comme deuant, espreignant le suc comme dessus & cela dure iusques a ce que tel attour d'herbes soit consommé, & espreinct, & alors prend ilz touttes ces verdes feuilles espreinctes, & en faict vne boule en grandeur d'vng poing, & auecq icelui frotte il lors son visage & cela est alors aussi vng Fetisso, & cecy estant effectue sera a leur dire le corps en repos, & le Fetissero trousse bagage & enfardelle ses badineries, iusques a ce quil soit mis a l'oeuure vne aultre fois: & ces reliques gardent ilz pour grande conseruation de leurs corps, car quand ilz vont a la guerre ilz garnissent leurs corps de telz patenostres, aux bras, iambes & collet, pensans que leur Fetisso les preseruera, & quil n'auront dangier d'estre alors occiz, ilz tiennent le pittoir aussi en Dieu car quand ilz vont par chemin vers les aultres villes & loyent cryer au bocage, ilz en sont fort resiouiz, car ilz disent quil est Fetisso, & quil dit alors que tous ceulx qui sont en voyage, ne doybuent auoir peur ne craindre d'aulcune adversite quelle leur advienne, quil les en gardera, & quilz ne serõt point endommages d'aulcun & la ou quilz loyent crier, ilz lui apporteront du Millet a manger, & des Potz d'eaue a boire, & noseroyent y passer oultre, sans lui bailler quelque chose, dont on trouue en plusieurs quarrefours, & bocages es champs, quantite de potz, & viandes, comme Millet ou Mays, quilz ont portez illecq a l'honneur de leur Fetisso le *Pittoir*

Boisson donne aux femmes soupsonnees d'adultere.

Pittoir ausi vng Fetisso.

aille.

tellement quilz font grand cas des oyseaux & aulcuns poissons, comme le tonin ne prenderont ilz poinct, en facon quelconque, car ilz disent que ceste leur idole ou Fetisso de mer, le Poisson au glaiue prennent ilz souuent & lui coupent le glaiue quilz seichent & le tiennent aussi pour vng grand Sainctos ou Fetisso, aultres y a qui ont grande confiance en certaines arbres, & quand ilz veulent scauoir quelque chose, ilz s'en vont a telles arbres, ou que le Diable leur apparoit souuentesfois en forme d'vng chien noir, ou tel semblable ou souuent invisible, qui leur donne responce sur ce que par eulx lui est interrogue. De facon que quand on leur demande de leur foy & quilz ne scauent respondre selon quelque vraye semblance de foy ou de la parole de Dieu, ilz diront finalement Fetisso la dict ainsi & commande de faire ainsi, demenans tresgrandes sottises & puerilitez, lors quilz le veulent adorer ou faire seruice, car ilz le tiennent pour vng vray Dieu, soy persuadans quilz en sont fort secouruz & en ont tresgrandes merites, mais ilz en sont terriblement deceuz & ne leur prouffficte de riens, car a cause quilz hantent auecq le Diable, & quilz mettent leur fiance en lui, ilz en recoiuent aussi leur loyer, ilz n'oyent point volontiers parler de lui, car ilz le craignent, & en sont fort espouuentez. Il y a aulcunes montaignes la, ou que la fouldre & tonnere regnent souuent, dont aulcuns negros & pescheurs en sont aulcunefois endommagez, a raison dequoy ilz pensent que leur Fetisso soit courrouce contre eulx & apportent iournellement a boyre, & a manger dessus icelles montaignes, pour les appaiser: d'aultre coste ne passeroyent ilz point, a pied ou batteau par deuant icelles, sans y abborder & leur donner quelque chose, craignans silz ne le faisoyent point, quelles leur endommageroyent ilz se font a croire l'vng l'aultre telles badineries, & ce quilz croyent & mettent en teste, ni est point a tirer hors, mais croyent leurs opininions de leur Fetisso aultant fermement que possible & quand les flamens leur voyent faire ces singeries & a cause quil va si ridiculeusement, sen rient & mocquent ilz en sont honteux & ne les osent plus faire en leur presence: a raison dequoy on deburoit bien prier le seigneur toutpuissant quil lui pleut esclercir les entendemens de ces pauures gens, & les amener au droict sentier, car leur ne default aultre riens, que cognoissance de Dieu & de sa parole, en oultre ne vault il point la peine de faire quelque discours de leur foy, premierement pource quon ne peult aysement venir a scauoir quelque chose d'eulx & ceulx qui hantent auecq les Portugalois, & conuersent iournellement auec eulx, ont honte d'en dire quelque chose, se tenans pour chrestiens, a cause quilz frequentent auec iceulx, comme ne voulans participer es folies & badineries des Fetissos auecq leurs compaignons: Secondement quil n'y a que 2. ou 3. poinctz remarquables lesquels ne sont dignes d'auoir vng Chapitre apart, mais affin de donner a iceulx leur competence, ie reciteray icy quelques propos, quon a tirez de leurs bouches par diuerses fois. Il est advenu, questiōs assiz deuisans auec eulx, & que leur demandions de leur foy, quelle opinion quilz auoyent de cecy & cela: Tout au premier quand ilz meurent & sont trespassez, ou quilz demeurent & le corps s'en va? ilz respondirent que cestoit tout mort, & quilz ne scauoyent poinct d'aulcune resurrection au dernier iour, comme nous aultres: mais quand ilz mourroyent quilz scauoyent bien quilz alloyent en vng aultre monde, mais ou ignoroyent ilz quilz auoyent aultres conditions en celui la que les brutes bestes, mais ne scauoyent monstrer l'endroict envers ou ilz tiroyent ou dessoubz terre ou dessus au ciel mais quand ilz meurent ilz font des estranges mines en mettant l'vng & l'aultre auecq lui, au sepulchre, dont on peult assez remarquer, quilz ont opinion quil y a encores vne aultre vie apres ceste cy, & quon a illecq di ferre de tout comme icy, sur terre, car quand ilz perdent quelque chose, & quilz ont des parens trespassez, ilz pensent que telz, qui sont morts, soyent venuz a querre cela, pource quilz en auoyent besoing mais ilz ne scauent d'aulcun esprit ni resurrection de la chair, secondement leur demandant de leur Dieu, respondoyent ilz quil estoit noir comme eulx & quil nestoit point bon, mais leur faisoit beaucoup de maulx & ennuys, on leur respondit que nostre Dieu estoit blanc comme nous & quil estoit bon, & nous faisoit beaucoup de biens, & quil estoit descendu en terre pour nous faire bienheureux, & comme il auoit este occis honteusement par aultres gens, pour nostre cause, & que nous quand nous trespassions, en allions habiter chez lui la dessus au Ciel, & que nous n'auions la point de besoing du manger & boire &c.

Poisson au glaiue aussi Fetisso.

Obstinee credulite des Negros

Leurs opinions de Dieu.

Ce que leur faisoit fort esmerueiller & l'oyoyent tresvolontiers, disans que nous estions enfans de Dieu & quil nous reueloit touttes choses, & en murmuroyent entre eulx, disans a quelle cause que nostre Dieu ne leur disoit & donnoit aussi touttes choses, aussi bien que a nous, & pourquoy quil ne leur envoyoit aussi des toilles draps, fer bassins, & touttes sortes de denrees comme a nous, dont ie leur respondi, que nostre Dieu en nous donnāt touttes ces choses, ne les auoit point obliez pourtāt, combiē quilz ne le cogneussēt point & quil leur dōnoit l'Or, le Vin de Palma, le Millet, Mays, Gelines, Boeufz, Cabrittes, Bannanas iniames & aultres fruictz, pour leur entretien. Mais cela ne vouloyent ilz point confesser, ou ne le scauoyent point comprendre, que cela procedat de Dieu, mais disoyent que Dieu, ne leur donnoit point l'or, mais la terre, quand ilz estoyent diligens a le cercher & trouuer dedans icelle. Combien que nous leur repliquions que leur cercher ne prouffiteroit de ueus en cas que Dieu neut faict croistre lor en leur pais comme ilz pouvoyent assez comprendre a leurs voisins ou quel ni auoit nulles mines mais cestoit pesche a' vn sourd disans en oultre que

Dieu ne leur donnoit point du Millet ou froumment aussi,car ilz le semoyent & moussonnoyent & la terre le leur rendoit,a la troisieme quād aux fruictz que les arbres par eulx plantéz,les leur donnoyēt qui y auoyent estez premierement apportéz par les Portugalois,a la quatriesme les brebiettes venoyent des moutons : la mer donnoit le poisson, & eulx le prennoyēt,auec semblables choses en grand nombre,quilz ne voulurent point confesser quil vint de Dieu,mais de la terre,& de la mer,chacun selon sa qualite,toutesfois ont ilz cogneu que la pluie venoit du seigneur Iesu Christ nostre sauueur & quilz receuoyent beaucoup de biens de nostre Dieu aussi:comme par la pluye trouuoyent ilz beaucoup d'or & leurs fruictz & plantes croissoyent par la humidite, & a cause que nous leur apportions touttes choses & marchandises faictes selon leur compe ence, ilz pensent que nous les trouuons ainsi faictes es champs,& ne les auions que a aller querre esdictz champs,comme eulx font leurs fruictz. Secondement est il advenu que aukuns Hollandois estans en terre dedans leurs logettes, & quil commencoit a plouuoir,venter tonner & fouldroyer,dont ilz ont tresgrande peur,ilz s'en courrurent sur la rue,sans faire aulcun cas de lesclair & tonneres,lesquelz aussi ne leur firent point de mal,dequoy ilz estoyent fort esmerveillez car il craignoyent,silz fussent beaucoup sortiz alors en rue que ce ne leur seroit passé en bien, car il est bien advenu,quand il tonnoit & esclairoit & quilz estoyent es chemins,que le Diable en a emporté aulcuns,ou abbattu par terre morts, dont ilz en sont si paoureux que hommes qui soyent au monde & a cause quilz sçauent bien que nostre Dieu a sa demeure la sus au Ciel ainsi quand il tonne & fouldroye ilz monstreront en hault & le nomment *Iuan Goeman*. Troisiement auons nous vnefois retenu prisonnier vng Negro dedans la nauire pour or falsifie quil auoit porté,affin quil le nous fit bon,cestui cy prennoit chaque matin vne cuvelle auecq de leau,& lauoit sa face auecq elle,& prennoit puis ses mains pleines d'eaue,quil iettoit pardessus sa teste, grōmelant contre soy mesme certaines paroles , crachant dedans leau & demenent plusieurs singeries:on lui demanda pourquoy quil faisoit cela: Il respōdit quil supplioit Fetisso quil peult plouuoir,affin que ces gens trouuassent beaucoup d'or,pour le venir deliurer & quil sceut tost tourner au logis ilz font aussi circoncir leurs ieunes enfans,suiuās en cela la loy de Machomet auec plusieurs aultres opiniōs quilz retiennēt encores de lui,ilz estimēt aussi malfaict,quon crache dessus la terre,auec plusieurs aultres superstitions,quilz obseruent; mais de dire quilz sont tous entacchez de telles badineries & fondent leur foy sur telz Fetissos,tant seulement,seroit mensonge, car beaucoup de ceulx qui scauent parler Portugalois (comme ayans frequente auecq eulx & qui conversent & hātent aussi iournellement auecq les flamans) commencent a renier leurs bastelages & a recevoir quelque cognoissance de la parole de Dieu, & ce a cause que nous nous mocquons de leurs singeries & disent quelles ne valent riens & pource quilz disent que nous sommes enfans de Dieu,ilz nous croyent beaucoup de ce que leur disons & commencent a entrer en quelque lumiere,mais il n a nul fondement solide,ilz sont trop endurciz a telz fatras, & y demeurent puis quon ne leur enseigne point mieulx,Mais les Negros qui demeurent aupres des Portugalois,scauent bien parler de Dieu & de ses commandemens comme ien ay trouue qui sçauoyent beaucoup dire de la natiuite de nostre seigneur,de la Cene & de sa pure passion & mort & resurrection auec aultres telz poinctz concernans nostre foy chrestienne:principallement vng qui m'estoit bien cogneu & mon special ami, qui sçauoit assez bien lire & escripre Portugalois & estoit raisonnablement bien instruict es sainctes escriptures, voire qu'est bien plus,quand on deuisoit auecq lui & quon lui remembroit aulcuns poincts contre la foy Catholique ou aultrement que les Portugois lui auoyent enseigné (car il auoit demouré aupres d'vng moine dedans le chasteau de Mina) Il y opposoit a redire encontre & monstroit quil y auoit aultrement escript en vng tel Euangille ou Epistres des Apostres,& quil fallut lentendre aultrement dont on peult veoir que ceulx qui commencent a auoir quelque notice de nostre religiō Chrestienne,quilz sont fort bons de iugement & docibles a comprendre tost quelque chose · mais il semble bien quil n'a pleu au seigneur Dieu,les appeller en nostre saincte foy Chrestienne dont nous en auons grandement a louer & remercier le Seigneur quil nous a donné lentendement de comprendre ses sainctes Escriptures,qui nous guident & monstrent le chemin de salut.

Ilz pensent que les marchandises quon y apporte croissent de par deca es champs.

Le 17. Chapitre.

De leurs Logis & Villes du pais,de leurs Rues & choses telles & en quelle maniere ilz bastissent & font leurs maisons.

Leurs Logis comme estables a Porceaux.

Leur demeure ou logis n'est en commun guerres de chose,mais fort vil comme si cestoyt vne estable a porceaux,voire iestime quil y a en aulcuns pais,des estables a Porceaux,qui eccellent les logis & maisons de ces gens cy. Ie ne les sçauroye mieulx paragonner,que aux logettes des souldars accampéz, ou gisans en garnison aux forts,car leur Casettes correspondent de bien pres a icelles, comme s'il en eussent prins la modelle.

Tout

Tout au premier prennent ilz quatre arbres ou palz, ceulx la fichent ilz en terre, en quarrure egallement distans, lors mettent ilz des aultres arbres au trauers d'iceulx, en leurs forchures & les lient bien fort ensamble, puis apres prennent ilz beaucoup de menuz bastoncins, auecq lesquelz ilz attournient la maisonnette tout autour, si espais quon ne y peult quasi passer la main a travers, depuis font ilz de l'argille de terre iaune, quilz vont querir es champs, quilz sçauent apprester comme largille chez nous, & a la mode de terre potasse, lors prennent ilz ceste argille a mains pleines & emplastrent d'icelle les parrois de leurs logettes, du hault iusques en bas, de deuant & de derriere ou quilz le veulent auoir bien serré, & la pressent auec leurs mains entre les susdictz bastõcins, affin quelle y tienne fermement, comme pour vng appuy, & quand ilz ont bien serré leurs maisons, auecq ceste argille, en espaisseur d'vng demi pied, ilz la laisseront seicher & endurcir, comme pierres cuictes, & estant biẽ serre, ilz font vne aultre colle de terre rouge fort deliee deaue, & prennẽt vng torchon d'estrain en la main, & frottent la maison par dedans auecq icelle, comme en lieu de la paindre, dont ilz font grand cas, de paindre ainsi leurs maisons par dedans, l'vng en rouge l'aultre en blanc, le tiers en terre noire, chacun au pris de l'aultre, estans fort superbes en cela, car quand nous tirons a bord, la premiere chose quilz vous ostenteront cest leur demeurance, concernant le toict, pour icellui faire font ilz deux couvercles quarrez des feuilles des arbres du Vin de Palma,

Facon faire les toicts

lesquelz ilz lient estroictemẽt ensamble, tellement quilz peuuent detourner la pluie & ceulx la ouvriront ilz par en hault comme vng toict; lians les debouts bien ensamble, & quand il faict beau tamps, ou que le soleil reluit il metteront le toict ouvert auecq des bastons y appropriez, laissans luire le soleil en leurs Casettes, & quãd il pleut ilz les ferment, & laissent tomber ensamble: au deuant font ilz vng trou quarre a facon d'vng huis, auecq vne closture de Cannes, quilz sçauent pousser auant & arriere, pour le clorre & ouvrir, selon la necessite, & pour le fermer par dedans vsent ilz vne corde de Canepin d'arbres, le paue font il applani quilz frottent bien egual auec de la terre rouge non plus ne moins que sil estoit paue; & au milieu font ilz ordinairement vng trou, pour y loger le pot du Vin de Palma, quand ilz boyuent ensamble & ainsi font ilz deux ou trois logettes l'vne aupres de l'aultre en quarrure, ayans au milieu vng lieu ou que les femmes cuisinent, & en ces logettes cy demeurent ilz ensamble, comme a dire en l'vne la femme en l'aultre l'homme faisant chacun vne logette apart, aultant quilz en ont de besoing, & telles Casettes separent ilz puis encores auec vng entredeux de Cannes de mays, en haulteur de la stature d'vng homme, ou selõ la haulteur des parois de leurs logettes, qui n'eccedent poinct la stature d'vng homme aussi car si le toict nestoit esleue en bosse on ne pourroit aller dedãs leurs maisons, sans s'accroupir: leurs Casettes sont touttes colloquees pesle mesle mais a cause que chacun separe ses Casettes, auecq vng entredeux de Cannes & les logettes sont separees d'ensamble en ceste maniere, ainsi font ces parois de Cannes les rues, en distinguant les quartiers l'vng de l'aultre lesdictes rues sont fort estroictes, tellement qu'vng homme seul y peut seulement passer, & quand il pleut il y faict fort fangeux a cheminer & ce a cause que cest terre graisse, mais au contraire, quand le soleil luit, la terre se y deseiche & endurcit quasi comme pierre. Quand on veult aller dedans leurs logettes il fault aller si longuement par la rue, iusques a ce quon trouue vng trou ouvert a guise d'huis & par la va t on dedans courrãt d'vne logette en l'aultre iusques a ce quon vienne la, ou quon veult estre: leurs maisonnettes ne sont guerres adornees de meubles mais ilz ont communement des escrins de bois, quilz achaptent des flamans esquelz il enferment leurs vtensiles tellement quon ne voit guerres diceulx dedans leurs maisonnettes. Les maisons de leur Roy ou superieur de la ville, font ilz ordinairement ioigniant le marché, a par soy seules sans auoir voisins autour delles, hormis ses femmes & enfans desquelles il est coustumierement mieulx pourveu que aulcun de la cõmun sa residẽce est aussi vng peu plus grande & haulte, que les aultres & sont la plus part traversees de l'une en l'aultre, comme vng Labirinthe au dessus touttes couvertes a toicts de roseaux, chasque chambre apart, ou que ses gens demeurent, & ses gardes se tiennent de iour. Au milieu de sa Cour a il vne loge quarree de touttes parts ouverte mais au dessus couverte contre le soleil ou quil se va de iour asseoir auecq sa noblesse qui lui viennent parler ou deuiser auecq lui pour son passe tamps tout deuant a la porte de sa Court royalle sont tousiours deux potz enfouiz, auec de leau fresche, quon raffreschit chaque iour, que iestime estre faict pour leur Fetisso, affin quil boiue de cela. d'Advantage les villes au bord de la mer, ne sont point grand cas, mais ords trous, puans en caronge, a cause de tant d'ordures quilz iettent a gros monceaux en la voye, voire il y a aulcunesfois telle puanteur & mauuais aire illec quon peult quand le vent vient du pais, sentir icelle puanteur en mer par plus de lieue & demie. Les villes qui sont situees au dedans du pais, sont plus riches d'or & de biens, que ces frontieres & il y a de plus grandes maisonnages & ont mieulx peuplees que les maritimes, aussi sont elles plus puissantes en marchans, qui font plus grande trafficque, que celles du rivage de la mer, car ceulx qui se tiennent en icelles, sont de moindre pouvoir, estans la plus part truchemans, gascheurs, Pilotes, Serviteurs, & esclaues des habitans du pais & villes d'icelui, le Roy tient sa cour & Pallais, dedans la plus proche ville du pais, auquel il commande, & met vng Capitaine dedans la maritime, de laquelle il est seigneur & superieur, les villes du pais sont terriblement grãdes, selon ce que les maritimes sont, car les villes esquelles iay este ie les trouue exorbitantement grandes, mais elles n'ont nulles portes, rempors, ou murs ni aulcuns fortz pour la guerre, ou contre la violence dicelle, mais sont villes damis tout par tout ouvertes, neantmoins iay entendu des Negros, quil y a au dedans du pais encor des plus grandes villes & plus remplies de gens, que envers le riuage de la mer.

Le 18. Chapitre.

Quelz noms que leurs villes ont, & quelles places ce sont la ou que les Hollandois gisent pour negocier auecq les Negros & de combien quicelles sont distantes ensamble.

Coste d'Or ou quelle commence

QVand les nauires Hollandoises (qui au present font leur train de marchandise auecq les Negros de la coste de Gunea (viennent singlans au loing de la coste de maniguette, ou quon trafficque dicelle, maniguette pour tirer vers la coste de l'or, dont nous parlons icy, nonobstant quen aulcuns endroictz de la coste de Maniguette y a de l'or aussi, si ne la tient on poinct pourtant pour la coste d'or, a cause quil ni en a la poinct en quantite, mais y est a cause de son escarsite illecq en grande estime, plus quil ne vault aupres de nous. Ainsi est la coustume des flamans de commencer a compter & nommer la coste de l'or, du Cabo de trespunctas iusques au Rio de volta, ce Cabo de trespunctas gist en haulteur de 42. degrez & a cause quil s'estend en mer auec trois poinctes, on lui a mis en Portugois tel nom, & ainsi que lesdictz portugalois, ont illecq vng Chasteau nomme Azien, Il n'est permis aux Negros de venir hanter auecq les Hollandois, & a ceste cause ni abbordent nulles nauires des nostres pour y negocier, touttesfois pource que cest vng pais aisé a cognoistre, elles font leur mieulx pour surgir icy premierement, pour prendre ainsi leur cours au loing de la coste sur laquelle cincq lieues plus bas vers l'est gist vng lieu nommé Anta, auquel lesdictes nauires iettent ordinairement & premierement leurs ancres, car les Negros achaptent icy beaucoup de fer, & sont fort artificielz a trauailler en icellui pour en faire armures. Ces gens cy demenent grande trafficque, auecq vin de palma, que y croist en abondance, car cest vng pais fort fertil dicellui vin & aultres fruictz aussi comme ingnames & annanosas, & ni a disette de gelines & cabrites aussi Quād cest la saison pour tirer ledict vin de Palma des arbres, y viendront les Canoes auec des Negros & marchās, de 10 & 20. lieues de la, pour y achapter du vin, de facon quon le conduict d'illecq quasi par toutte la coste, & en font grande commerce dicellui, Ce vin cy estiment il mieulx estre beu des hommes, a cause quil n'est poinct si doulx, comme celui des aultres pais, qui n'est nullement mixtionne auecq de leau comme cestui cy, lequel est tenu mieulx beu des femmes, pource quil n'est poinct mixtionne & aultāt doulx & faict les femmes plustost allaigres, vne lieue plus bas trouue on la riuiere appelle Rio de S. George & vng lieu nommé Iabla & Cama, la ou que les Portugalois ont aussi vne maison forte, & a cause que cest endroict est fort fertil, se y tient vng Portugalois 3. ou 4. qui y recoyvent la gabelle, du poisson qui y est prins des Negros dedans la riuiere & y achaptent aussi plusieurs aultres prouiandes & viures, lesquelles ilz envoyent iournellement envers les aultres Chasteaux daziem & Mina pour les aviƈtuailler, au deuant de ceste riuiere s'estend vng grand banc de sablon en mer de facō quon ni peult point entrer dedans auecq quelques nefz mais bien auecq des Canoes ou brigantins, & vne grande lieue plus bas gist le village dict des Negros Agitaki & des Portugois est il nomme Aldea de Torto, & des flamans Comando, combien que ne soit poinct Commando, mais est ainsi appelle de nous, car Comando gist sur la montaigne, ou que le Roy reside, mais pour plus de facilite, est il ainsi nomme de nous le village gist N, N. O. auec vng petit bocage d'arbres, & vne Riuierette, qui court audedans du pais, lors quon est icy a lancre, a vng quart de lieue du riuage en bon ancrage, alors gist la montaigne vers Anta, Ouest au Nord de nous, & la montaigne du grand Comando, gist lors N. E au N. de nous & le Chasteau de Mina gist lors E au N. de nous, ce lieu cy est aussi vne bonne place pour y trafficquer, & les nauires font icy aussi le premier essay de leurs negoces a larriuee, a cause que cest vng village bien peuple de commune, combien quilz ne soyent de grand pouuoir. Les marchans d'Anta, quand il n'y a nulles nauires a l'ancre deuant leur port, viennent icy au marche, pour y commercier. Ceulx de Edom de Wassa Comando & aultres villes, viennent a cest haure cy pour y achapter leurs marchādises, Icy vent on beaucoup de Madriguettes de Venize & Coralls, car la peuplace s'en entretient a les aguiser & revendre entre eulx, on vend icy aussi beaucoup de petis basfins de cuiure & draps rupins auecq des toilles larges, a cause quen ce quartier habitent beaucoup de villageois, qui en ont iournellement a faire, & s'en servent, la marchandise n'est icy point revendue a grandes sommes & parties, mais a petites parcelles & pour ce quon y vend tant de parcelles parfois, est ce le plus mauuais lieu de toutte la Coste a donner Dachio, car ilz viennent a grandes trouppes ensamble pour bien peu de marchandises ou denrees, & pource quilz ont aussi leur Or la plus part fondu & decouppé en petis Loupins, y a grande fraude dedans car ilz le falsifient, y couppant du cuiure iaune parmi & apportent souuent du cuiure en lieu d'or, estant en ces 2. poinctz la plus mechante place de toutte la coste, ilz ont le plus grand nombre de Canoes de tout le pais, & vont aussi plus pescher en mer, que en aultre endroict que ce soit, car ilz vont souuentesfois bien matineusement ensamble pescher en mer a 70. & 80. Canoes, aussi long du riuage que la veue peult attaindre & vers le disner ou midi tournent ilz touse nsamble auecq leur prinse vers la maison, tellement quilz sont icy fort diligens au pescher, de fruictz & aultres prouiandes n'est il pas moins pourveu, car il ni a nul endroict au pais, ou quon peult recouvrer tant de fruictz comme icy, & a si bon marché, principallemēt vng fruict appellé Bannanas, a raison dequoy il est appellé par nous le marche aux fruictz, quand vous singles puis vn

Vin de Palma en abōdance a Anta.

Ceulx d'Agitali ont le plus grand nombre de Canoes.

vng peu plus bas & que vous avez la haulte montagne de Comandò au N. N. E. de vous, lors trouuez vous vng lieu dict Terra Pekina & Agitaki gist lors N. O. & le Chasteau E. N. E. bien E. de vous & a cause que les Portugalois viennent illecq chaque iour du Chasteau de Mina, ne y viennent nulles nauires ou brigantins a l'ancre, pour y trafficquer, car les Portugois voulans auoir quelque chose viennent vers ces gens, qui viennent auec leurs Canoes vers Agitaki aultrement dict Aldea de Torto, car il n'est distant d'illecq que d'vne lieue & achaptent la ce que leur fault a leur plaisir, demie lieue plus bas en la gist le Chasteau renomme Appelle Mina, appertenant au Roy d'Espagne, soubz la iuridiction de ceulx de Portugal, car il y à des souldars Portugalois en garnison, a defence & garde d'icellui pour empescher tous ceulx qui y veulent venir negocier, contre les placcarts du Roy. Quand le Chasteau & la montagne de grande Comandò s'encontrent lors gisent ilz N. N. O. de vous icy ne font les hollandois aulcun train de marchandise, car il y est cuisant & ni a nul prouffictz a faire, de ses circonstances escrirons nous ailleurs. Singlant puis vne grande lieue de là plus en bas, on vient a vne place nommee Cabo Corsso gisante N. N. E. de vous & lors gist le Chasteau de Mina N. O. de vous & Mourre gist lors N. E a l'Est de vous, ce cap cy est vng lieu de grande commerce, la ou que les Franchois souloyent iadis frequenter beaucoup & y ancrer auec leurs nauires, icy fut aussi accablé vne nauire de diepe en l'An 90. ou 91. par ceulx de Mina, ayans occiz la plus-part des gens, & du reste faict esclaues, tout premierement quand nous y commencames a trafficquer, y furent aussi meurdris aulcuns des nostres, en vng batteau en l'an 1592. Le marinier estoit parti d'Amsterdamme & se nommoit Simon Tay & depuis ne souloyent illecq plus venir a l'ancre aulcunes nauires, mais en l'an 1600. En Ianuier prindrent ceulx de Boure ou Mourre noise auecq eulx & leur defendirent de ne venir plus trafficquer en aulcuns haures des leurs, dont les nauires y ont puis apres de rechief commencé a y trafficquer, a cause de la grande quantite d'or, qui y est apporter de Foetu, Abrenbou & Mandinga & aultres villes distantes d'illec par plus de deux cent lieues de chemin les marchans ne viennent point icy en grandes troupes, mais peu & lors portent ilz beaucoup d'Or & y achaptent beaucoup de marchandises, comme toilles & moyenne sorte de Bassins & Chaudrons, le Roy de foetu a commandement icy & y a son peagier & reçoit les gabelles du lieu, le village gist en vne colline & au deuant d'icellui est vng terriblement grand roc, ou que la mer brusle dessus & y faict tel fremissemēt quon le peult ouir bonne piece au de la. C'est vne meschante gent icy a cause quilz frequentēt iournellemēt auec les Portugalois, & ce sont la plus part tous Negros ou mores, qui ont demoure aupres du Chasteau de Mina. Ce lieu cy a vng beau quarre marche, surpassant en cela les aultres villes maritimes singlant ores vne lieue plus bas, la gist le principal lieu de trafficque de toutte la coste nommé Mourre, estant distant d'icellui d'vne lieue en mer il gist N. N. O. de vous & le Cabo Corsso gist lors O. N. O de vous, & Kormentin gist lors N. E. a l'Est de vous, ceste place s'est tout la premiere mōstree ennemie contre ceulx du Chasteau, & les Portugalois de Mina: Et sont estez les premiers qui monstrerēt bō visage aux Hollandois, les laissans venir en terre, ce que les Portugalois voyans sont ilz vne fois venus en vne nuict & ont mis en pieces touttes leurs Canoes. Ilz ne se sont iamais monstrez ennemis de nous, ni ont oncques occiz aulcun flamen hormis vng par nos propres faultes comme cy apres est racconté.

Chasteau de Mina ou quil gist.

Gent meschante a Cabo Corsso & pourquoy.

Il est advenu en l'An 1598. a la veille du iour de May, que les mattelotz passerent en terre, pour y cueillir des Mays, pour en honnorer leurs mariniers, ilz commencerent à couper & hacher, & les negros leur feirent defence de ne toucher a certaines arbres, qui estoyent dediees a leurs idoles ou Fetisso & ainsi que les gens sont plus addonnes a faire mal que bien, ilz abbattirent ce nonobstant lesdictes arbres aulcunes, qui leur auoyent esté defendues dabatre, dont ilz se commencerent les negros & blancs, a battre ensamble, faisans vng terrible esclandre entre eulx, de facon quilz chasserent finalement les Hollandois hors du village iusques au bord de la mer & iettans auecq des pierres & assegayes y fut vng Hollandois percé au trauers du corps auecq vne Assegaye, tellement quil tomba mort en terre, le restā t des gens print leur retraicte es nauires auec leurs batteletz, les negros accoururent & couperent la teste au mort & le despouillerent, le iour apres vindrent les habitans du village, & amenerent le negro dedans vne Canoe garotte aux nauires, celui qui auoit occis l'Hollandois, disans: voicy l'homme mettez le aussi a mort & tuez le, mais ni estant aulcun de nous deliberé de le faire, ilz retournerent auec le criminel vers terre, ou quilz lui coupperēt la teste mettans le corps en quattre quartiers lesquelz ilz ietterent es champs aux oyseaux. Les flamans venans en terre trouuerent que leur homme auoit este enterre par les Negros, & quilz auoyent trenche la teste du malfaicteur & mise dedans vng sac & pendue au dessus de la sepulture de Loccis, a quoy on peult veoir quelle diligence ilz vsent pour tenir en bonne devotion les Flamans. Ceste place est aussi appellee le Ciniterre des flamans, a cause que plusieurs des nostres y sont enterres. Cestui cy est le plus renommé endroict de toutte la coste, la ou quon demene la plus grande commerce & trafficque & le plus grand nombre de nauires viennent a l'ancre & quand lesdictes nauires se veullent partir d'illecq, & de toutte la coste, elles viennent a prendre icy leur ballast & eaue & bois, & prennent leur cours d'icy vers le Cap de Lopo Consalues, le village gist en vne haulteur & n'est lieu guerres beau mais malaisé, principallement vng marche ord, beaucoup de vin de Palma est apporte icy & aultres fruictz en quantite pour la necessite des flamans. Le Roy de Sabou commande illec, & y reçoit le peage, les marchans de Cane & aultres villes grandes au dedans du pays, viennent en ceste place en grand nombre apportans beaucoup d'Or, ainsi quil sort au premier des mines, & quon le trouue en terre, ilz

Histoire d'vng flamen occiz a Mourre pourquoy.

Roy de Sabou commande a Mourre.

achaptent beaucoup de toilles bassins, couteaux miroirs, moyens chaudrons le lieu ne souloit estre d'estime iadis, ni la ne souloyent arriuer aulcuns marchans d'Importance, mais a cause que les nauires y venoyent a l'ancre la pluspart, y sont a peu a peu les marchans accoustumes a y venir trafficquer, tellement quil est ores devenu le plus fameux endroict, Vne lieue plus bas gist vne place appellee infantin, & deux lieues plus en bas encores gist vne ville nommee Kormentin gisante N. N. E. le village gist en vne haulteur & la est vne arbre au milieu du marche & N. O. de vous gisent cincq montz & Est au Su. gist le mont de Mango, ce lieu cy souloit estre le plus renommé lieu de trafficque de toutte la coste mais au present n'est il d'aulcune estime. Les Portugalois & Fráchois souloyent tout au premier surgir icy auecq leurs nauires, & les Hollandois aussi, mais a cause quilz falsifient moult l'or & en font des anneaux & masses grosses comme poings les nauires quicterent le lieu; & les habitans font leur train presentement, auec les nauires de Mourre ilz achaptent beaucoup de corailz de venize quilz rompent & aguisent, dont ilz demenent grand train de marchandise ilz sont soubz le commandement du Roy de Foetin, les nauires Hollandoises vont querre icy leurs cercles, dont ilz font lier leurs tonneaux a eaue, car ilz se trouuent icy les meilleurs. Singlans quattre lieues plus bas, la gist le hault mont de Mango, au dessus duquel les negros font sacrifice au diable: mais on ne faict la aulcune trafficque a vne lieu plus au dessoubz gist vng village nomme Bramba ou quon entretient quantite de vaches, car cest vng bon terroir de pasturages, les habitans demenent vng grand train de marchandise, au long de la coste, a revendre leur bestail, & pource quil y a icy quantite de femmes belles & gagliardes, y viennent des Negros des aultres endroictz a en achapter beaucoup, comme aussi des esclaues affin d'en estre seruiz, les paisans ou hommes sont icy fort diligens au labourage, comme a semer beaucoup de Millet, a faire ou presser huile de Palma, & a sustenter & nourrir force ieunes bestes trois lieues plus bas gist vne place nommee Berqu, le village est situe au dessus d'vne montagne, icy souloyent les Franchoys souuentesfois surgir auec leurs nauires pour y trafficquer. Ces gens cy parlent vng aultre langage & iusques icy ont les aultres places tout vng langage. Les gens sont fort artificielz a faire quelque chose, principallement a travailler en or, car ilz scauent faire des singulierement belles chaines d'or & aultres ioiiuetes comme anneaux &c.

Infantin & Kormentin.

Mont de Mango.

Icy brassent ilz vng breuvage nomme Pitovv comme quasi que ce fut Godalle. Les gelines sont icy en grande abondance, & a meilleur marche que ailleurs, ilz prennent icy aussi ces petis verds Oyseletz nommez Paroquitz les habitans souloyent iadis achapter force fer car ilz ont des forges en nombre, dont ilz en sçauent faire belles armes, asteur quillecq n'abbordent plus aulcunes nauires, ilz viennent auecq leurs Canoes vers Ackra, distante d'illecq quattre lieues en vng pais fort bas, au riuage y a vne arbre, comme vng demi gibet, laquelle est tenue deulx pour leur Fetisso, les Portugalois souloyent auoir icy vng chastelet mais a cause de quelques oppressions par eulx faictes aux Negros, vindrent les habitans & leur osterent le lieu a belle force, ou quilz occirent tous les Portugalois, rasant le fort iusques au fond; icy parlent ilz de rechief vne aultre langu. Cest vne gent fort cauteleuse & fine, les plus rusez de toutte la coste, tant en leur train de marchandise, comme aultrement ilz ont bié peu de Canoes pour aller en mer, mais celles quilz ont, sont terriblement grandes, car i'en ay veue vne creusee hors d'vne arbre, longue 35. piedz large 5. & haulte de 3. quasi comme vng bon brigantin, tellement quon pouuoit mener en elle bien 30. hommes. Ilz viennent ratefois pour achapter des marchandises, ilz n'ont que certains iours en la sepmaine quilz viennent & lors viennent ilz auecq beaucoup d'argent, apportans l'or tel quil sort de la montagne, ilz achaptent force draps rouges, grands chaudrons & bassins, & paelles descoce, & tachies & beaucoup de mantevelues blanches despagne &c.

Quelles Marchandises ceulx de Abra achaptent.

Leur poix est plus petit que celui de Mourre il differe d'vng demi Peso sur la Bende, icy est abondance de sauvagine comme des Cerfs, lievres & porcs sangliers mais escarsite de fruictz, il ni a qu'ingnamos & plusieurs sortes de Febues, & poix, en ces endroictz gisent coustumierement nos brigantins a trafficquer dont les nauires sont a lancre deuant Mourre & Cabo Corso dixhuict lieues d'illecq plus en hault, & cela ne se faict sans grande raison, pource que le flux tire tousiours en ius vers lencourbure & quelles scauent a eaue tombante mieulx pourveoir les brigantins auecq des marchandises & a moindre travail, que si les nauires fussent icy a l'ancre a Ackra & leurs brigantins deuant Cabo Corso & Mourre & quil convint les pourveoir la, a cause quilz ne sont en chemin qu'vng iour a tirer vers la, & sont bien 3. ou 4. sepmaines en chemin a venir a mont, & ce a cause du terrible flux, qui descend a val vers l'encourbure. A vne lieue d'illecq plus bas gist vne place nommee Labedde, vne place bié belle emmuree & munie de rempars, les habitans entretiennent icy beaucoup de Pourceaux, dont ilz se soustentent & viennent a Ackra a demener leur train auec les flamans. Deux lieues plus bas gist vng lieu nomme Nengo, & vne lieue a val gist vne place dicte Temina, & vne lieue encores plus en bas gist vne place nommee Chinka, ou que les nauires Hollandoises commencent a metere des batteletz & a demener quelque train auec les habitans, n'estant cogneu par nous que depuis l'an 1600. ces gens achaptent beaucoup de toilles, & ont leurs mesures & poix a la guise d'Ackra, car au parauant souloyent ilz venir a negocier illec; Ilz ont icy vng aultre langage que a Ackra, & combien peu de chemin quilz soyent distans l'ung de l'autre ne se sçauent ilz neantmoins entendre. Ilz ont abondance de belles Oranges & ilz vont aussi pescher beaucoup auec des instrumens estranges comme cages a ieunes poulcins, s'en allans de nuict au long du riuage auec lumiere & voyant le poisson ilz y mettent ces cages au dessus & les prennent dehors par en hault. Icy fut prise vne raye longue 15. piedz & large 20.

Chinka nouueau lieu de cómerce.

Ilz

ilz ont vne belle ville au dedãs du païs, de laquelle les marchans deſcendent pour trafficquer, appellee Spice. Les paiſans ne donnent icy preſentement nul peage au Roy ou a leur ſuperieur, ce quil faict pour achalander l'endroict en oultre plus bas iuſques a Rio de Volta giſent encores pluſieurs aultres villes & villages, mais de peu d'eſtime, tel quil ne merite point, en faire icy plus grande relation: Eſtant a ce ſuffiſamment deſcriptes les places de la coſte d'or, ou quon demene trafficque.

La deſcription de la Figure No. 6.

Ceſte pourtraicture demonſtre la facon & mode, comme ilz ſe bardent, quand ilz ſe vont combattre l'vng l'autre, & quelles armes quilz vſent a la guerre. car ilz ont vng pauois en la main de haulteur de 6. piedz & de largeur de 4 faict de Cannes en quarrure & aulcunefois couvert d'vne peau de Vache affin quil fut plus fort, aultres qui ſont de la nobleſſe, y font mettre au deſſus encores vne lame de fer de la longeur de deux piedz, gentiment painctúree auecq terre rouge. Ces Pauois tiennent ilz en grande eſtime, ilz portent auſſi au collet des grands anneaux entortillez faictz de bois, pour ſoubſtenir les coups, ilz vſent auſſi des Aſſegayes la pluſpart faictes de fer, de diuerſes facons, dont ilz ſcauent dangereuſement & droictement darder, ilz ont auſſi en la ceincture vne Serpe ayant quaſi la facon d'vng iambon La lettre A. Demonſtre vng commun Gendarme, quilz appellent Conſokom, qui s'en va a la guerre auecq vng arc & vng ſac a fleſches, La lettre B. Repreſente en quelle maniere vng Capitaine (quilz nomment Æne) s'eſquippe, & pareillement les Gentilzhommes. C. Repreſente encor vng aultre ſouldart ou Conſokom, qui va a la guerre auecq des Aſſegayes, ayant en ſa ceinture vne Dague, dont ilz ſe ſcauent ſeruir felonnement. Au coſte eſt auſſi pourtraict la guiſe comme ilz ſe rencontrent au combat, & s'y deportent ſentretuans l'vng l'autre & mettans le feu es propres logettes, affin quelles ne ſoyent endommagees des ennemis. Liſez en le Chapitre enſuiuant auquel le tout eſt plus amplement deſcript.

Le 19. Chapitre.

Quelles guerres les villes ſe demenent par enſamble, & comment quilz ſe portent en icelles & quelles armures quilz vſent a la guerre.

SElon quilz ſont fort orgueilleux & envieux les vngs des aultres, trouuent ilz auſſi facillement quelque cauſe aulcunefois pour entreprendre la guerre l'vng ſur l'aultre, combien qu'icelle ne ſoit de duree, mais s'enflamblant en vng ſubit, elle eſt biē toſt apres eſtaincte Fort legierement ſe font ilz la guerre, car les Rois, ſont telle-

tellement acharnéz & irritez les vngs contre les aultres, & sont si superbes, quilz ne se sçauent aulcunement tollerer ni supporter, dont ilz se desfient incontinent l'vng l'aultre au combat es champs, pour soy entredonner la bataille, le Roy en donne notice a ses aultres villes ausquelles il commande, que le Capitaine auecq ses subiectz doibue venir aupres de lui en vng tel iour, pour par ensamble aller combattre leurs ennemis, l'aultre en faict aultant a ses gens, faisans ainsi leurs apprestz pour se combattre & liurer la bataille l'vng a l'aultre. Les Rois desdictes villes ont quelques hommes, qui sont leurs soudars (& esclaues, aultant comme gendarmes (ceulx cy tiennent iournellement la garde a la court du Roy, estans comme la garde de corps: ceulx cy sont fort suberbes & orgueilleux en leur estat, passans par la rue par grande enflure, se mirās eulx mesmes & iettās les armes par dessus la teste, saultās aulcunefois de ça & la & tout autour, auecq vne veue felōne, quil samble quilz veulēt devorer tout le monde. Ceulx cy vont aussi a la guerre, quand le Roy y va en personne, sinon ilz demeurent tousiours aupres de luy a sa garde. Or quand le tamps s'approche, que la battaille se doibt liurer, s'appreste chacun en ses armures, chacun au plus bragard de l'aultre, tout au premier depainderont ilz leurs visages auec des couleurs de terre rouge, blanche ou iaune pareillement la poitrine auecq tout le corps auecq des croix, rayes, & serpens & choses semblables, ilz prennent leurs patenostres, dont ilz font leurs Fetisso, & en garnissent le corps tout autour: cuidans quand ilz en sont attourniez que leur Fetisso les sauvera & quilz ne seront poinct occiz, ilz font aussi vng anneau rond, de branches é arbres, de l'espesseur d'vng bras, quilz mettēt au col, pour soy sauver des coups de leurs haches en lieu d'vng halecret, ilz prennent en teste des bonnetz faictz des peaux de Leopard ou Cocodrilz. Et autour du corps prennent ilz vne ceincture de cuir quilz traversent parmi les iambes auecq vng drappeau de la largeur d'vne paulme, pour s'en couvrir les parties honteuses car ilz prennent alors si peu daffublemens quilz peuuent, affin quilz ne leur soyent d'empeschement au combat, dedans icelle ceincture mettent ilz vng poignard ou Serpe ou hache, prennans puis en la main gauche le pauois & leurs Assegaies desquelles ilz d'ardent par la droicte: desquelles aulcuns en ont deux aultres trois & quattre chacun selō son pouuoir & ceulx qui n'ōt poinct de pouuoir de porter telz pauois & Assegayes, ont vng arc & carquois faict de peaux & rempli de petites flesches a arpons de fer au bout, dont ilz sçauent farouchement tirer. Les seruiteurs portent les tambours au conflict au dessus desquelz ilz tambourent lors, aultres y a qui ont des dens d'Elephans dont ilz cornent, quand ores la preparation est faicte, & chacun Morini ou Gentilhomme est prest auecq ses gens, font ilz leur assemblee aupres du Roy, & s'en vont ensamble auecq leurs femmes & enfans & tous bagaiges a la campagne, ou que la bataille se doibt donner si cest vne guerre d'Importance, quelle leur touche au coeur, pour dechasser leurs ennemis ilz brusleront leurs propres maisonnettes & logettes auecq toutte la ville, affin quelle ne soit endommagée de leurs ennemis, comme aussi affin que le cœur ne leur tire vers la maison, mais quilz fussent plus resoluz, a enchasser leurs ennemis. Si cest quelque guerre ou debat de peu d'importance, laquelle puisse bien tost estre assopie ilz ne brusleront lors point leurs Cabannes ni emmeneront poinct les femmes & enfans quant & eulx a la campagne, mais abandonneront leur ville & les femmes & enfans, renvoyeront ilz au lieu plus proche auecq lequel ilz n'ont nulle ennemitie, prennans auecq eulx tout leur bagage & utensiles vuidans les maisons sans y laisser du tout riens que ce soit comme silz abandonnoyent leur ville Quand puis apres la guerre est finie ou appaisee tournent ces femmes retirees auecq leur bagage, derechief en leurs logettes, apportant auecq elles les enfans fugitifz & biens. Les Gendarmes estans en campagne a la grieue l'vng contre l'aultre, font leur mieulx pour distruire leur ennemi, tant a d'arder auecq leurs Assegayes, comme a hacher auecq leurs serpes, ilz sçauent d'arder fort droict auecq leurs assegayes, & en attaindre aulcun, ilz en sont si asseurez quilz d'arderoyent sur vng soulz, les aultres tirent auecq leurs arcs & flesches venimeuses les tambourins & cors tabourinent & cornent, se entretuans ainsi ensamble, & ceulx quilz prennent prisonniers ilz en font des esclaues & chetifz tout le restant de leur vie, ceulx qui sont occis, apprestent ilz en viande & les mangent leurs guerres ne sont tant farouches comme il samble bien, & selon la mine quilz en font au parauant, aussi ne sont elles de longue duree, mais sont bien tost acheuees & Assagies, ilz mettent aussi le feu es villes & villages les vngs des aultres & en enchassēt les habitans comme il est encores advenu depuis n'aguerres de nostre tamps, quand ceulx de Agitaki aultrement Aldea de Torto eurent dissension auecq ceulx de Iable & Cama, qui auoyent leurs villes a l'Est du Rio S. George, ainsi vindrent ceulx de Agitaki, en vne nuict & dechasserent ces gens, & bruslerent leurs villes, tellement que les habitans de Iabbe & Cama prindrent la fuitte auecq leurs Canoes au de la d'icelle riuiere, la ou quilz furent secourus par ceulx de Anta, de facon que les aultres ne les oserent poursuiure plus oultre, a raison dequoi les dechasses allerent faire leurs maisons & villes au coste ouest de la riuiere, se soubmettans a la iuridiction du Roy de Anta, qui les tient encores en sa protection, tellement quilz ont encores pour le iourdhui leurs demeures illecq estans appaisez auecq ceulx de Agitaki, sans se faire d'advantaige la guerre les vns aux aultres, il advient souuentesfois nonobstant quilz n'ayent aulcune querele ensamble, quilz fairont neanmoins quelque accord, & convenance par ensamble, s'entreprometans de ne se faire guerre l'vng a l'aultre, & pour ratifier telles promesses, ne suffisent les paroles, mais ilz se donneront en ostage vng homme pour asseurance affin de tenir vne telle personne aupres de eulx & tel ostage ou homme est vng des principaulx de leur quartier, lequel quand il est conduict au lieu ou quil doibt demeurer en ostage, y est amene auecq grande reverence, estant porte en doz des esclaues du Roy, brauement affuble, & estant ainsi

qui sont Souldarts.

Tambourins seruiteurs des aultres portans aussi des Cornes d'Elephant a Corner.

Ostage tenu en honneur & fort estroictement garde.

ainsi assiz es espaules d'vng esclaue, estil porte envers le Roy, qui lui faict grand honneur & le tiẽt neantmoins fort estroictement garde.

En l'an 1570. tandis que le Roy don Sebastian estoit Seigneur du Chasteau de Mina, quand les Portugalois faisoyent la guerre a ceulx de Commando & foetu, quand ils viendrent auecq bon nombres de gendarmes & chasserent ces habitans bruslans leur villes, a scauoir, Commando & foetu les Negros s'assemblerent au bocage & obseruerẽt les Portugalois au tourner a leur Chasteau, & les ayans assailliz ils en meurdrirẽt & tuerẽt plus que 300. dont ien ay veu les testes & compte de plus de cinquante, gisantes tout autour de la sepulture du Roy mort alors regnant sans estre ensepuelies dessus la terre, & conceurẽt alors telle rancune sur ceulx du Chasteau, quils l'auroyent forcé, s'il ne fut esté leur artillerie, dont ils sont terriblement paoureux. Cecy aye entendu de la bouche du Viador & beau frere du Roy, quil ne dict quils fut alors aussi au conflict & ne monstra que cestoyẽt les testes mesmes des Portugalois en ce temps là occis. Quelle commerce au train de marchandises les Portugois ou ceulx du Chasteau de Mina font auecq les Negros, dirons nous en vng aultre endroict. Quant aux Negros combiẽ ils ayẽt grande paour des coups du grãd Canõ & musquequetrades si est ce neãtmoins, quils oyẽt volontiers tirer, car quand les nauires y abbordent ou s'en partent ils vieunent accourir hors de leurs logettes vers le riuage de la mer pour ouir les coups d'honneur d'icelles nauires. Quand aux nauires viennent des marchans qui y employent quelque bonne somme d'argent, ils vouldront que a leur honneur on aura a delascher vng coup de coulonurine. Ils achaptẽt desormais eulx mesmes beaucoup de arcquebuses & commẽcent a les manier fort d'extrement, ayans l'entendement qu'vne harquebuse longue porte plus auant que vne courte, ce que les Portugois & nous leurs monstrons assez. ils sont quand a eulz fort singuliers a travailler en armures car ils font des poignards de la lõgueur d'vne aulne sans garde a la main de la largeur de quattre doigts taillans de deux costez auecq vne manche de bois & vng pommeau au debout, la manche entourniẽt ils auecq vne l'ame d'or, ou auecq la peau d'vng poisson quils prennẽt dont ils font aultant destime que de l'or les guaines font ils d'vne peau de Chien ou Cabrittes & au dessus d'icelle a lembouchure, liẽt ils vne grande Coquille rouge de la largeur d'vne paulme, qui est aupres de eulx en grãde estime aussi, les autres qui nont point le pouuoir d'achepter telle Coquille, font ou achaptent des Serpes à la facon d'vng lamebon, au debout larges & vers la pongee estroicts ne trenchans que d'vng des costes & au lieu d'vne rouge Coquille, aornent ils ces armes auecq la teste d'vng singe, ou celle d'vng tigre, & telles arm.s mectent ils a l'vng des costes dedans leur ceincture allans iournellement auecq elles par la rue, mais quand ils vont dehors alors prennent ils leurs Assegayes dedans la main, s'ils ont quelque esclaue ou seruiteur a celui la f..nt ils porter leurs pauois & Assegayes au deuant de eulx & le suiueront de prez auecq vng baston en la main, les marchãs, vont tousiours auecq leurs armes par pais & leurs seruiteurs ou esclaues vont pareillement aussi auecq les leurs, car ordinalrement ont ils des arcs & flesches, & ce a cause quils font le moindre empeschement au porter, & quils peuuent pendre lesdicts arcs & flesches au collet, leurs Assegayes sont faictes en plusieurs mode. & facons diuerses, toutesfois sont elles la pluspart faictes de fer, par deuant & par derriere d'vng paire de pieds & au milieu de bois, quils prẽnent en la main, ils les font par derriere de poix egual a celui de deuant & ce affin que l Assegaye puisse voler en son qualibre & que l'vng debout ne fut plus pesant que l'autre car ils ne les pourroyent aultrement darder a droicturee ils sont fort curieux de leurs armures, car ils aurõt tousiours 6. ou 7. de telles Assegayes en leur maison arrãgees debout l'vne aupres de l'aultre, y ayans aussi appendu le pauois aupres. Ces pauuois font ils de cerceaus de bois, entrelacez ensamble. en faisans ainsi vng quarre plat vn peu courbé, vers eulx estant ordinairement de la haulteur de 6, pieds & de la largeur de 4. au milieu font ils vne croix de bois quils lient au dessus des aultres cercles affin quil tienne plus fermemẽt ensamble, a icelle font ils aussi leur manche a laquelle ils le portent & demenent, aulcuns grands maistres attournient leurs pauois auecq la peau d'vng boeuf, au dessus de laquelle ils mectent encores vne lame de fer, de la longueur de deux pieds & de la largeur d'vng. Ils font grãd cas de leurs pauois, cuidans d'auoir au derriere d'iceulx grande Franchise & seurete, les arcs font ils d'vng certain beau bois & dur, la corde est faicte de canepin darbres, les flesches sont faictes d'vng bois deslie & coriace, les pennõs sont faicts du poil d'vne peau de Chiẽ, dont ils couvrẽt quasi la moitie de leur flesche, au debout font ils des arpons de fer, quand ils se menent la guerre les vns aux aultres lors frottent ils tels arpons auecq du poison, lequel est le suc de certaines herbes verdes, mais ces dards empoisõnes ne peuuẽt ils porter hormis quãd ils font guerre ensamble & sur grosses amendes & punitions, y mises dessus, a qui s'advance den porter. Ils font vng carquois d'vne peau de Cabrette quils pendẽt au collet, & y mectẽt leurs flesches dedans, leurs tãbours font ils d'arbres creuses au desquels ils bãdẽt vne peau de boucq auecq des cloux de bois, & y tambourinẽt dessus auecq des bastõs cõme meules, iels tãbourins gisent ordinairemẽt deuant la court du Roy, du Capitaine ou de la garde & sont aulcunesfois biẽ 20. pieds longs cy dessus tombourinẽt ils quãd le Roy tient quelque festin, ils fõt aussi des tabourins plus petits, darbres cauez quils pendẽt au collet & s'en vont auecq par la ville tambouriner, ces tãbourins sont reds par en hault & par en bas poinctus & personne ne s'ẽ peult seruir, que ceulx de la noblesse, puis apres font ils des cors de dẽs d'Eliphãtes, quils entaillẽt fort gentimẽt auecq des lacqs & aultres choses, & au milieu du cor font ils vn trou quarre auquel il soufflent mais personne ne se peult seruir de tels instrumens.

Portugois occis ou debat plus que 300.

Le 20. Chapitre.

Quel estat que les Roys tiennent & quel honneur leur est porté.

LEs Roys sont esleus par la commune & a la pluralite des voix, car la Royaute ne succede a nuls hoirs ou amis ni les enfans ne le peuuent heriter aussi. Quand ores leur Roy est decede ils en font election d'vng aultre affin quils soyent par lui gouvernez & quil possede le Royaume, cestui cy prend a soy la Court auecq tout ce que y est dedans. Il fault que des son entree il, achapte beaucoup de vaches & vin de Palma pour les donner a l'advantaige a ses subiects car ils font grande estime d'ung Roy boncompagne mais vng Roy auare ou mesnager, travaillant pour amasser force or ensamble, hayront ils, & n'est poinct estime, ni ayme de la commune mais portent a vng tel Roy grande enuie & rancune, cerchans tous moyens pour trouuer quelque actio sur lui affin de le pouuoir enchasser & d'vn eslire vng aultre plus a leur fantasie comme il est advenu en mon tamps, que le Roy de Saboe, qui estoit d'Infantin, y fut esleue en Roy, lequel estat en son estat fut moult taquin & ciche, prennant des grands peages des Villageois & Marchans qui passoyent auecq leurs Marchandises par ses quartiers dont il ne donnoit guerres a l'advantaige a ses subiects comme les Roys deuant lui souloyent faire pensant par tel moyen damasser vng grand tresor, a raison dequoy ils conceurent telle rancune contre lui quils vindrent en vne furie tous ensamble & l'expulserent du Royaume lui ostans tout son bien & le chasserent de rechief vers Infantin dou quil estoit venu, & en esleurent vng aultre a leur appetit. A raison dequoy il fault s'il veult estre ayme de ses subiects, quil les conuie souuentesfois leur faisant grande chiere, car ils en font grand cas des banquets & repas pourtant ceulx qui veulent se faire aymer du peuplace, ont ceste coustume quils donneront vng conui chaque trois mois quand leurs gardes ou peagers les viennent payer ce quils ont receu d'amendes & peage des paysans, & degaster en cela selon ce quil aura ce tamps pendant receu priant a tels repas ses Morinni quest adire aultant que gentils hommes ou personnes de son conseil & a lors achapte il beaucoup de vaches & boeufs & vin de Palma aussi par tout au pays tant quil en peult recouurer lequel vin est reparti tout autour parmi la commune, & a lors demenent ils grande ioye & liesse a tambouriner & chanter, les testes des vaches sont nettoyees & gentiment painctures & garnies de Fetissos & pendues dedans la chambre du Roy tout autour en ordonnance, les vnes aupres des aultres en lieu de painctures a grand honneur selon leur advis du Roy, a quoy les estrangiers venans dedans la court & regardans cela peuuet comprendre que cest vng bon Roy dont il est fort estime & revere des siens. En oultre tiennent ils encor vng aultre iour de feste chacun an, comme est iour anniuersaire de leur couronnement ou Fetisso, alors prie le Roy au repas ses voisins Roys & Capitaines auecq toutte sa noblesse & donne lors vng grad bancquet adorat en tel iour aussi son Fetisso lui faisant Sacrifice lui mesmes ce quil ne faict sinon vne fois a l'an. Ce Fetisso est la plus haulte arbre de la ville, laquelle est le Fetisso du Roy en tel festin font ils plusieurs singeries en escrimant, tambourinant, chantant & saultant, les femmes menent alors icy grande ioye a danser, & chacun Roy tient son festin a part, ils l'vsent tous de rang l'vng bien tost apres l'aultre, en la saison de leur esté, a leur iour de dimanche donne le Roy tousiours vng conui, & achapte tout le vin quon tire ce iour la des arbres & invite au souper ses femmes & enfans auecq ses plus proches gentils hommes ou quils font lors chere ensamble, a cause quil ne mange sinon vng iour en la sepmaine auecq ses femmes & enfans & ce au iour de leur dimanche s'il fault alors aussi quil couche auecq touttes ses femmes ne scay ie point. I'estime que non, car il en a aultant quil lui seroit impossible de les contenter touttes ses femmes demeurent auecq lui dedans son palais & aulcunes aussi hors d'icellui mais ce sont de ses plus vieilles quil naime guerres & ne le peuuent esgayer mais aux aultres ieunes belles femmes donnerat il ordinairemet a chacun delles demeure apart en son palais, affin quelles le puissent mieulx seruir, & lui en auoir sa recreation delles. Ces femmes font au Roy leur mary grand seruice & chacune le festoye a lenuie de l'aultre, & ce pour en estre plus aimees de lui, tellement quil na default aulcun de seruices mignardises & ayses. Chacune femme a ses biens & richesses a part entretenant & nourissant ses propres enfans: & celle qui est en la meilleur grace du Roy na disette de riés que ce soit. Quand les femmes vont dehors elles sont appuyees sur les espaulles d'aultres femmes qui les seruent & sont leurs esclaues, les enfans, sont aussi portez es espaules d'aultres esclaues du Roy. Quant a lui il sort bien peu en rue, mais se tient tousiours dedans sa maison il vient bien asseoir deuant l'huis mais rarefois ils le gardent fort soigneusement & de iour & de nuict est son palais garde des esclaues, qui y veillent auecq leurs armes, tant au dedans de sa chambre, comme en sa court & quand il va dehors alors est il attournie & garde d'iceulx, au matin a la poincte du iour & du soir bien tard cornent les esclaues au dessus de ces cornes faicts de dens d'Eliphans, cela rend vne singuliere resonnance, car ils scauent y donner & retirer lallaine & tenir certain acoord ensamble, quand le Roy sort de sa chambre lors sont les femmes attendires, pour le lauer de Cap en pied & depuis loindre de Huile de Palma, alors mange il vn peu & se va asseoir en vne selle prennat en ses mains vne queue de Cheval ou d'Eliphat, pour en dechasser les mouches de son corps nud. Il est brauemet parre selo leur guise sa barbe est garnie auecq plusieurs corails dor & aultres gentillesses & a bras & iabes at il des anneaux d'or & daultres beaux couleurs de corails pareillemet a son collet aussi, estat ainsi assis tout le iour entier a deuiser, car il n'a faulte de copagnie pour tenir propos ensamble &

Ils ont

Combië le Roy faict de 3. en 3. mois.

Palma banquet du iour de dimanche.

Resonnance des leurs cors.

ils ont encores vng aupres de eulx quils nomment Viador (vng mot apprins des Portugois) cestui cy garde le tresor & l'or du Roy & paye & recoit & faict les affaires du Roy, vng tel est le plus grād apres le Roy, & ils sont coustumierement plus garnis danneaux d'or autour du col bras & iambes que le Roy mesmes, les enfans du Roy quand ils commencent a devenir grands fils veulēt auoir quelque chose il fault quils apprennēt quelque chose, a cause que le Roy ne leur peult donner rien que ce soit, pour les tenir en oysiucte car la commune ne le vouldroit endurer mais en murmureroyent pour plusieurs raisons & principalement que le Roy defrauderoit sa noblesse enfaisant tels dons a ses enfans, mais bien leur donne il leurs biens patrimoniaulx quand ils vienent a soy marier, selon la coustume: & en oultre leur donne le Roy aussi a chacun d'eulx vng esclaue pour s'en faire seruir nayans nul aultre vsufruict pour estre filz du Roy que d'vng tel esclaue, au reste non plus qu'vng chacun donne auecq ses enfans, dont procede, quand il se commencent a envieillir & a faire quelque chose, comme les aultres, quils ne sont poinct estimez ou reverez, Le Roy tient aupres de soy pour lui seruir, & quand il advient que le Roy faict quelque accord auecq quelqu'vng, comme auecq vne aultre Ville ou Roy, il y employe vng de ses enfans comme a dire vng de ses fils pour vng ostage, affin quils puissent parvenir a honneur & grand estat. Au revenu que le Roy a de touttes sortes de proviandes, comme Fruicts, Poisson, Vin, & Huile de Palma peult il suffisament soustenir sa court femmes & enfans. Son Millet dont il faict son pain, est semé & moissonne pour lui, tellement quil n'a faulte de riens, on le faict tout pour lui, sans ses despens: ayant vne bonne vie mais bien miserable a paragonner a celle de nostres Roys quand ores le Roy vient a trespasser, l'ensepuelist on honnorablement selon leur mode, & incontinent y est esleu vng aultre, mais nul de ceste race ou parentele mais prennent vng estrangier tel vng que bon leur samble sans prendre iamais aulcun qui soit este aulcunement parent ou allie du Roy trespassé. Ils le font lors Roy & le mennent au Palais. Ce Roy successeur accepte lors le Gouvernement auecq tout ce que le Roy trespassé a prouffictē en sa domination cela tout prend il a soy, tellement que les hoirs ou successeurs du Roy nont nul vsufruict de la prosperite du Roy mais prennent tant seulement ce quil y a apporte lui mesmes, cela tirent ils a eulx & le repartissent ensamble, selon leur coustume, de facon que ces Royaumes ne tombent point en successions ou fiefz ou ne se heritent point des parens ou enfans mais vng estranger y entre.

Le Rebenu du Roy soufficit pour son entretiens.

Le 21. Chapitre.

De leurs procez & sentences quils s'entredonnent & iugent ensamble & quelle satisfaction quils font.

QVand ils ont quelques querelles ensamble, par quel moyen, que ce soit par debtes, adultere, larrecins ou aultres occasions, quils ne s'en scauent accorder & appaiser ensamble alors vont ils aupres de l'Ambassadeur du Roy & qui premier y arriue faict ses doleances: l'Ambassadeur lui donne audience & faict querre laccusé par son esclaue, cestui cy y faict encontre son excuse au mieulx quils peult & fault quil sache defendre sa cause, luy mesme, car ils n'ont icy nulz Advocats ni Procureurs, mais il fault que chacun soit son propre Procureur: quand il a puis respondu, alors parle laultre derechief, & en ceste maniere sont ils ouis chacun par trois a quattre fois: & quand l'vng parle lors l'aultre est tenu de soy taire & d'escouter ses raisons, car ils ne se peuuent entrerompre les propos, sur peine de la mort & combien quils soyent sauvages malapprins & inciuils a plusieurs choses, neantmoins obseruent ils en tel cas vng ordre tresdigne dimitation quand puis l'Auditeur superieur auquel ils font leurs complainctes les a ouis il en iuge selon sa bonne opinion & definit la sentence, dont ils sont tenus de soy contenter sans aultre appel quelconque. Si cest vng cas touchant le Roy, dont il doibt auoir lamende, cest Ambassadeur la recoit & la demande du malfaicteur en lieu du Roy, laquelle amende fault que le transgresseur paye incontinent sans dilay s'il na moyen dequoy il fault quil se retire de la & quil se pourvoye d'vne aultre ville soubs la iuridiction d'vng aultre Roy, & il ne peult retourner la deuant que l'amende soit payee & quil aye contente son Seigneur. Si cest vne aultre question, quils ont a liquider ensamble & quils ne se scauēt accorder ils cercherōt de s'occire lvng l'aultre, ou ils se differōt au combat auecq leurs armes se cōstituans iour pour comparoistre en vng tel lieu, chacun auecq ses armes, ce pendant donneront ils leur cas a cognoistre a des aultres hommes requerans secours, tellement que chacun faict son mieulx pour auoir encores trois ou quattre personnes d'ayde mais coustumierement prennent ils de leurs plus proches parens en ayde, le iour prefix estāt venu, faict chacun son debuoir pour comparoistre au lieu destiné auec ses coadiuteurs quād ils se rencontrent puis chacun auec son pauois & Assegayes a defence & offence, s'arrange chacun en ordōne

Comme ils s'entre accusent & sont ouis.

l'vng

La description de la Figure N. 7.

Ceste figure represente la facon comment quils donnent leurs sentences & Iugemens & par quelz moyens ilz se condament les vngs les aultres a mort, & font Iustice. La lettre A demonstre commēt qu'vng Roy ou Capitaine assiz en son tribunal, donne audience aux complainctes de ses soubiectz & sentence la dessus B. demonstre comme vng Negro fut Iusticie a cause des Flamans, ayant premierement esté traversé parmi le corps aucq vne assegaye & puis apres decollé aueq vne serpe & la teste pendue a vne arbre C. demonstre commēt que le corps fut mis en pieces & hache & les quarts iectez aux champs aux oyseaux D represente la facon comme vne femme faict serment a son mary, moyennant vn breuvage quelle prend, qu'elle na for faicte par la cōpagnie d'vng aultre hōme E. demonstre en quelle maniere ilz font quelque aliance d'amitie par ensamble, frottans leur visage & tout le reste du corps soubs les plantes des pieds d'vng tel homme aueq lequel ils font semblable cōpact F. demonstre commēt qu'ils s'entretuent selon la sentence du Roy s'ils ne se scauent accorder ensamble G. demonstre comment que les femmes regardent la Iustice & font tresgrandes complainctes au dessus des morts, car ils se separent a grand regret d'ensamble.

[illegible] contre l'aultre que l'vne des parties en est attaincte & tombe en terre, lors cessent ils de plus darder aucq leurs assegayes, car leur question ou dissension est lors assopie; mais ceulx qui ont le mort ou perdu le vif au combat, viennent vers l'aultre partie & veulent qu'on lun liure l'aultre qui a perpetre le meurtre en lieu de loccis, pour le tenir en sa place & en faire vng esclaue. S'il eschappe d'eulx & qu'ils s'en enfuye en aultre ville ils le poursuiuront & viseront tous moyens pour l'auoir es mains & ne cesseront point jusques a ce qu'ils layent en leur pouuoir & ni a nuls Roys qui puissent donner Franchise a telles personnes, ou les tenir en cachette dedans leurs villes, mais s'ils le scauent trouuer en leur ville il fault quils le deliurent aux poursuiuans, sinon, en cas qu'il fut notoire que tel Roy ne le fist poinct ils feroyent leurs complainctes a leur Roy, & facilement entreprendroit l'vng Roy contre l'aultre pour semblable occasion la guerre. Quand puis apres ils lont trouue, on le deliure a la femme de loccis, cestecy le tient pour son esclaue ou elle le reuend a vng aultre homme, mais s'il a quelques moyens pour contenter ladicte femme ou les parens de loccis, & de soy rachapter de seruitude, le peult il bien faire affin qu'il puisse passer & venir & faire son train de marchandise en ceste ville ou aultre ou que bon luy semblera, comme aultres marchands ou comme il souloyt lui mesmes faire deuāt ceste question. S'il ne les scait

contenter

contenter il fault quil voyse auecq eulx & quil demeure toutte sa vie en seruitude sans plus retourner aupres de ses amis ou a la ville dont il est natif. Mais telles querelles nadviennent poinct souuẽt si ce ne fussent questions incompatibles quon ne sceut aulcunement moderer, aultrement cercherẽt ils de se contenter lvng laultre, auant quil vienne a telles extremites, ce sont aussi des questions bien grandes qui sont assopies par vng tel chemin car ce n'est poinct ouvrage d'vng homme commun a liquider ses questions en ceste facon, car ce seroit iournellement bien a faire, car pour peu de chose s'entrehayssent ils les vng les aultres mortellement.

Le 22. Chapitre.

De leurs playdoyres & quelle Iustice ils font.

ILs tiennent des loix bien estroictes affin de poinct oultre passer les commandemens de leurs Roys. Quand ils ont puis forfaict & quils sont tombes en quelque amende il fault que bien subitement ils la payent & satisfacent; car s'ils nont le moyen de payer lamende escheute fault il quil se pourveroyent d'vne aultre place & ne se peuuent tenir illecq, dont quand y aduient quelque chose & qu'aulcun a trangresse quelques loix & que cela est resceu d'aulcun, celuy le celera bien deux ou trois ans & quand bon luy semblera le manifestera il, car ils sont fort envieux les vngs des aultres quand il leur vient a propos puis de declarer le mesfaict d'aultrui, lors le donne on a cognoistre au Capitaine, le Capitaine faict incontinent battre le tambour alentour de la ville par son esclaue. Cestuy s'en va tout autour de la ville le tambour au collet auecq deux aultres garcons aupres de luy, desquels chacun a vne clocherte a vaches sans batail en la main au dessus de laquelle ils frappent auecq vng bastoncin quand ils ont puis faict vne telle ronde (qui denote notice legitime) lors vient le Capitaine s'asseoir auecq ses gentilz hommes autour de lui sur le marche ayant chacun deulx ses armes; alors s'assemblent la tous ceulx du lieu ne scachans a qui on en veult, & viennent au marche, la ou quils sont accoustumez de venir: les femmes se mettent aussi tout autour & les hommes pareillement en trouppes & escoutent ce que le Capitaine veulrdire, & celuy qui y est accuse, y est aussi constitue prisonnier au mesme instant, & mene au logis du Capitaine. Cest vng grief cas, on le garrotte, si non il n'est que garde simplement par le bourreau. Ce prisonnier ne peult aller nulle part deuant que son cas soit liquide, ce pendant demeurẽt les superieurs au marche en leurs sieges, oyans laccusation quon faict contre le mal faicteur ils lui font chaque fois scauoir son accusation par leurs esclaues a quoy il fault quil responde, faisant ses excuses au mesme instant ou aultrement s'il ne se scait excuser, il fault quil paye lamende selon son mesfaict, sinon, on le vendera pour esclaue de part du Roy pour satisfaction d'icelle amende, dont il fault quil demeure toutte sa vie en seruitude & s'il a faict vng meurtre, dont il a merite la mort il s'en peult rachapter auecq argent & regarder d'accorder auecq le Roy & le contenter, & tel argent ou amende est reparti entre les morinni & Roy chacun a moitie, sans quil soit tenu de plus rien donner aux parens de l'occis, qui ne le peuuent molester aulcunement ni faire aulcun [illegible] quand il contente le Roy, qui le garde & affranchit totallement de touttes actions desdicts parens. [illegible] quelqu'vng qui est tombe en amende pour auoir eu laccointance charnelle auecq la femme d'vng aultre quelle propose, quil la presse a cela par belles promesses ou a belle force, sans auoir puis tenu ses promesses, lui confisque le Roy tout au premier tous ses biens a son proffict & fault que la femme paye aussi a son mari vne amende de 2. ou 3. onces d'Or, selon quelle est en sa grace ou quelle le scaura contenter aultrement la peult il enchasser & debouter & en prendre vne aultre en lieu d'elle, les amis de la femme lui brulent sa maison & la rasent de fonds en comble & le vexent terriblement, affin quil prenne sa retraicte ailleurs & quils n'oyent nulles reproches par luy il est advenu en mon tamps tandis que iestois illecq qu'vng homme est venu en vne aultre ville, pour stipuler ses debtes & quil auoit, vng an quil auoit, baise la femme d'vng aultre, laquelle femme estoit illecq venue au marche & le voyant sen alla incontinent faire ses complainctes a l'Ærie (qui veult dire Capitaine) qui le fit au mesme instant apprehender, dont le conseil fut assemble, la femme laccuse de force & quil ne lauoit point contentee ou paye. Il respondit que ce auoit este de sa volõte & nonobstant quilz ne fussent aulcun deulx habitans d'illecq, ils furent neantmoins ouis & leur fut faict aussi bon droict comme s'ils eussent eu lieu dhabitation la. Et apres longs debats quilz eurent ainsi l'vng contre laultre, vint le Feitissero (qui est le ministre ou seruiteur qui coiure leurs Idoles) auecq vng breuvage dedans vng Pot, lequel il mit deuant leur superieur, la femme print le breuvage & le beut, a condition quil ne lauoit poinct contentee de son honneur, s'il eut voulu boire le beuurage, deuant que femme le beut a condition quil lauoit satisfaicte & quil nestoit riens redeuable a elle, il eut est quicte, ni tenu de payer quelque chose, mais se sentant coulpable & redeuable; il n'osa prendre le breuvage mais confessa ce dont la femme l'accusoit & fallut quil payast pour amende 3. Bende a scauoir 6. onces d'or: Iay pareillement veu qu'vng frere d'vng Negro estoit trespasse, deux ans passes & qu'il vint en querelle auecq vng aultre Negro: qui lui alla mettre sus pardeuant le Roy quil auoit mis a mort son frere auecq leur Feitisso layant faict mourir le Roy le fit apprehender & il fut amene deuant la Iustice: il excusa son faict disant quil nauoit oncques eu dissension auecq son frere pendant la vie d'icellui & comme il estoit demeurant en vne aultre ville, & que alors il nestoit point aupres de lui, laultre disoit quil auoit prie Dieu ou Feitisso quil voulut faire

mourir

mourir son frere & quil estoit mort pour telle cause: il disoit que ce n'estoit point vray, demandant la dessus vn breuvage, pour le boire laultre lalla querre & le lui laissa avaller a condition quil nauoit point prie au Fetisso pour la mort de son frere, dont il fut absous de laccuse. Ce beuvrage est aupres de eulx autant qu'vng serment & le nomment Enchionbenou ils le font des mesmes Herbes vertes dont ils font leur Fetisso & selon leur rapport a il telle vertu, que le Fetisso face subitement mourir celui qui le boit faulsement mais quand ils le boiuet estans innocens que le Fetisso les laisse viure alors, a quoy il scauent discerner l'innocent du nocent & selon cela donnent il puis leurs sentences, cela est certain, qu'vng homme que se sent coulpable s'accuse par tel moyen soy mesme, par la craincte de leur Fetisso car ils se persuadent que s'ils prennoyent ce breuvage en fausette ils mourroyent subitement, car encores que le cas ne soit aueré, mais seulement impute, par tel breuurage ils se trahissent puis eux mesmes & ainsi par la trouble haine & envie quils ont les vngs des aultres ils se accuseront par ensamble aincoys quil fut dix ans passe tellemet qu'illecq ne demeure aulcun malfaict cache. Dadvantage si quelqu'vng a prins a femme la soeur d'icelluy qui doibt payer l'amende au Roy & quil ne puisse payer, lors fault il que tel vng vienne le seccurir a payer lamende, en cas quils demeurent soubs vne mesme iuridiction & cela peuuent ils puis entre eulx liquider car deuant tout fault il que le Roy aye son amende, soit par tel moyen que ce soit ou il fault quils abandonnent son pays & se retirent a vng aultre endroict ce quil faict aussi quand il ne peult satisfaire a lamende, lors se retire il d'illecq auecq ses femmes & enfans tant quil en a & que plus est tous les amis quil a habitans en icelle ville se retirent aussi auecq lui, & demeuret hors d'illecq iusques a ce que le cas soit liquide & que le Roy at este satisfaict de son droict alors peuuet ils derechief tourner au lieu & a leurs logettes & en possession de leurs biens comme parauant & quand ils sont de retour, vont ils bien tost chez tous ceulx de leur cognoissance les prier pardő, & supplier de renouueller chez eulx la paix & l'amitie passee l'homme va aupres ceulx de sa cognoissance & la femme aupres celles de la sienne la raison pourquoy que les allies se retirent alors aussi est affin quils ne fussent molestez du Roy a cause de son droict pretendu lamende du larrecin est de 6. onces d'or ou 3. bendes selő leur poix, car on ne les meét icy poinct a mort pour cela. Quand ils ont desrobbe quelque chose aux flamans de cela ne payent ils riens, mais sinon quand ils se desrobbent l'vng l'autre d'aultre part si cest quelqu'vng qui a falsifie de lor & apporte aux Flamans, qui en facent leurs doleances au Roy, il fault que celui la en paye lamende, selon la qualite du faict & la quantite de lor falsifie, dont ils sont souuentesfors a cause de cela venduz en esclaues, cőme icy ay bien cogneu aulcuns qui par tel mesfaict auoyet estez venduz pour esclaues & ainsi des aultres mesfaicts a ladvenant, & touttes ces amendes resultent au prou du Roy & au salut de leurs gogues & bieheureuse gargante. Si cest vng malefice dőt la mort deburoit ensuire ou quil ne sache contenter le Roy, sinon auecq le collet lors est il condampne a mort & sans dilay ou le tenir plus longuement en prison le prend le bourreau ou celui qui est depute a cela, & lui lie les mains derriere le dos & lui bande les yeulx & le mene en vng champ ou boccage la ou que lui vient plus a propos, sans auoir a cela vng lieu destine, puis le meét le bourreau a genoux, lui faisant abbaisser la teste & prennat vne Assegaye il faict vne demarche en derriere & la lui iecte au trauers du corps, tellement quil tombe en terre, puis apres prent il sa serpe & lui couppe la teste & auecq cela est il mort, car ils ne se persuadet poinct qu'vng homme soit mort deuant que la teste lui soit ostee: Pourtant quand ils mettent a mort quelqu'vng ils lui osteront incontinent la teste & puis le couppe il en quattre quartiers, quil iecte es champs aux oyseaux, les parens viennent querir la teste & la gardent & tiennent pour vng grand present, la cuisinant en vng chaudron dont ils mangent le ius, & le tet auecq la chauve teste pendent ils aupres de leurs Fetisso les femmes font lors des grandes lamentations en hurlant & brayant & attendent iusques a ce que le Bourreau aura paracheue l'execution & lors prennent elles les quartiers & les portent es champs. Quand lexecution se faict ni a nullui des superieurs present, aulcun aultre fors que le bourreau auecq le patient, mais quand elle est faicte, alors y accourt vng chacun & deplourent le mort comme dessus est recite.

Le 23. Chapitre.

EN larrecin ne scay ie point quil y aye aulcune nation au monde qui les surpasse ou soit leur maistre, car ils nont point oublie le mestier ny se sont enfuis du maistre deuant le tamps accomple de leur apprentissage, car ils sont suffisament instruicts en tel mestier, sans en faire aulcune conscience ils ne se desrobberont point entre eulx sur grosse peine, & quand ils ont emble quelque chose l'vng a laultre, en faict on tant de troubles parmi la ville, quils en sont honteux eux mesmes, neantmoins encores advient il bien aulcunefois & ce de nuict, & quand il vient au iour il fault payer l'amēde qui y est imposee & quand quelque chose y a este desrobe, ayans mis en oubli le commandement du Roy, lors faict il aller autour vng homme bien de matin vne heure deuant iour, qui crie a haultre voix, que nullvi ne peult desrobber sur paine de la vie, a quoy le Roy faict remembrer aux larrons son commandement de ne pouuoir desrobber. Ils le tiennent a honte quand ils se desrobbent l'vng l'autre, & au contraire en honneur quand il peuuet desrobber quelque chose aux Flamans & sen vont vantans glorieusement, car ils nous estiment pour gent fine & cautuleuse, & quand ils nous ont

emblez

Le beau-frere est tenu d'ayder son beau-frere a payer l'amende.

D'extense de Larronner.

embler quelque chose ils se persuadent lors de nous surpasser en finesse & en veulent estre honnoréz, quand ils ont exploicte vng tel acte Romain a raison dequoy quand ils viennent es nauires pour achepter quelque chose & faire leur train de marchandise auecq les commis, & quils ont en cœur de desrobber, viendront ils auecq beavcoup de gens, apportans auecq eulx des grans Cabas, quils nomment Akoffo faicts de ioncs & alors viennent ils en trouppes soy asseoir aupres de vous, & veulent quon leur monstre touttes choses faisans semblant de vouloir achapter beaucoup & comme vng chacun est desireux de vendre ses denrees, on leur monstre ce quils demandent & entant iouerent ils leurs passepas emblant quelque chose, auecq vne telle dexterite que 100. yeulx ni suffiroyent voire si vous y estiez en pied dessus ils le scauroyent encores oster dela, auecq telle habilite que cest chose incroyable a redire & combien quon vse en proverbe, vng Anglois est vng bon homme il na garde de desrobber si trop lui poise la somme neantmoins ie ne pense point quen lart de larciner ils leur cederoyent d'vng festu voire ils les surpasseroyent en certitude & aptitude de science, combien comme dessus est dict quils ne facent nul exercice du mestier entre eulx, car tout leur vient a gre combien petit fatras que ce soit comme ils en font foy, desrobbant les poiz aux Commis, dõt ils pesent lor, car s'ils ne les leur scauët oster de veue a tamps, seront ils subitement happez des Negros & cachez en voye ils les metteront dedans la bouche, aultres es oreilles & cheveulx, daultre part desrobberont ils des clouz enrouilles auecq la gresse dont le marinier engraisse le mast en oultre le plõb aussi qui est encloue au dehors des nauires cõtre la vermine, ils losteront a piecettes auecq aultres petites choses & viles, dõt ils font apparoistre leur naturel, voire ancois que se soyet des grans marchãs qui viennët achapter a 2. ou 3. liures dor a la fois, & nent ont point de besoing neantmoins ne sen scauent ils passer mais sil scauront happer quelque chose d'advantage ils nont garde de l'oublier, car leurs mains sont vrais crocs, ils ne laissent rien que ce quils ne peuuent happer et quand quelque chose leur est emblee, ils en font tant de paroles & bruict comme si la vie y alloit, & l'estiment dix fois aultant que souuentesfois il vault dont quand on les attrappe en tel cas & quon les veult reprendre, & admonester en disant quil n'est licite quils facent telles choses & pourquoy quils desrobbët ainsi. Car nostre Dieu ne le veut poinct maximement puis quils font tant de bruict quand quelqu'vng des nostres leur a oste quelque chose voire mille fois plus quelle ne vault a raison dequoy nous le leur rameneuions souuentesfois pourquoy quils estoyent tant addonnez a desrobber laultrui puis quils pouuoyent si mal souffrir quon leur, car la loy de nature portoit auecq soy, quon ne debuoir faire a aultrui ce quon ne vouloit point que lui fut faict, ils confessoyent bien quil nestoit point bon quon emblat a aulcun le sien neantmoins pour cela ne s'en abstenoyent ils point & leur demandions si cela estoit bien faict ou non ils respondoyent que oui, quils le pouuoyët faire & nous point, nous demandames & pourquoy? ils respondoyent que nous estions riches & auions beaucoup de biens lesquels a nauires pleines nous conduisions aupres de eulx, vsan tant de peines pour les revendre & y estions si longuement auant quils fussent vendus, tellement que pour nous en despecher plus tost a les descharger & en pouuoir querre des aultres ils cerchoyent en telle maniere nous ayder, d'aduãtaige que nous estions vestus & eulx nuds nayant dequoy son couurir & que a ceste cause le desrobber leur estoit plus permis & libre, que a nous aultres: Quand puis apres ils ont emble quelque chose, & que vous vous en apperceuez ou sentiez dauuoir perdu quelque chose lors fault il que vous les recerchiez en tastant trestous au point mesme, car ils la ronnent fort habilement & le scauent bailler l'vng a l'autre & quand ils se rassamblent le partagent ils entre eulx & en cas que vous trouuez nos choses & cognoissez la personne qui vous les auoit desrobees, il fault que vous le bastiez terriblement, aincoys que ce fut vng marchant de grande qualite, car les aultres Negros s'en mocqueront, & tiront, quil na sceu mieux exploicter son entreprinse, mais quand ils se apperçoyvent que leur larrecin se a discouurir ils saultent dehors bord & s'en eschapperont ainsi, craignans les coups, & si on les quicte sans les battre a l'instant de leffect quand on les attrappe, lors craindront ils de pis, & destre encores plus batrus & quon les veuille tromper, a raison dequoy ils se absenterõt de la nauire & s'en yrõt a vne autre, mais quand on les a chastiez de leur mesfaict ils ne vous en hayront point pourtãt ou ne euiterõt mais tournerõt biẽ le iour ensuiuãt pour negocier auecq vous, dont ils resemblement aux paisans, ausquels les bons citoyens donnent quelque relasche, leur permectant de ne payer le reuenu de la cense au terme prefix monstrans leur debonnairete, a cause quils ont compassiõ de leurs complainctes, lesquels paisans ne font puis apres quasi compte de payer du tout mais les laissent courir l'vng an aupres l'aultre a leur argent & rendent ainsi le mal pour bien: mais si vous sans compassion quãd le reuenu sera escheu leur envoyes vng huissier il vous viendra bien payer, & ne sera besoing de plus attendre, & vous en monstrera d'aultant meilleur visage selon le proverbe quon vse qui dict pincez vng paisan il vous chatovillera, chatovillez le il vous pinsera, mais a que ne sen sent coulpable ce mot ne touche, car il est ainsi aussi des Negros si on les chastie a linstant, il vous en portera autant plus de bon vouloir & si vous auez compassion de lui & ne le chastiez poinct il vous rendera mal pour tel bien faict il advient bien souuent aussi par la grande rancune & envie quils se entreportent quil y aura vng des Negros dedans la nauire qui aura prins quelque chose & vng aultre Negro qui ne lui est ami ou voisin habitant d'vng mesme village layant veu le decelera disant au Commis, ami ne vous at on desrobbe riẽs sans aultre, & alors y est desrob be quelque chose entre eulx, dont on doibt auiser & les rechercher a pedestaire mais il ne fault point dire que tel ou tel vous laye

Gros marchans aussi larrons.

Estans descouuerts comment il les fault battre.

dict

dict autrement ne lui ne aultre ne vous en diroyent iamais plus rien, & a cause de la haine & envie quil se entreportent, ils s'en meurdriroyent bien par ensamble. Aulcunes se esmerueilleröt de cecy, & diront commët peuuent ils cacher ou musser? Combien quils soyent nuds si scauent ils desrobber si finement & musser si couvertement quil passe la capacite des veaux de nostre pais, & nous par l'experience par eulx faicte en scauons dire tant & plus que ne vouldrions quen nostre pais fut imite.

Le 24. Chapitre.

Comment ils se font des promesses ensamble auecq des Ceremonies par eulx a tel effect vseez & de leur serment.

ET leurs promesses ou sermens quils pourroyent faire a nous aultres, ne me fieroye point vng brin a cause quils sont legiers & menteurs en quoy on les attrappe souuent, car combien quils vous facent quelque promesse si deceleront ils neantmoins le secret a ladverse partie & se laissent suborner & seduire comme auons veu de uostre tamps quand Charles husscher cuidoit surprendre le Chasteau de Mina, comme il fut trompe des Negros, mais cela ne touchant a nous, le passerons ainsi & il nest tant seulement apparu a cela mais par aultres plusieurs cas trop longs a reciter icy, a raison dequoy il fault quil avise bien a soy celuy qui aura affaire defensier d'eulx & leurs promesses quil ne soit deceu car il ne sont point a croire, mais touchant les promesses quil se font l'vng a l'aultre entre eulx celles les tiendront ils bien, sans faulser leur serment mais pour venir a nostre propos veulx ie le declarer les ceremonies quils vsent quand ils se entrefont quelques promesses ou sermens, principallement quand cela advient auecq quelqu'vng de nous, alors prenderont ils tout au premier leurs visages & le frotteront aux plantes de vos pieds pareillement leurs espaulles & poictrine aussi & puis tout le corps, disans a claire voix par trois fois fors l'vng a l'autre, iau, iau, iau, clicquetäs a chasque fois les mains ensamble & tappans des pieds en terre, baisans leur Fetisso quils portent aux bras & iambes, aulcuns prenderont vng breuvage par plus forte confirmation d'icelles promesses, selon que cy deuant auons dict, mais celui qui s'en fieroit, se trouueroit la plus grand part trompé, a cause quils ne sont croyables sinon aultant que la veue porte, & nonobstant que ceulx de Mourre, discouurent plusieurs dissfeings des Portugalois du Chasteau de Mina, aux Hollandois, cela aduient par la grande ennemitie quils ont tousiours eue auecq iceulx.

Nulle Fräce en leurs sermens & promesses.

Le 25. Chapitre.

De leur Este & Hyuer & de leur agriculture & comment quils sement le Millet & Mais & quelle cense ils en payent a leur Roy.

COmbien quil soit en ces pais assiduellement chaud, sans froidure, selon l'Ethimologie du nom du pais d'Afrique, comme deuant auons recite, si est ce neantmoins quils font quelque distinction de tamps a tamps de lannee tenans quelques mois d'icelle en leur este & quelques aultres en leur Hyuer, la difference quils en font procede du tamps, car d'Este & d'Hyuer y sont les arbres tousiours verdes d'vne facon, contre lesquelles y en a qui changent de foeuille par deux fois en l'an, & d'este sont les champagnes icy nues & d'Hyuer verdes & pleines de ble, tellement quils ont leur moisson d'Hyver, les iours & nuicts sont icy aussi tousiours pareils, ou peu s'en differe, car le Soleil se leue & s'absconse icy comme es Indes orientales ce quest ordinairemët au matin a 6. heures & au soir a 6. heures, combien quil soit bien demie heure au dessus de l'Horizont, auant quil se discrouure, tellement quon le voit rarefois clair ou monter ou decliner, comme es Pais bas. Les fruicts sont icy d'Este & d'Hyuer en pareille abondance, quand il est au pluschaud & que le Soleil leur est perpendiculairement en teste, ceste saison la tiennent ils pour leur Hyuer, laquelle commence au mois dapuril & finist au mois de Iuing a cause quil faict lors illecq des grädes tempestes & guillees auecq tonneres & fouldres: lesquelles les Portugalois nomment tranados & eulx Agonbreton, lesquelles tempestes & pluyes suivent le Soleil qui les attire auecq sa hauteur & en telle saison sont ils la pluspart vexez de pluyes, desquelles ils n'ont telle fascherie en leur esté car en icellui est la terre seiche, dure & fructueuse a cause de la chaleur, & alors obseruent ils leur tamps pour semer leur Millet & Mays lequel estant venu, pour faire leur labourage vont ils es champs ou es bocages cercher quelque bon endroict selon leur bon semblant pour semer leur ble pour soustentatiö deulx & leurs femmes & enfans: personne na icy terre propre, quil puisse tenir pour soy pour la cultiuer & s'en seruir, car le Roy tient tous boccages champs & terres soubs soy, tellement quils ne peuuent ni planter ni semer en icelles sans son adveu & quand ils ont obtenu consentement du Roy, de soy pouuoir seruir d'vng tel endroict pour y semer leur ble, lors vont ils auecq leurs esclaues mectre le feu en tels bocages & laissent brusler les arbres troncs & racines iusques au fond puis viennent ils auecq leurs serpes longues, quils nomment Coddon, & lessent le terroir auecq les charbons dessus desoubs a la profondeur d'vng pied ce que leur sert en lieu dengressement de terre, quils laissent puis ainsi putrifier par lespace de 8. ou 10. iours, & quand puis tous les habitans ont cultiué leur terre, lors appreste vng chacun sa semence pour semer, & au iour de leur dimanche, viennent ils a la maison de leur Roy ou superieur du quartier, & a cause quils commencent de la terre d'icelui tout au preau premier a cultiver & semer, ils s'en iront vers son champ & osterōt tous trones de la terre & les iecteront au milieu du terroir & tournent puis la terre par vne aultre fois & sement leur semence audict champ. Ils commencent en Dimanche & accommodent leur superieur tout au premier, puis quand ils ont acheue son labourage, faira ledict Capitaine ou superieur porter illecq au champ plusieurs pots auecq du Vin de Palma & vng Cabritto boiulli auecq beaucoup d'aultres viandes, selon quil y a des laboureurs, lesquels se y vont asseoir tout a l'entour faisans grande chere a boire & manger mectans le feu es biens susdicts au tour desquels ils sont assiz chantans & faisans chere Iolie & ce tout a l'honneur de leur Fetisso, affin quil veuille laisser bien fleurir & croistre leur ble. Quand la terre du superieur est cultivee, s'en vont ils le iour ensuiuant a celle d'vng aultre & le seruent aussi comme ledict superieur faisans semblablement grande chere & ce de main en main iusques a ce que tout est espedie, le ble y croist bien tost, est n'est guerres dessoubs terre, quand il est peruenu a la haulteur d'vng homme & commēce au fleurir, lors font ils a milieu du terroir vne maisonnette couverte de Cannes, au dessus de laquelle ils mectent leurs enfans pour vieiller le ble & enchasser les oyselets, dont ils sont terriblement molestez. Ils ne sarclent nuls bleds mais les laissent parcroittre auecq touttes les herbes mauuaises. Le Milet a des espics longuets comme les masses de ionc & est vne semēce de couleur comme le Cheueli & longuette comme la semence de Canarie nayant nulles gousses, il croist en certaines pellures comme les Chardons par dedans tous blancs. Ceste semence ont ils tousiours eue, & s'en seruoyent deuant l'advenement des Portugalois illecq. Elle fleurit & parcroist en tamps de trois mois & alors la coupe on & la mect on encores vng mois a seicher en la champagne puis on en couppe les espics, quon lie en botteaux & porte en leurs logettes, des Roseaux se seruent ils pour en couvrir leurs maisonnettes. Ce millet est vng fort bon & excellent ble, que a peu de paine est reduict en pain a cause quil n est trop dur a broyer mais est bien tost reduict en paste: Sils le scauoyent bien cuire, ils sembleroit quasi totallement au pain masselun mais pource quils nont nuls fours mais cuisent tant seulement au dessus de la terre auecq des cendres chaudes, il a la facon comme gasteaus de Peins, il a le goust bon & est fort salubre a manger, il est vng peu salé en la bouche cricquettant vng peu es dents ce que procede des pierres au dessus desquelles on le broye. Ils nont nulle terre propre mais elle appartiēt par tout au Roy. Et quand ils s'en sont serviz & ont faict le moisson, revendent ils vne partie de leur ble a des aultres gens, qui nont le pouuoir de semer ou moissonner & rassemblent ainsi vn peu d'or, dont ils donnent le droict de ferme au Roy, portant cela au logis du Capitaine, la ou que chacun apporte autant que bon luy samble, a cause quil ny a poinct de pois taxé a cela mais donnent selon leur chevance, & quand lors vng chacun qui s'est servi du terroir a apporte quelque chose au Capitaine, tellement quil a amassé 5. on 6. bendes dor ils le portent vers leur Roy, qui les recoit allaigrement & les en remercie de leurs dache ou donatif & leur donne en recompense a manger & boire a panse pleine & voila le Cens du terroir quils donnent au Roy sans plus.

Le 26. Chapitre.

Du Mays & comment il est venu en ces pays & a quoy ils l'vsent.

CE ble nommé des Indiens Mays & par les Portugalois ou Espagnols fourment ou ble d'Inde & des Italiens ble de Turquie. est vng grain presques cogneu par tout le monde il fut apporte des Portugois en S. Thome des Indes occidentales, & d'illecq en ces pais, apres quils si furēt fortifies pour leur sustentatiō ou quon le sema car deuant larriuee desdicts Portugalois ne le cognoissoyent point ces habitans cy dont les Portugois le feirent semer & distribuer entre les sauvages tellement que le pais en est ores rempli & y croist en abondance par tout a present, ils sen seruent pour le mixtionner auecq leur Millet prennans aulcunesfois aultant de l'vng comme de l'autre. Autres Negros qui hantent auecq les Portugois le broyent tout seul sans y mettre aulcun milet aupres, & en font du bon pain comme le pain de fourmēt chez nous & se sustentēt auecq cela en le revendant aux Portugalois. Ils le scauent aussi cuire quil demeure bon par trois & quattre mois, les enfans le mangēt aussi en lieu de pain le cuisant vn peu dessus le feu & espluchans les grains dehors. Ceulx qui en mangent beaucoup & ne y sont point accoustumes a cause du goust quils y trouuent dedās souloyent estre vexez de gratelle & Rogne ou au moins molestez auecq des pustules grandes roigneuses, car il cause sang chaleureux il ne rend poinct moindre aliment que le fourment en nos pays & est quasi de saveur & vertu semblable audict fourment. Le Indiens des Indes occidentales scauent faire du vin de tel mays quils nomment Chika dont ils s'enivrent aussi non plus ne moins comme s'ils eussent beu du vin faict de grappes, & ainsi quils scauēt biē que le ble trempé ou cuict en l'eaue faict certain breuvage dont les hommes se peuuent enyvrer; ils mectēt ce grain a tremper en l'eaue iusques a ce quil germe & alors ils en brassent de la cervoise pour boite, comme aucuns Negros en ces pays font aussi, qui frequentent auecq les Portugois & l'appellent Poitouvve, le grain de ce mays veult croistre en terre humide & chaude & rend deux fois a lan du ble, il n'est seme cōme aultre ble mais planté & mis en terre comme on meƈt en terre chez nous les poix il n'est aussi guerres soubs terre, mais y sort bien tost, & croist passant la stature d'vng homme par dessus terre, a des Roseaux comme chez nous croissent es lieux maresceageux ou submergés dont les paisans couvrent les maisons & granges, chacun roseau a ses espics ausquels le grain est attaché & nonobstant que ce soyent des espics pesans comme vn ieune concombre, agu pareillement au dessus, comme la poincte d'vng clocher, y croissent neantmoins bien .. pi ou aulcx espics a vng roseau: ien ay compté 550. grains a vng tronc estant issus tous d'vng seul grain de Mays: ils sont de differens couleurs, blancs noirs iaunes purpres &c. on aura bien souvent 3. ou 4. couleurs de grains en vng espic, il y en a deux sortes grāds & petits, le grād est plus vertueux que le petit, des roseaux au Cannes se servēt les negros pour en faire des entredeux & en couvrir leurs maisonnettes & a cause quils nōt nuls chevaulx icy, ne leur dōnent ils poinct a manger comme es Indes ils font ou quils le donnent aux bestes pour fourrage & l'estiment aussi salubre a icelles comme le fourment ou aucine en nos pais.

Le 27. Chapitre.

Comment quils euitent la pluye ne l'estimans bonne ou dessus de leurs corps nuds.

ILs se contregardent fort de la pluye & lestiment fort mauvaise & insalubre au dessus de leurs corps nuds, dont ils nont point des raisons friuoles, car nous aultres s'en trouuions fort mal principallement quand il pleut fort & faict des Travados comme il faict ordinairement icy en certain tamps de lannee comme en April, May & Iuing & y fait & demene telle tempeste de tonneres fouldres vents & pluyes quil est incroyable principalement la pluye de dessoubs l'Æquateur est aultant insalubre & putrefactiue que vng, qui aura esté en tell pluye, estant moiulle d'icelle, s'il ne se despoulle mais va ainsi soy reposer auecq ses habits trempez sera en danger den acquerre quelque maladie, car elle cause des grandes fiebures d'aultre coste si on ne mect lesdicts habillemens quant & quāt seicher au Soleil, en petite espace de tamps depuis se putrefiēt ils par la force de leaue de sorte quon les pourra deschirer auecq les doigts comme on faict le Cotton, de facon quil fault que eulx en sentent semblable operation dessus leurs corps, car si tost quil commence tant seulement a plouuoir ils se retieront incontinent, & en cas que quelques gouttes d'eaue tombent au dessus de leur corps nuds, ils trembleront & se recourberōt comme s'ils eussent la fiebure, voire ils iecteront les bras autour des espaules, pour les defendre de la pluye, ce quils ne font point pour la freschure de l'eaue laquelle bien souuent est aultant chaude comme si elle eu boullie, mais pour l'insalubrite du corps quils resentent par icelle, & combien quils voyent par iour auecq leurs pieds dedans l'eaue, ils font de nuict vng feu contre lequel ils se coucheront auecq les plantes de leurs pieds affin que la chaleur d'icellui puisse attirer hors par embas touttes les humidites & meschans moiteurs acquis par l'eaue, quils font par bonne comparaison & n'est chose mesprisable & puis apres se frottēt ils auecq de l'Huile de Palma, comme ils s'en seruent pour adornement a fin que leur peau fut d'une reluisente polissure, & ce tout pour eviter la pluye laquelle en ces pais (selon l'escrire de plusieurs) est fort insalubre dōt s'en ensuiuent bien des maladies fort dangereuses.

Le 28. Chapitre.

De leurs barcquelles auecq lesquelles ils vont en mer & comment quils les font d'vne arbre seule.

LEs bariquelles dont ils vont en mer & se servent dedans leurs villes, sont Canoes hors d'vne arbre, & se nomment par eulx Ehem & par les Portugois Almada & des Flamans sont elles nommees Cano. Ces Canoes sont faictes & encaues d'vne arbre, sans y mectre aulcunes pieces dedans & sont d'vne autre facon que les langados dont on vse en Brasil & S. Thome & les Phragies des indes Orientales & combien que ce soit chose peu asseuree dessus leau si est ce neantmoins chose propice pour despescher chemin, cest vng instrument fort bas ne sortans guerres hors de l'eaue, car bien souvent est assis le pilote derriere qui la gouuerne & mene, auecq son corps en l'eaue, ils scauent auecq icelles nauiger ou aller fort vistement auant comme si cestoyēt des petites fregates, elles sont longues basses & estroictes, ausquelles ne se peult asseoir qu'vng homme en sa cauite mais selon sa longuer bien 7. ou 8. l'vng apres lautre, lesquels sont assis sur sellettes de bois, de facon que leur corps se monstre au dehors d'icelles Canoes dedans la main ont ils vne gasche comme vne besche faicte d'vne certaine sorte d'vn bois dur: ils scavent demener ces gasches par cadence egualement a guise de galees tandis que le Pilote tient par derriere la drocture & en font telle chasse, quil semble quils s'en volent au trauers de leaue & on ne les scauroit point acconsuiure auecq vne barque, mais en ondees ne scauent elles passer si bien auant, a cause quicelles leur empeschent telle celerite mais a eaue tranquille nl a ni barques ni gondoles au fregates qui les scauroyent acconsuiure, vng homme seul y estant assez dedans les peult bien conduire aussi & aller en mer auecq: ils scauent accommoder les corps selon le panchement des Canoes & les affranchir ainsi du renversement: mais a cause que nos Flamens n'en ont le maniement quils en ont eulx, quand ils veulent nauiguer auecq icelles ne les scachant bien gouuerner il advient quils se renversent & tombent dedans l'eaue: mais il y en a aussi aulcuns des nostres qui s'en scauent bien servir mais peu, car elles sont fort estroictes & se tournent facilement le dessus dessoubs: & nonobstant quil advienne quelles se renversent auecq aulcuns Negros en mer, si les scauent ils raddresser, estans ainsi couchees en leau, & y vuider leaue dehors & y rentrer d'vng' sault dedans poursuiuans leur chemin sans estre contrains pour tel effect soy retourner en terre. Ils osent auecq icelles passer bien 5. ou 6. leurs en mer, mais a cause quils les scauent malaisement gouuerner en ondees ils s'en servent du matin a leurs besoignes, comme l'vng s'en va auecq elles pescher l'aultre conduict des Marchans a bord pour y negocier & quand la frescheure veult tourner vers le middy ils font leur

mieulx

La description de la figure No 8.

Ceste pourtraicture demonstre comment & en quelle maniere il sen vont en mer avecq leurs bariquelles (quils nomment en Portugalois Almadia & en leur langage Cano ou Ehem) & demennent leur train de marchandise, estant faictes d'une arbre. A represente la facon comment quils menent a bord ou aux nauires les marchans avecq lesdictes Canoës B demonstre leurs bateaux de charge, avecq lesquelles ils conduisent au chasteau de Mina touttes sortes de Provvandes & viures & se passent d'vng coste a lautre, par les esclaues des Portugalois C demonstre la facon d'vne Canoe avecq vng voile de Canepin d'arbres, laquelle mene le vin de Palma a vendre au long de la coste & en demene sa trafficque estant appellee, Lovis dobre.

mieulx pour estre de retour a terre despescher leur cas. Elles sont communement de 16. pieds de lõgeur & vng & demy ou deux de largeur mais ils en ont encores d'aultres dont ils se servẽt pour mener la guerre & conduite des boeufs en aultres quartiers, qui sont plus grandes: ien ay veu vne comme deuant est recite qui estoit grande comme vng brigantin de nauires dont on auroit bien sceu vser aultant de force comme auecq icelluy, a cause quon pouuoit mectre au deuant dessus leur poincte, deux coulouvrines & s'en servir a gre, & on y scauoict bien mectre vng mast dedans & voile, elle estoit longue 35. pieds & large 5. & par derriere haulte de 3. pieds ou quelle estoit platte ayãt vng gouruernail & certains bancs le tout couppe & faict d'vng bois plusieurs d'icelles sont faictes a la Cap de Trespunctas a cause quillecq croissent des arbres grandes & espaisses ayans bien 16. 17. & 18. brassees en circuit de telles Canoes se servent les Portugois beaucoup, pour passer d'ung chasteau a laultre & querre des viures neantmoins les Negros en ont aussi quils vsent & menent, qui'ont aussi des voiles faictes de iones ou mattons, quils ont aprins desdicts Portugalois, mais les plus grandes quils scauent faire sont au seruice des Portugalois & les autres moindres sont faictes la plusspart a Anta, a cause quillecq croist beaucoup de bois propice a la fabricque de telles Canoes & les habitãs se entretiennẽt a faire telles Canoes & a les revendre aux estrangers ou a leurs voisins: elles coustent icy la valleur de vng peso ou 24. d'enee dor, ce qui vault quasi autant que sept florins chez nous, les petites y sont en grande quantite principalement en vng lieu quon nomme Agitaki (alias Aldea de Torto) ou quils passeront en mer en vng iour auecq 70. ou 80. Canoes pour y pescher quand ils retournent puis de la mer & y ont faict lors affaires, ils ne laisseront lesdictes Canoes en leaue, mais les trairent incontinent dessus le riuage, les enleuans a chaque debout pour les mectre a seicher en quatre pieux, a tel effect illecq accommodez, affin quelles ne se putrefient & soyent plus ayseez a gascher & mectre en soeuure, deux hommes les peuuent prendre es espaules & porter dedans le pais, elles sont premierement encores selon la longitude auecq des serpes qui leurs sont apportees de Hollandois, les costez sont par en hault vng peu courbez en dedans & le fond est plat par dessoubs mais ouvert par dessus, les debouts deuant & derriere finissement estroictement comme vng arc a main tellement que l'vng debout resamble a laultre sans difference remarquable, ne fut que celui de deuant tombat vng peu plus bas, a chaque debout font ils vne poincte a guise de galere, de longueur d'vn pied & espesseur d'vne paulme de la main, dont ils se servent pour les porter ca & la quils les coeulent auecq vng fer & son bord font ils en espesseur d'vng doigt & le fond de deux quand elles sont encauees ils les bruslent puis auecq de l'estrain, contre les vers, & cebrasles du soleil, & garmissent les costés auecq des estoyes, affin quils ne se retrecissent mais demeurent egaulx & vniz: en oultre noublient en y apprendre quelques Fetisso ou Sainctes, mais ils les garnissent & poinctement auecq force d'iceulx les adoment auecq beaucoup despics de Millet & mais affin que le dict Fetisso les garde soigneusement, & en les gardant ne perisse de faim, tellement quils font leurs batiquelles ou Canoes font artificielement & gayes & les entretiennent nettement les apportans l'vne chez l'autre en vng lieu destine, a sercher, & chacun prent la sienne quand ils s'en veult seruir & aller pescher auecq.

La description de la figuere premier N 9.

Ces deux Poutraicts No 9. demonstrent la facon & auecq quels outils ils s'en vont pescher, estant l'unes figueres la mode comme ils peschent de iour & lautre comme de nuict a quoy il sont fort diligens & soigneux la lettre A represente la vigillance auecq laquelle ils passent en mer au poinct du iour auecq leurs Canoes, estans assez deux a deux en chacune d'icelles tirans la vogue d'vne grande croideur, affin d'estre des premiers a la prinse B ceulx cy peschent auecq vng retz comme vne traine, quils iectent de nuict & y vont querre le poisson hors ioue lequel poisson quils prennent par iceulx filets est comme le brochet & l'Alose chez nous, C ceulx cy prennent du poisson quon nomme Quorgosado, ayans attachez a la teste des longues cordelettes quils trainent auecq vne grande vistesse au trauers de la mer, esquelles le poisson se vient accrocher D ceulx cy prennent des poissons comme harengs, quon nomme Sardigne, flottans auecq leur Canoe dessus leaue coyement, & quand ils voyent saulter le poissons ils lui iectent le filet au corps, laccrochant & le prennant en telle manier & voila la pescherie quils font de nuict.

L'aultre description de No. 9.

A ceulx cy ont des trous en leur Canoe auecq vn petit feu aussi, dont les rayens reluisent en la mer, ausquel le poisson vient accourrir quils daident puis au corps auecq vne fruicqe B. cestui cy a vng flambeau allume en la main & dedans l'aultre vne frurche a plusieers dens, & quand il voit nager quelque poisson il lui darder la frurche au corps, le Pilote ne faict que gouuerner la Canoe & laddresser vers le poisson quil voit nager C cestui cy pesche auecq vng verveu semblable quest aux nostres D ceulx cy prennent du poissou auecq des mandes ayans la facon quasi d'vne cage de gelines, quils ont en l'vne main & en l'autre vng flambeau allume & quand il voit nager quelques poissons, il y iecte la mande dessus, & les prend puis de hors d'icelle par en hault, & les ensile auecq vng poincon a certain laret, quest attache autour de son corps, lequel poisson est fort exquis, de goust semblable au Saulmon.

Le 29. Chapitre.

Comment quils peschent & dequels instrumens ou outils ils se seruent a cela & quelles sortes de poissons quils prennent sur la Coste.

LA plus grande diligence & vigilance dont ils vsent, demonstrent ils au pescher car des leur Ieunesse sont ils exercez & nourris a cela. ils peschent par toutte la sepmaine homis au mardi qui est leur Saboth quils ferient & ne vont point en mer a pecher. Ils ont aussi des faisons de l'annee ausquels ils vsent tels poissons, ils se servent de plusieurs instrumens pour pescher & prennent aussi beaucoup des sortes de poissons comme cy apres sera deduct ils peschent sauuent de nuict & font des instrumens comme torches quils prennēt allumees en l'vne des mains ayans en lautre vne frurche estans ainsi debout en la Canoe en laquelle le pilote est assis derriere qui la conduict, quand ils veoyent le poisson qui la court vers la flamme ils lui lancent la frurche au corps & le prennent ces triches ou flambeaux sont faictes d'vng bois fort legier quils fendent en esclatz & engraissement auecq Huile de Palma & lient patensamble comme vn flambeau en longeur quasi de 6, pieds & espesseur d'vng bras lesquels bruslens fort clairs, aultres y qui font vn feu dedans leurs Canoes auecq lesquel-

les ils

les ils flottent en mer, ayans es bords d'icelles Canoes 2. ou 4. rends trous, au trauers desquels les rayons du feu reluisent. & les poissons viennent vers le dicts rayons qui sont puis dardez au corps auecq vne fourche & prins aultres y a qui peschent aussi de nuict mais n'vsent point de Canoes, mais se tiennent aupres du Riuage, ausquels ils vont de minuict prennans en l'vne des mains vne de ces torches allumees & en l'aultre vng pannier d'osier, comme vne cage au dessoubs de laquelle on mect les poulcins, auecq icellui vont ils en mer, iusques a mi corps allans aupres du riuage & quant ils ont en veue quelques poissons nageans ves la lumiere ils y mectent subitement ledict pannier & le happent dehors par enhault auecq leurs mains, puis lenfilent ils auecq vng poincon de bois a vng lacet, le percant par les yeulx ils est quasi de la facon d'vng breme & fort bon a manger ayant le gout quasi d'ung Saulmon d'Hollande. Quand il nest plus saison de pescher de nuict ils passent en mer matineusemēt a laube du iour a deux a deux en chaque Canoe estant l'vng assis deuant & l'autre derriere pour Pilote & allans ainssi ordinairemēt a deux a deux en chaque Canoe ils passent bien auant en mer ou quils pensēt prēd equelque chose & chacun se mect la a pescher auecq les instrumēs a ce duisables: cōme au mois de Ianuier, Feburier, & Mars, prennent ils petits poissons blancs a fort grands yeulx lesquels quand ils sont prins font vng grand bruict auecq groingemēs & murmures iusques a ce quils sont morts. Ce poisson est quasi de la facō du Posch & de semblable gout ils le prennent auecq vne cordelette a laquelle ils attachent 3. ou 4. hamecons auecq quelque amorce les laissant plonger dessoubs leaue 3. ou 4. brassees de profondeur, a cause quil ne naige communement point plus profondement la cordelette n'est point plus grosse qu'ung gros filet & est faict de Canepin d'arbres, ils tiennent le debout en la main comme s'ils eussent vne ligne de pescheur & quand ils sentent quelque tirement ils tirent a l'ensus: ils en prennent en grande quantite & les cuisinent auecq Huile de Palme. En April & May prennent ils vne sorte de poissons point dissemblable a la Raye, quils dardent auecq vne fourche: ce poisson cy est accoustume quil se donne souuent au dessus de l'eaue, & se laisse recheoir plat au dessons d'icelle, il est d'vne agreable saueur en Iuing & Aoust prennent ils beaucoup de poissons guerres dissemblables a l'hareng. Ils le nomment Sardegno mais il n'est point bō a manger mais rempli d'arestz tellemēt quon nen peult prendre morceau, quō naye la bouche pleine darests. Ce poisson cy se tient au dessus de l'eaue & est d'vng naturel de saulter en calme totallement hors de leaue ils ont vng cordon loing de huict brasses lequel au debout en longeur de deux brasses est garni de hamecons arranges & tout au debout est vne piecette de plomb, tel cordon mect il es espaules & quand il voit saulteler quelques Sardeignes estant debout il rue le debout du cordō plein d'hamecons parmi le poisson & lattire lors subitement vers soy accrochant en telle maniere les hamecons es corps des poissons, a quoy ils sont empeschez tout vng deuāt midy flottans en mer parmi le poisson. En ceste saison prēd on la aussi beaucoup descreuisses & certains aultres poissons comme on troue en Norvvege es Rochers, qui sont fort bons, mais meilleurs l'vng tamps que l'autre, ce quadvient selō l'estre de la Lune, des petites escreuisses & crebettes prend on icy aussi en quantite au riuage de la mer en Septembre prēnent ils icy beaucoup de sortes de poissons, nommeement vne sorte semblable au macquereau estant vng peu plus longuet de museau & gresle de corps nayant nulles escailles mais vne peau vnie, auecq vne areste trauersante estant poisson fort exquis pareillement vne aultre sorte de poisson que nous appellons poisson a museau a cause quil la plat & double & quand il est bouilli on en oste le museau exterieur comme vne masque ayant le gout quasi d'vne Carpe, vne aultre sorte de poisson aussi comme le Rouget ayant barbe & au dessus du corps vne espine comme vne sye, & fault bien lors quon le happe, se garder quil ne pique auecq ladicte espine car elle est venimeuse, qui en est picqué sent telles douleurs & enflures que cest chose incroyable, & est en dangier a cause d'icelle blessure de perdre quelque membre de son corps, ce poisson cy n'est point si bon aussi que les susdicts, Et est prins par eulx comme on prend le Cabelliau en Hollande ils font des flots de bois, au dessus desquels ils pendent vng car auecq vng bataill a facon d'vne clochette a vaches auecq cela flotte le rets dessus la mer & ce corre sonne ca & la auecq les vagues comme vne sonnaille vers ou le poissō se lance & s'accroche es pendās es filets & hamecons susdicts. En Octobre & Nouembre peschent ils beaucoup auecq des rets a la facō de traines estans longues d'enuiron vingt brassees, entrelacez de tille d'arbres, comme le rets a perdris. Ces rets cy vsent ils de soir & les lancent en mer contre flux & a chaque debout lient ils vne grosse pierre, lesquelles ils laissent enfoncer tenans les rets ademie eaue, lians en hault des perches longues pour les tenir a nage & pouuoir recognoistre leurs rets quand la soir sapproche apportent ils ces rets en mer, & les iectent selon leur competence, les laissant la par toutte la nuict le poisson se vient dardant en vne soudainete & s'entrique en ces filets de facon quil ne y scait plus yssir & communement nen prennent ils que vng ou deux le lendemain deuant laube du iour viennent ils veoir leur rets & les ayans visites ils se retournēt vers terre pour les seicher, & incōtident retourner parensamble auecq toutte la flotte & filets a hamecons en mer des poissons quils prendent esdicts filets sont comme brochets ayans des dens agus dont ils consommēt beaucoup de poissons & a cause quils resamblent fort au brochet de nos pais, est il de nous aultres ainsi appelle, ils prennent auecq iceulx encores vne autre sorte de poisson, comme Saulmon par dehors mais par dedans est il fort blanc & de fort bon gout. Aulcunesfois prennent ils auecq ces filets des grandes hayes comme aussi des hayes croysees ainsi nommeez a cause que leur teste est fort large a chaque debout delaquelle est vng oeil, ayant vne bouche platte comme vng fer a gauf

Poisson semblable au Posch.

Poisson comme Braietz.

a gauffres & le corps auecq le restant du poisson a la facon d'vne croix & ne sont point mangeurs d'hommes comme les aultres. Ces hayes sont sechees & conduictes ou dedans du pais pour vn grand & singulier present Quand ils prennent puis des aultres hayes si grandes qu'vne Canoe ne suffit pour les prendre mais 2. ou 3, se y doibuent empescher, alors n'est il point revendu mais reparti entre la Commune du lieu. En Decembre comme aussi en Iuillet prennent ils vne sorte de poisson nomme Korcofado. Ce poisson cy est quasi aultant large que long, il a la teste d'vng Dorado quasi & la queue en demie lune, ayant beaucoup de petites escailles, sans arests ou bien peu. Quand il est appreste & nettoye lors est il blancastre de couleur mais estant cuisine il est agreable comme Saulmon Ceulx cy sont prins a l'haim, lesquel ils attachent a vng long cordon, & audict haim lient ils vne piece de Canne de Sucre, laquelle le poisson appete fort tel cordon lyent ils a la teste, le laissant flotte derriere eulx 7, ou 8. brassees & gaschent auecq leurs besches si radement quils scauent & en nauigant viët le poisson se lancer vers la Canoe de Sucre, ce quils sentent incontinent a la teste & s'en apperceuans le tirent a mont a soy iectant le Cordon incontinent de rechief en l'eaue, de facon quils en prennent bien 20, ou 30. sur vne deuant disnee. Celuy qui se porte plus vaillament augascher en prend bien le plus a cause quil se lance a lamorce. Ce poisson cy est bien revendu aussi aux paisans & conduict au dedãs du pais, Es Rochers se trouuët aucunesfois aussi des moules bonnes de gout comme celles de nos pais. Quand ils ont puis acheue leur pescherie, & quils se retournent a terre, il fault quils donnent a la Guarda le peage pour le Roy, comme cy dessoubs auons dict, selon la prinse ou la taxe y imposee lequel poisson est incontinent porte vers ledict Roy du quartier pour ses necessites ils vsent encores vne aultre pescherie au dedans du pais, es lieux marescageux en riviers guerres profondes, auecq des verveus semblables aux nostres, mais en les attirays a soy ils ne ferment mais les trainent au long du fond & les haulcent par dessus de leaue y prennãs le poisson dehors ayans au coste attache vne mande en laquelle ils mectent le poisson prins aultres vsent des rets comme des traines, larges aultant que l'eaue est profonde lesquels sont estendus auecq des bastoncins ils prennent chacun vng debout & s'en courrët dedans leaue & trainent tout le poisson en terre sans en eschapper peu, car ils ne scauent s'enfuir par dessoubs. Ceste sorte de poisson est plus petite que le Posch mais n'est point si bon a manger, d'icelluy ne payent ils aulcune gabelle, car ils ni a imposition que sur le poisson de mer, celui du dedans du pais est franc & ne paye rien les hommes filent le filet & lacent les rets & sont assez apres le middy quand ils sont de retour du pescher sur le rivage de la mer les entrelacans. Celuy qui veult lire beaucoup destrangeres & Iolivetes touchant le pescher quil regarde le liure Moral des Indes Occidentales, comment que ceulx de florida scauent pescher. Aulcuns seront esmerveillez pourquoy que ie nay mis icy les noms que les Negros donnent aux poissons, certes cela nest advenu par nonchalance car iay vse diligence assez pour men enquester, mais a cause quils estoyent quasi tous differens en cela & que l'vng luy donnoit vn nom, laultre vn aultre, le troisiesme encores vn aultre, comme nen ayans eulx mesmes noms bien appropries, ils ma semble mieulx de passer celle variete en silence & les paragonner tant seulement aux poissons cognenz de nos quartiers, ausquels ils auoyent quelque semblance. Le poisson ne peult poinct durer icy ni demeurer bon, mais estant prins il fault quil soit incontinent appareille & mange, ou il putiroit incontinent par la chaleur du pais, ains que ce ne fut qu'vn demy iour ils sentiroit & seroit puant a nausee.

Le 30. Chapitre.

Quelles sortes daminaulx qui sont en ces pais & comment quils les prennent & quels instrumens ils vsent a cela.

DE Bestial ne sont ils point disetteux qui y est de plusieurs sortes, comme ayans beaucoup de bestes sauvages a eulx nuisãtes & des aultres domesticques aussi dunuisãtes a leurs necessites & celles qui leur defailloyent leur ont estez conduicts des Portugalois, qui y ont faict generation & y sont ormais a recouvree en abondance. Tout au premier parlerons nous des animaulx que sont la au pais es deserts sauvages & sõt nuisans a l'homme Ils ont beaucoup d'Eliphans & Leopards, Tigres, Pardos, Marmots, Renards, Cerfs & Biches. On dict quon trouue en ces quartiers des Elephans blancs mais ie ne lay iamais sceu enquester des Negros pourtant ne le scauroye ie affirmer. On trouue icy les plus grands & poisonneux serpens, on en a prins en mon tamps vng (selon le rapport des Negros) dont six hommes auoyent assez a porter de la longueur de 30. pieds. Icy se trouue aussi vng Animal comme le Cocodrille mais ils ne vient point en leaue comme iceulx & se nomme Languadi, des Araignes trouue on icy, de la grandeur du Creux de la main & ce en abondance, des Camerens & Lasards ni a en moindre quantite, mais ils ne les tiennent point pour venimeuses car ils les seichent bien & se les mangent. Il y a icy beaucoup de Chiens & chats comme les nostres, mais les chiens ont le museau plus poinctu quasi en loup les Chiens sont icy muets & ne scauent point abbayer ou faire aulcun bruict ils sõt fort beaus de couleur comme noirs rouges blancs iaunes & tachettes ils sont aussi vng peu plus grelles de pattes telle-

Le description de la Figuere N. 10.

En ce pourtraict trouuez vous tous les animaulx domesticques terrestres & volatils quon trouue en Guinea que ne sont poinct nuisables aux homme tant ceulx qui furent tout premierement comme ceulx qui ont estez menez par ceulx d'autre Nation comme la Description du 29. Chapitre vous le recitera plus amplement A est vne Veache qui a les Cornes en teste en trauers. B est vne biche semblable aux nostres. C est vng Pourceau vng bien peu plus petit que les nostres. D est vn mouton appelle Cabritto ayant la laine comme les boucx. E est vn paon de couleur quasi semblable aux nostres F est vng Chien ayant le museau plus agu que les nostres ne scachant abbayer G est le Chat d' Agali qui rend le musc ou la Ciuette H est vng oyseau de facon quasi semblable a laigle estant pennache en la queue comme vng coc d'Inde, lequel est vng oyseau fort ord, soy vaultroyant, tousiours es ordures qui a ceste cause peult estre senti de long assez, car il put terriblement I est vng Chat a barbe, vng animal fort plaisant K est vne oye, dont la premiere fut apportee de nostres illecq L est vng animal semblable a la beletre M est vng coc & vne geline comme les nostres N sont les boucs qui vōt posturer es bocages O sont les perroquets de coleur grisatre P sont les nids des oyselets qui l'attachent aux branches des arbres pour soy garantir des Serpens Q sont les quinaulis quon trouue icy de diuerses facons R sont les mousches qui sont de tas aux arbres & se y nidifient.

tes tellement quils ne sont poinct fort differens des nostres combien quils ayent vne guise contraire aux nostres car quand on les veult battre ils s'enfuyent & ne font nul bruict ou mine de vouloir mordre mais si on a peur ou quon s'enfuye deulx ils vous morderont d'vn sault es iambes. Ces chiens cy mangent ils souuent & en plusieurs endroicts au dedans du pais les amene on en trouppeas au marche a vendre comme pourceaux & moutons estans a tel effect tous lies & accouples ensamble. Ils sont nommez Ecke ou Cabra de matto que veult dire autant qu'vne brebis de bocage, cest le premier don que lhomme appresente quand il se veult faire nobiliter: ils font grande estime des Chiens de nos pays, car quand ils abbayent se persuadent les Negros quils parlent pourtant en font ils grand cas. Les Chats sont fort en pris icy aussi, a cause quils prennent les sourris, dont les habitans des villes sont fort molestes, ils les nōment Ambayo ayans des belles peaux & sont fort baonnes a prendre sourrez neantmoins ils les mangent aussi Quand ils scauent s'enquester de quelques Elephans ils vseront toutte diligence pour le prendre, pource quils les mangent aussi voire encores quils fussent puans comme charog-

La description de la figure No. 11.

Ceste pourtraicture represente la guise comment quils prennent aulcunes bestes & quels instrumens ils vsent a cela, lisez aussi le 29. Chapitre en icelu trouuerez vous plus ample relation, A icy est attrappe vng Leopard auecq vng subtil instrument comme vne sourriciere, B icy est prins vng Elephant qui se pensoit aller reposer contre vne arbre, qui estoit sciee & soustenue auecq des estayes, C icy est darde vng Cerf auecq des Assegayes, D icy prennent ils les lievres, apres quils les ont mis en desarroy & craincte a force de cris & hurlemens, a raison dequoy ils sortent de leurs caues & eulx les tuent a coups de bastons ruez. E icy est prins vng Eliphant qui pensoit passer au dessus d'vn puis couvert de paille auquel estant tombe il ne se peult releuer ne y sortir.

charognes & que sa chair fourmillast de vers, la ou quils sçauent quil va & vient souvent la font ils des grans puis & profonds quils couvrent de paille & foeuilles flestries des arbres, l'Elephant ne scachant rien de cela viet ses allures accoustumees & tombe en tel puis couvert sans quil y scache de rechief sortir, les Negros s'en appercoyuans quil est tombe au puis y viennent accourrir auecq leurs armes & le dardent a force d'Assegayes tant quil est mort apres cela saultent ils dedans le puis & le decoupent en quartiers dont chacun en peult venir querre aultant que bon luy samble, de la peau font ils des selles pour y asseoir & la queue est appresentee au Roy a fin quauecq icelle il puisse chasser les mouches de son corps nud qui y sont en grand pris icy. Auecq pas moindres practiques prennent ils les Leopards car ceulx la leur font encores aultant de dommaige, que beste quelconque & a cause que cest vng animal farouche a deuorer l'homme & se vient mectre au chemin ou que l'homme at a passer, font ils es chemins croisez ou en quelques autres carrefours des logettes de bois a facon d'vne Attrapsouris bien fortes & asseurees, esquelles ils mectent pour amorce quelques gelines Cabrittes & autres viandes quil appete fort, le Leopard les voulant venir devorer y est prins a vng lacs & puis apres occis auecq des Assegayes, la peau tiennent ils en grande estime, & s'en seruent pour en faire des ceinctures & bonnets, en ces pays ne troune on nuls Chevaulx & combien quon en conduict pour vn present singulier si les tuent ils & se les mangent, a cause du friand gout quils en ont. Les boeufs & vaches quon troune icy ne sont point plus grãdes de corpulence, que les grands veaux ils ont les Cornes a travers en teste, & ne donnẽt poinct de laict, les Ieunes, veaulx scauent ils fort malaisement coetiver, a cause de l'escarsite de nourriture & peu de humidite qu'icelles vaches donnent a leurs veaux pour les tant seiches pastures & Chaleur du pays. Les Gelines & Cabrittes (qui sont leurs Brebis, quils ont illecq, qui leur sont menez aussi des Portugalois de S. Thome (se peuuent

uent bien comporter & croistre icy, & s'engraissent tellement du Miller qui y croist, comme chappons mais elles sont en commun plus petis que celles de nos pays, les oeufs quelles pendent ne sont gueeres plus grands que ceulx des colombs pardeca. Les colombs quils ont icy leur sont aussi apportez des Portugalois & se nomment Aboronaine que veult dire auitant qu'oyseaux apportez des blancs & sont bien semblables aux nostres hormis quils ont la teste plus petite comme mouettes ils ne y sont poinct en abondance aussi Pourceaux leur sont aussi este apportes des Portugalois & se nomment Ebbio ils sont petis & aggreables a manger, mais ils ne sont poinct si bons que les pourceaux de Mosambique, ou que la chair de porc est auitant delicate comme celle des Gelines & a cause que cest vng lieu fort mal sain on le donne aux maladifs en leurs maladies en lieu de Gelines. Ils ont aussi depuis naguerres eu des oyes, par quelques nauires Hollandoises quils nomment Apatta & y sont tenues en grande estime a cause quil y en a bien peu. De Singes & quignaults est ce pais rempli aussi &

Singes & Marmots & leurs facons. sont de diuerses sortes, & facons comme il y en a beaucoup aueccq des barbes blanches & troignes noires aueccq vne peau tachettee estans par dessoubs le corps blancs & au dessus du dos ont ils vne raye large tannee & pattes & queue noires, lesquels par nous sont nommes Singes barbus il y en a aussi qui sont nommes blancnez a cause quils nont rien de blanc que le nez, la troisieme sorte se nomme des paisannets qui sont fort sauvages & ont vne malagreable senteur aueccq vn naturel de Piper beaucoup. La quatriesme sorte sont quasi comme les Iacques quon trouue a la Coste de Meliguette des Marmots trouue on aussi illecq aueccq plusieurs aultres sortes. Les Singes & Marmots prennent ils beaucoup aux lacqs quils attachent aux arbres ausquels ils s'entriquent & sont prins puis des Negros. Les Chats d'Agali sont icy aussi en grand nombre, les Portugalois leur donnent tels noms de Kato d'Agalia & les Negros les appellent KanKan tels Chats trouue on aussi es Indes Orientales & Iaua mais ils ne sont poinct si bons que ceulx de la coste de Guinea illecq sont ils appelles Castorn, les Portugalois tiennent beaucoup de ces Chats & en font grand prouffit seulement a l'Agali quils ostet d'eulx & le nettoyet le mettet puis en des voirres aueccq lesquelles on l'envoye en Lisbona: cest vne meschāte sorte de chats tousiours incline au mordre & manger de la chair a cause quil les fault nourrir aueccq de la chair de Gelines, Colombs, Cabrittes, & aultres viandes precieuses ils iectent leur ordure de pissat & bien tout en vn lieu, & leuvent sans se y coucher dedans il est quasi la facon d'vng Renard, ayāt neantmoins la queue comme vn chat leur peau est tachette comme celle d'vng Leopard. Les Negros les prennet beaucoup au bocage quand ils sont Ieunes & les nourrissent puis quelque tamps & a cause quils nont le maniement pour les bien Gouverner ils les revendet puis aux estrangers. Les masles sont les meilleurs & rendet plus de Civette, a cause que les femelles pissent par le sacquet auquel l'Agalia ou Civette se rassamble, qui sort aueccq iceluy pissat & se perd la pluspart, d'auitant quils sont plus sauvages & mal aises a gouuerner d'autant est la Chivette meilleure & plus exquise. Des lievres trouue on icy aussi principallement en vng lieu nomme Akra & sont de facon semblables aux nostres & pour ce que le pais est icy plat & sablonneux on les trouue illecq plus que en des autres endroicts de la Coste. Quand les Negros veullent prendre les lievres ils vont a tout vne trouppe de gens en champaigne ou que les lievres se tiennent & sont beaucoup chacun de eulx prent aueccq soy deux ou trois gros bastons de longeur d'vn bras & entournās la champegne ils se vōt mettre autour des caues l'vng aupres de l'autre faisans entre eulx vng grād bruict a crier & braire & a entrefrapper les bastons l'vng sur l'autre, tellemēt que les lieures excites a crainčte & tremblement viennent a sortir de leur caues, ne scachans ce quil y a & quand les Negros les appercoyuēt ils iectēt les bastons parmi eulx de facons quils en tuent plusieurs tellemēt quon en prend quātite

Cerfs & biches. en ceste guise. Les Cerfs & biches trouue on icy aussi aulcunesfois mais en vng lieu plus que en l'autre, cest la mesme facon que ceulx de pardera sinon quils ont vne aultre sorte de cornes quasi comme les boucqs: ils nont pour prendre ceulx cy nuls instrumens y appropriez, mais quand ils les voyent ils courrent vers leau ou ils s'abrieuent & la les dardent ils aueccq des Assegages au commencement a ce quils tombent la chasse & prinse des animaulx sauvages est libre icy a vn chacun pourveu quils les scachēt accōsuiure, sans tomber en dommage quelconque d'autres sortes d'animaulx sauvages y en a prou au Tī & de tant de facons quon ne les scait nommer ni accomparer a aucuns des nostres, mais a cause que les Flamās nosent icy se bouter ou dedās du pais pour prēdre la sauvagine, de peur des Portugalois ou leurs adherens qui les pourroyēt faire prisonniers & vendre en esclaues d'ou ils ne sortiroyent de toute leur vie trouue on la nombre de bestes sauvages qui ne sont point de nostre cognoissance, ausquelles les manans mesmes ne scauent donner vray nom a faulte de cognoissance.

Le 31 Chapitre.

De la volatille & autre animaulx quon trouue & voit encores en ces pais.

LEs oyseaux quon trouue icy sont de diuerses facons & bien peu en y a semblables aux nostres. Tout au premier a on icy des Papegaux bleus qui volent en nombre es lieux sauvages, & estāt ieusnes ils sont prins & enleues de leurs nids & nourris, Car quand ils sont nourris des leur Ieunesse sans quils ayent volez es bocages lors sont ils meilleurs pour apprendre a iargonner, toutesfois ne sont ils de si bon caquet comme les perroquets verds du Bresil. Ils ont encores vne autre sorte de petis oyselets verds cōme estourneaux gueres differēs des Catalains des Indes Occidētales, hormis quil ne scauent parler & nont point la queue si longue, ces oyselets se nōmēt Ahuttoe & des flamās perroquits & ou les prēd ou filet ne plus ne moins quasi comme la becquefigue ils ont leur demeure la pluspart es lieux bas ou que croist beaucoup de ble ou millet, pource quils le mangent vol

aeniable

La description de la figure No.12.

Enceste contrefaicture sont les animaulx sauvages & farouches, qui font la guerre entre eulx & aux hommes raisonnables aussi, A est vng Elephant qui est tresgrand ennemi du Renoceros, B est vng Tygre vng animal felon & meschant fort addonné pour devorer & faire mal aux hommes, C est le Leopard, D est le Cocodrille qui se tiẽt aussi bien en terre comme en l'eaue, E est vne tortue, F est vng Porcespic. G est vng Languado, ayant la facon quasi d'vng Cocodrille mais il nentre poinct en l'eaue mais se tient assiduellement sur terre, H est vng Rinoceros vng mortel ennemy de l'Elephant qui sont en grand nombre en Pegu & Bengala, I est vne Grenoiulle de facon semblable aux nostres, K est vng Renard, L est vne Fourmy, qui sont icy fort grandes & en abondance faisans tresgrands dommages, M est le laisard ennemy mortel du Serpent, N est vng Serpent quon trouue icy d'vne terrible grandeur, O est vne Araignee, desquelles s'en trouue aussi des grandes, P sont des grues.

amiable accort ensamble: car quãd on en mect vng pair masle & femelle en vne cage il ons'assirõt ordinairement l'vng aupres du l'aultre, sans chanter sifler ou faire aulcun bruict & la femelle a telle nature quand elle s'appaire auecq vng masle quelle luy porte respect, le laissant asseoir a son coste droict, se mettant aupres de luy au coste gauche, & quand il va manger elle le suit de pres cohabitans ensamble paisiblement quasi comme des tourtourelles: ils sont de tel regard & d'vne coleur verde fort gaye auecq vne tachette orangee au dessus du Nes il y en a encores vne aultre sorte fort semblables a ces Paroquites de naturel & condition, sauf quils sont de couleur rouges comme sang auecq vne tache noire au dessus du dos, & vne queue noire, aussi sont ils vng peu plus grands que lesdicts Partoquits. On trouue encores icy des aultres oyseaux comme nos becquefigues quon appelle dorees, par tout le corps Iaunatres, ces oyseaux cy ne nidifient point es champs a cause que les couleuvres & autres bestes venimeuses les en gardent: a raison dequoy ils lacent leurs nids fort artificellement, aux plus desliees branchettes des haultres arbres, ausquelles ils se tiennent & couvent, pour estre sauvez des bestes poisonneuses, qu'icelles ne leur soyent nuisantes, Il y en a encores certains aultres petis oyselets semblables aux mesonges qui se tiennent es champs pare le bled, ceulx la engoulẽt les Negros touttes entieres & viues, plumes

Partoquits rouges.

chair, les passereaus y sont en abondance aussi auecq plusieurs aultres sortes de petits oyselets en oultre ont ils icy aussi vne sorte d'oyseaux comme laigle ayans la teste comme le coc d'Inde. Ces oyseaux cy sont meschans & audacieux faisans beaucoup de mal aux Negros dont ils en sont fort paoureux & leur portent pour telle cause es montaignes beaucoup de viandes, ils les nomment Pastre de Diago que veult dire aultant que oyseaux de leur Dieu & pourtant ne leur font ils nul mal scachans tresbien quil s'en vengeroyent ils se ventrouillent tousiours en la boue & aultres ordures dont ils puent continuellement comme vng priue, laquelle puanteur on peult bien sentir de loing. Des beccasses de riuiere troune on icy aussi mais bien peu semblablement & des tourtourelles, qui ont au collet vne raye noire en forme de couronne, les faisans perdris sont icy aussi guerres differens de facon des nostres mais ne sont point plumez ainsi: ils sont tacchettes blanc & noir sans queue longue comme les nostres ont: ils ne sont aussi de si aggreable goust comme les gelines communes, des Paons & paonnesses aye ie veu icy aussi gueres dissemblables aux nostres touteffois y a encores quelque difference es plumes, car aulcuns sont d'vng autre couleur totallement Du Putoir me suis ie apperceu aussi icy, quils tiennent pour vng grand Fetisso & Pronostica eur, comme cy deuant auons recite. Des Grues troune on aussi icy & des hairons pareillement semblables a ceulx de Hollande. On trouue icy aussi certaine sorte doyseaux fort semblables auy cigognes hormis quils nont point si longs becs rouges & nont telles demenees, des Corbeilles emmantellees & mouettes grises & gines y a en abondance, auecq plusieurs aultres sortes d'oyseaux qui resemblent fort aux nostres mais quand on les regarde de prez y a encores difference & variete entre d'eulx: comme les aulcuns es plumes aultres es becs les tiers es pieds & les quatriesmes es testes, de facon quil y a encores distinction de combien pres quils soyent semblables & a cause quon tire & prend icy la volatille raremẽt, par default d'instrumens & d'exterite a tel effect, le pais en vient a fourmiller quasi & les animaulx & volatilles y sont fort hardiz, d'oyseaux de nuict comme hibous & chauuesourris est le pais aussi assez bien pourueu, de raines & s'aulterelles est il aussi assez moleste, comme aussi escreuisses terrestres grandes de couleur de pourpre quils tiennent en grande estime, de nuict ainsi que iestoy en chemin aye veu resplendir icy en l'herbe certaines choses comme charbons allumez, lesquelles ie prins en mon mouchoir, dont le linge sembla par dedans soy en flamber venãt en la ville aupres des Negros ie le leur ay monstre qui s'en esmerveillioyẽt a le regarder, le iour ensuiuant le voyant estoyent ce certaines mouches noires comme mouches d'Espagne, du tout noires comme poix, mouches moucherons & aveilles troune on icy aussi, les abeilles font leurs ruches a miel aux arbres il y a icy aussi des grands fourmis qui font leurs canes dessoubs terre, que font beaucoup de mal aux abeilles, rauissans leur miel & cire.

Le 32 Chapitre.

De naturel & conditions des bestes quon troune en ces pais & endroicts de Guinea.

Tout au Premier de l'Elephant.

PVis que iay Lecteur debonnaire recite quels oyseaux & animaulx quon troune en ceste coste de Gunea & s'y entretiennent ne ma semble mauuais dadioindre icy la condicion & naturel d'iceulx, nonobstant quil soit assez descript en aulcuns liures, lesquels ne sont tousiours a la main quand on a desir en scauoir le final de telles choses, a raisõ dequoy ie nay sceu laisser, de ne le adioindre icy & ainsi qu'auõs desia faict mentiõ quen cet quartiers on trouue bon nombre d'Elephans qui sont animaulx terriblement grands voire bien les plus grands & puissans animaulx du Monde, nous en poursuiurons a en dire quelque chose de leur naturel & condicions. Or est il quon trouue ledict Elephant non seulement icy mais aussi en diuers endroicts du Monde comme es Indes Orientals en Pegu en Bengala mais en nulle part en tel nombre que soubs l'Æquateur, nommement en l'Æthiopie, d'Afrique ou quils sont prins & occis en grand nombre non tant seulement a cause de leurs dens mais pour leur chair aussi affin de la manger. Premierement a l'Elephant plusieurs guises prisables en luy quantre animal peult auoir monstrant indices d'vsage de raison & conuoitise d'honneur, selon que son maistre ou Gouuerneur les excite, comme on trouue assez par escript, d'autre part est il aussi grat, remembrant bien loing le benefice ou plaisir receu, comme leffect demonstra au Royaume de Goa. En certaine saison de lannee ont ils aussi quelques infirmites dont ils sont vexes estant alors a demi forcenés ou enrages, de facon quen les peult lors mal contenter ou appaiser, & la ou quõ les a desia appriuoisez & accoustumez il fault quils les lient par temps aultrement fairoyent ils grand mal parmi les gens, a cause quils ne respectent personne en telles fureurs & forceneries, mais en cas que aulcun les rencõtre, pendant icelles fureurs, qui au passe leur a faict quelque plaisir, tel vng respecteront ils & ne luy fairont point de mal combien enrages quils soyent, a quoy on peult admirer, l'exquise raison que l'Elephant vse en tel cas, a scauoir questant oultre de passion furieuse il ne laisse pourtant de remembrer le plaisir receu & de respecter celui qui le luy a faict dont il ne peult en vsage de sens rassis, faire distinction, comme alors il faict, en aulcuns lieus des Indes Orientals sont ils si bien instruicts quils vont en la procession, faisant reuerẽce aux crucifix & images & en autres endroicts font ils autres choses beaucoup

coup, q ion leur apprent des la Ieunesse comme a porter les Roys des villes es Indes Orientales, cõme les Chevaulx en ces pais cy portent les grands signeurs, surpassant en doctrine & instruction lesdicts Chevaulx de beaucoup car on les faict cheminer a la parolle, ce quaduient a cause quils entendent le langage du pais & des gens parmi lesquels ils sont estez nourris & ont hantes des leur Ieunesse, tellement quils ne monstrent non seulement plus de sens capable que lesdicts chevaulx mais plus aussi que autre animal qui ce soit. En la saison quand il a ses fureurs, selon le dire de Iehan hugues, le lie on es Indes Orientales en tamps a quelque arbre par dehors de la ville, a vne chaine de fer a fin quils sont alors penibles a gouuerner & refraindre, mais icelle saison passee, sont ils aultant traictables & innocens comme oncques ils furent, selon l'instruction receue des leur ieunesse, la saison en laquelle ils sont demenes d'vne telle rage est d'Apuril iusques au Septembre. Quand il pleut la en ces endroicts beaucoup & les habitans tiennent leur hyver. On presume qu'icelle rage ou fureur leur advient par telle superabondante humidite & guillees d'eaue, car icelles passees retourne il de rechief a soy, & est si traictable alors quon pourroit passer soubs son ventre quand on ne luy faict poinct de mal : mais celuy qui loffence s'en peult bien gaider, car ils noublient iamais le tort quon leur a faict, mais ils cercheront tous moyens pour s'en venger, & ainsi quils ne passent aulcun desplaisir sans revange, ainsi ne passent ils aussi nul plaisir receu sans remerciement, d'autre coste ainsi quils sont animaulx tresgrands qui doibuent faire excessifs travaulx & labeurs en aulcuns pays, a quoy ils sont instruicts des leur Ieunesse, il y a qui sõt fort volõtaires a y soy soubsmectre, exploictant de bon gre ce quon leur impose ; quelles charges ou travaulx excessifs que ce soyent, voire ils se creveroyent plustost au travail que de permectre quon y allat querre aultre assistence, pour ne recevoir vne telle honte, en cas quon le leur recompense a bien donner a manger & boire, le manger quils vsent la pluspart est ris boiully auecq de l'eaue auecq telles aultres viandes de peu de gout : & ayans bien travaille ils cerchent aussi leur repos pour dormir & soy reposer vng peu. Ils dorment comme les Chevaulx, vaches, boeufs & tous aultres bestes quadrupedes & plient leurs genous & reins comme iceulx : leur force surpasse celle de toutes aultres bestes, & peuuent faire grand travail, soit en trainant que en portant sur leur dos & aux denx, esquels ils portent bien vne caque entiere de vin de spagne, de facon que leur force & puissance est terrible, & nonobstant quil soit le plus puissant animal, auecq le Rinoceros, quon trouue au monde, si est il le plus craintif animal, des moindres & moins remarquables animalets du Monde, a scauoir des sourris & fourmis a cause quils ont poeur quils leur crimpent dedans la trompe & leur facent la des charouillemens, dont il ne les scait (par moyen que ce soit) enchasser, & en est pourtant si paoureux de ces animalets des traicts d'arquebouse ont ils grande craincte aussi, s'il ne y sont point accoustumez des leurs Ieunesse. Poinct moindre poeur nont ils du feu aussi car Iadis au tamps passe quand le Roy Antiochus menoit la guerre aux Romains & se seruoit de nõbre grand d'Elephans au combat dont il faisoit force maulx a ses ennemis, & les Romains ne scauoyent moyen quelconque pour soy sauver de ces animaulx grands & terribles, ils excogiterent a la fin qu'iceulx Elephans auoyent poeur & s'angoissoyent du feu, a quoy il feirent apprester quelques instrumens, comme torches & flambeaux pour venir recontrer lesdicts Elephans, de facon que lesdicts Elephans voyans cela tournerent dos & prindrent leur fuitte en lost du susdit Roy de Syrie ou ils feirent plus de mal accraventant leurs propres gẽs, quils nauoyent oncques au parauant faict de dommage entre lesdicts Romains. Ils font aussi des assemblees entre eulx esquelles quand ils les font le masle se tient en vne Colline vng peu plus esleue que la femmelle, quãd ils passent par pais on les peult ouir de loing approcher, combien quon ne les voye point) par le foulement des pieds & claquerls des oreilles, lesquelles vont tousiours se frappans encontre le corps. Quand on les prend ieunes & quon les tient es liens lors sont ils bons a appriuoiser, mieulx que quand ils deuiennẽt vng peu eagez les moyens qu'aulcuns vsent pour les appriuoiser sont tels: on les instruict auecq le tamps par soif & famine & par menaces & aultres inventions, iusques a tant quils commencent a apprendre a entendre le langage de ceulx qui les apprennent & endoctrinent & alors les engraisse on auecq de l'Huile & leur faict on des caresses & plaisirs en leur donnant a boire & manger, dont ils les sont si priues & obeissans comme hommes de facon quils n'ont faulte que de la parole. Considerez ores auecq quelles invẽtions on peult donter & faire obeyr tels grãds a... naulx, lesquels en leur rage & fureur ne sont a refraindre aulcunement, touchant leur religion d'icell e escript Plutarches quils font leurs prieres aux dieux immortels car ils se lauent & nettoyẽt dedans la mer de leur bon gre & haulcans les trompes envers le ciel en lieu de mains adorent ils le Soleil auecq tresgrande reverence. Plinius en escript encores, que les Elephans nadorent non tant seulement le Soleil leuant mais la lune aussi & les estoilles: & apres quils ont paracheue leurs oraisons ils se retournent parensamble vers les deserts & bocages aultres escriuains le tesmoignent aussi, que lors que la Lune est nouvelle, viennent nombre grand d'Elephans hors des forests enuers les Riuieres pour y soy bagner & lauer: & quand ils sont laués ils se mectent a genous pour faire leurs oraisons, laquelle finie ils se retournent par ensamble es bocages dont le plus vieil entre eulx est le conducteur de tous, & le plus vieil apres d'icelluy est le Sergeant qui assemble & tient la trouppe ensamble & vont puis tous a soy reposer de compagnie a quoy aulcuns adioustent des belles imaginatiues qui iceulx Elephans auroyent. Neantmoins ils donnent indices de honte & convoitise d'honneur, car le masle & la femmelle nont iamais charnelle accointance ensamble que en cachẽ, de nuict a cause quils en sont grande-

 ment

ment honteux de celà & estant engrossies elles portent leur fruict deux annees au ventre differans en cela a touttes aultres bestes, car on estime qu'vne beste aultant grande ne peult prendre sa forme ou contenance par faicte en peu de tamps. Ils sont de nature fort amiables & compassieux tellement quils ne fairont poinct de mal a aulcun, si on ne les agace parauant ils deviennent aussi fort vieils outrepassans 2. a 3. cens annees auant quils meurent leur mort naturelle: mais ceux quon a veu en ces pais nestoyent poinct si vieulx a cause quon les auoit captiuez des leur ieunesse pour les mieulx appriuoiser, car d'autant plus eagez quils sont d'aultant plus penibles sont ils a donter, & d'aultant plus vieils que lesdicts Elephans sont d'aulrât plus beau poil & couleur plus polie ils ont principalement la queue qui est tousiours plus & plus reluisante selon la veillesse des Elephans dont elle est, selon cela estimee & prisee non seulemẽt de nous mais des Negros qui en font plus grãd cas que nous & combien quils deuiennent si vieils comme dessus est dict si est ce neantmoins quils n'ont iamais plus qu'vng Ieune pendant leur vie.

Elephans ont tant plus veilt tant plus belle peau & couleur

Du Renard.

ON trouue icy aulcunesfois des Renards aussi, semblables de facon aux nostres de nos pais, & puis quils se rasemblent ainsi de mine ils fault bien quils se resemblent aussi de condicion & naturel malicieux & fin, Le Renard est vng animal cautuleux & astut aultant que aultre animal qui soit quand il est chasse des Chiens & quils le happent a la queue il leur iecte ses ordures aux yeulx & quand il les a ainsi frottes, il prend son loisir pour eschapper & mieulx s'enfuyr, pour prendre des gelines & colombs vse il ceste finesse meschante pour attrapper ces animals. Il faict faintise comme s'il vouloit iecter sa queue ausdictes gelines, a quoy il les attire vers soy de leur poiallier & les prennant par le collet il s'enfuict & les mange, d'aultre coste vse il encores vne aultre finesse quand il est gele, affin quil ne soit en danger de tomber en l'eaue lors voulant passer quelques rivieres, & que la glace se monstre foible il se y mect premieremẽt tout bellemẽt dessus, posant les aureilles dessus icelle pour escouter s'il ne sent point le flux de leaue, au travers de la glace, & en cas quelle ne luy semble forte assez ils ne passe poinct plus oultre, mais s'il n'oyt poinct le cours de leaue, & que la glace soit assez forte pour le porter, il passe de l'aultre coste & poinct aultrement, tant prend il son cas asseure pour ne tomber en l'eaue pourtant semble il impossible quil puisse vser d'vne telle cautelle sans aultre entendement que de l'imaginatiue brutale tant seulement.

Finesse pour passer la glace.

Du Cerf & de la bouche.

LE Cerf est vng bel animal a contempler, principallement quãd il se tient dresse de pieds & cornes, la femelle quon nomme biche na poinct telles Cornes mais plus petites & poinct ramees. On tient le Cerf pour le plus viste animal a la course qui soit au monde, dont on dict en proverbe, il court comme vng Cerf. Ces bestes cy desont fort bõne ouie aussi, car on compare louie au Cerf car quãd vng painctre veult pourtraire les cincq sens il mectra par similitude chez la ouie vng Cerf. La Chair du Cerf est fort delicate principallement quand il a este chasse vng peu, & d'aultant plus chasse est & couru quil aura plus longuemẽt auãt sa prinse d'aultant plus en sera la Chair delicate & savoureuse. Le Cerf est de telle condition quil s'espouante facillement & craincit fort la mort, car estant pressẽ de pres a la chasse quil ne peult quasi plus eschapper les chiẽs ni la mort il se cerchera de sauver encores en se iectant a nage dedans leaue, d'aultre coste vse il encores vne finesse quand il est poursuiui des chiens & a bout d'Halleine pour soy reposer vng peu & reprendre haleine, s'en vat il mectre dessus le dos a quattre pieds en air, tournant la teste & son haleine en terre tellement que les chiens ne le scachant flaire, passent oultre, sans le descouurir: mais semblables chasses n'vsent point les Negros pour prendre les Cerfs mais ils mectent beaucoup de lacqs es champs & bocages la environ ou que les Cerfs frequentent, dont ils se enlacent & demeurent prins.

Finesse des Cerfs estans a boutd'Haleine.

Des Marmots ou Singes.

LEs Marmots ou Quingnaults ne soint point si beaux comme les singes, a cause que les Singes veulẽt contrefaire touttes choses. On ne trouue point de Singes icy, mais des marmots assez de diuerses facons & plusieurs sortes, les marmots & singes sont animaulx fort plaisans, comme chacun scait, car a les regarder tant seulement fault il souuent quon rie de leurs mines & grillons, car tout ce quils voyẽt faire ils le veulẽt contrefaire, dont ils ont le nom de Factotum, les quinauls portent grand soing de leurs petis & bien souuent que la femelle ne les traicte bien, sera elle tancee du masle & punie, elles sont bonnes a instruire, car ce quõ leur faict deuant ils cercheront de limiter incontinent tellement, quil ni a poinct de bestes au monde qui soyent tant semblables a l'homme comme le quinaut & singe, car ils ont les membres du tout pareils & nont faulte que de la parole ils sont d'vn naturel quand ils commencent a prendre gout en leur propre chair quils devoreroyent la ent la propre queue & quand ils ont quelque blessure, ils lempireront tousiours la lichant sans cesse & si on ne y prend garde en tamps, leur ostant le moyen de soy mordre ils se mangeroyent eulx mesmes iusques aux os. On trouue que les quignauls & singes sont de generation bien feconde car ils se multipliet en aulcuns lieux si fort que les habitans de tels endroicts sont contrainchts de prendre la guerre contre iceulx & en exterminer quelque bon nombre, ou seroyent en danger quils deviendroyent les plus forts & leur fairoyet quicter le pais, car il y a des marmots si grands comme doggues, qui cerchent tousiours faire mal aux hommes il y en a d'vne autre sorte aussi qui nous sont amiables & sont volontiers auecq les gens pour les recreer, tellement que les quinaulx & singes sont de deux sortes comme l'vne sorte estant inclinee a bien faire & demener ioye & l'autre a maluls sont aussi de condiciõ destre peu oysifs mais tousiours empeschez a quelque chose, dont il pourroyẽt bien servir d'exemple aux faineans, affin de les faire rougir de leur paresse. Les Indiẽs disent comme nous que ce sont des createurs mauldictes & quils scauent bien parler mais ne le veulent faire, affin quon ne les fist travailler. On lit en plusieurs liures diuerses choses que les quignaulx & singes ont faictes, car on trouue quils sõt fort inclins aussi a impudicite puis que le Gouverneur de Carragena es Indes Occidentales auoit vne Cassioke qui se dilectoit fort de belles femmes, & quand il en veoit aucune venir de long, ils s'enflammoit d'vng tel desir quil rompoit & cassoit tout ce quil y auoit a l'entour tellement quil se fallut lier auecq vne Chaine de fer & les femmes n'osoyent encores a male peine passer, a cause des demenees de c'est animal quand il veoit quelque belle femme, d'aultre part y a este a Rochelle aussi vne Cachioke qui estoit si grande comme vng grand chien d caue, de facon quon lauoit apprins a travailler, comme a aller a la boucherie auecq la corbeille, & quãd quelqu'vng en chemin luy empeschoit, comme a dire chiens ou enfans lors posoit il sa charge ius & se mectoit encontre eulx a se combattre, car il prennoit des pierres de la rue quil scauoit iecter autant roidemẽt qu'vn hõme tellement que par sa fierete il se faisoit redouter, & laisser en paix. Et ainsi quils veulent contrefaire touttes choses est il advenu a Basle au pais de Waes, a la court du Baillu, quil y auoit deux Cassiokes dont l'vne d'icelles ayant veu envelopper l'enfant par la seruante deuãt le feu & puis tourner au berceau, estant eschappee des liens, vint courrir en la cuisine ou que lenfancon estoit dormant au berceau lequel elle happa en ses bras & s'enfuit auecq au sommet de la maison & despouilla l'enfant de ses maillots le mectant au Soleil, demenant grande ioye auecq l'enfant selon quel le auoit veu faire parauant les gens qui regardoyent ce spectacle estoyẽt fort perplex & craintifs de poeur quelle ne laffat tomber l'enfant a mort, la mere pareillement faisoit des grandes complainctes, comme de raison. Aulcuns vouloyent quon arquebusait le Singe affin quil laissait tomber lenfant & quils le receueroyent par embas, aultres vouloyent enchasser a force de pierres tellement quils estoyent en mille debats d'advis pour sauver cest enfant des pattes de cest animal: mais a la fin y vint vng qui donna bon cõseil cognoissãt le naturel de ces chats, disant retirez vous tous & laissez faire a l'animal & accomplir son vouloir auecq l'enfacon, ce quon fit. Quand puis la Cassioke eut accompli son vouloir auecq l'enfancon, il l'Envelloppa de rechief en ses drappeaux & le rapporta tournant de hault en bas en son barceau, d'ou quil lauoit oste voila le soing de cest animal, qui estoit plus grand que d'aulcun des regardans qui vouloyent oster a force & danger tresevident l'enfacon de ses pattes pourtant fault il les laisser faire, car ils seront soigneux assez car combien quils soyent fort inclinez a mal faire si ne fairont il point de mal touttesfois aux hommes si ce n'est quon leur en aye donne occasion. A racconter icy touttes les singeries & badnieries d'eulx requerroit quasi vne histoire a part soy, mais le laisserons suffire auecq cecy touchant le naturel & condicion des singes, on trouue leurs histoires de ce quils scauent faire & font a prouffit des faiseur de souplesse Iournellement par tout car il y en a assez en nos pais qui vont autour auecq tels chats & quignaulx faisans plusieurs bastelages & plaisãteries a plaisir & esbatement des regardans & grande vtilite de tels vagabõdons.

Histoires des Cassiokes.

Du Leopard & de la Tygre.

IL y a encores en ces provinces beaucoup de Tigres & Leopards de facon semblables a ceulx quon voit aulcunesfois en nos pais y estans conduicts, la facon du Tigre n'est guerres dissemblable a celle du Leopard. Lequel Tygre est d'vne telle condicion, quil ne assaillira iamais aulcuns hommes blãcs, pour les messaire mais bien les Negros, ce que veult dire quelque chose, que les animauls tant farouches facẽt distinction en cecy: car si vng blanc & noir dormiront ensamble es champs ils devoreront le noir & au blanc ne fairont ils mal que ce soit, estans affames & ne trouuans nuls animaulx es champs ils viennent accourrir sans aulcune peur es maisons, d'on ils rauissent le bestial & se lein portent au bocage pour le devorer, pourveu quils les scachent acconsuiure, Cest vng animal autant & plus felon que le Lion peult estre: il est fort beau de poil & d'vne peau tacchettee tellement quelle n'est tant seulement es Indes & ceste coste estimee, mais par toutte l'Europe. Les moustaches de c'est animal sont vn poison tresdangereux pour enpoissonner aulcun les Tigres se prennẽt en diverses sortes les vng auecq des grandes attrappes & les autres sont tirees auecq des flesches envenimees ou plombs, car combien quils soyent attaincts en divers endroicts si prennent ils encores la fuite, tellement quon ne les scait poinct prendre quant & quant, mais apres quils auront courru beaucoup & quils se commenceront a repo-

Estranãe naturel des Tygres.

a reposer, lors commencent les flensches ou plombs envenimes a monstrer leur force, de facō que le Tigre en vient a mourrir & quon le trouue puis mort es champs: ils le nomment icy Tygra & en Chongo est il appelle Engoi.

Des Serpens & Dragons.

LEs Serpens & Dragons sont tousiours fort inclines a mal faire principallement aux hommes: comme la couleuvre qui ont telle condicion quelle chante volontiers & quelle a bonne voix au chanter, de facon que l'homme ne pensant a la couleuvre & escoutant son chant est assailli delle a l'improuiste, s'entortillant autour de ses iambes & bras pour puis apres le ferir & poindre de sa langue poissonneuse & leur verim est tant meschant quon est contrainct de couper les membres qui auront este blecez d'vne couleuvre, car aultrement seroit on en dangier (si on ne y pourveoit incontinent) de mourrir. La couleuvre est grande ennemie du laisard, a cause quil advertit l'homme quand il y a quelque couleuvre autour de lui, affin quil ne fut endommage d'icelle. Les couleuvres ont en coustume quelles renovellent bien souvent leur peau, se trainans par hayes & buissons tant que la peau y demeure, les Serpens & couleuvres quon trouue en ces endroicts ne sont point dissemblables aux nostres, mais sont bien plus grandes & espesses, tellement quon en trouue icy de bien grandes de 20. paulmes de longeur & despesseur de cincq qui sont des ordinaires, mais on en trouue bien des plus grandes encores, mais point en quantite, ils ont la gueule & bouche tant ample quils scauent engloutir des gelines & oyes entieres, vont si bien parmi les champagnes comme es eaues tellement quils se servent de l'vng & de l'autre pour leur entretenement quand ils se sont rassasiez a panse plaine, lors se iectent elles a dormir en terre dont les Negros les prennent & tuent bien souvent lesquels les mangent puis estimans la chair d'iceulx plus delicate que celles des gelines il y a beaucoup de Serpens qui font mourrir l homme de leur morsure en dedans 24. heures. En Senega trouue on des Serpens sans pieds ou aisles qui ont de longeur plus de deux pas & tant de bouche quils scauent engoulir vne brebis entiere, sans la demembrer aulcunement. Il y a encores vne aultre sorte de Serpens quon nomme Dragons, qui ont des aisles & vne queue aucq vn long becq auquel sont beaucoup de dens, dont ils scauent fort aisement consommer le bestiail & la chair crue, ils soit de couleur bleue & verde aucq vne peau poincturee: aulcuns Negros les tiennent en Ferisso & leur portent grand honneur les Dragons sont aussi grands ennemis des Elephans car ils les scauent surmonter par leur finesse & meschancete: ils se mectent a guet pour les attendre secretement & se lancent sur iceulx a leur plus improuiste & les attournent aucq leur queue, aucq laquelle ils leur serrent les iambent si estroictement quils ne scauent plus bouger & alors mectent ils leur teste endedans les narines de l'Elephant dont ils le suffoquent & le mordent puis en en sa peau la ou quelle est au plus deslie, & lui suchent tant de sang du corps quil meurt du tout en Æthiopie trouue on des Dragons de dix bras de longuer & en l'Inde en at on trouue qui estoyent long de 100. pieds, qui voloyent tant hault en lair quils scauoyent prendre les oyseaux volans.

Des Cocodrils & Languado.

DEs Cocodrils trouue on peu icy sur la coste mais en lencourbure & Rio de Cabo Verde en trouue on beaucoup & pour autant que la coste y confine & que cest vng passage de nostre discours ne me semble mal de reciter icy les conditions, les Cocodrils s'appellent par plusieurs caymans: on les trouue beaucoup es pais chauds & est vng meschant animal, qui se tient si bien en terre comme en l'eaue: ils sont fort hardis & osent non seulemēt assaillir le bestial comme pourceaux & aultres en la compagne mais devorer l'homme aussi. Il procede d'vng oeuf de la grandeur de celuy d'vne oye, dont en croyssant de petit a petit ils arriuēt a la longueur de 22. pieds & plus: ils croissent en vn endroict plus que en l'autre tellement quon les trouue de differentes grandeurs cest vng animal cruel & terrible mais lourd & grossier, car l'amorce quils vont querre en terre traineront ils dedans leaue ou quils le suffoqueront puis le porteront ils de rechief en terre pour le manger, quand ils ont faim, car s'ils mangeoyent dessoubs leaue ils s'estoufferoyent incontinent pour ce mangent ils poinct dessoubs l'eaue mais quand ils sont dessus & hors d'icelle, car ils ont la geule si delicate quils suffoqueroyent subitement si l'eaue y entroit. C'est vng animal fort viste au cours qui a la peau si forte quelle ne peult estre percee d'aulcunes lances ils sont prins aucq grande subtilite, il ont vng bec poinctu & les dēs leur battent en croix ensamble, mais en dessoubs du corps sont ils mols & si on les blesse la ils viennent bien tost a mourir: es eaues & riuieres chaudes sont ils volontiers, car es froides ne scauent ils durer voire y mourroyent bien tost Ceulx de China les engraissent & apprivoisent comme les Pourceaux & les mangent puis comme viande delicate & friande. Le Cocodril mect ses oeufs iustement en telle haulteur que la Riuiere du Nil viendra a desborder, de facon que le Negro qui viendra a trouuer tels oeufs le donnera incontinent a cognoistre a tous que vn chacun puisse scauoir, la haulteur a laquelle ledict Nil viendra lesté ensuiuante. Les Cocodrils ont aussi quelque bon sens car ils cognoissent la voix humaine, & ceulx qui les ont domestiques & se laissent

sent manier aussi d'iceulx, & que plus est ils ouvrent ses machoires affin quils leur nettoyent les dens auecq vne servette & les essuyent. Le Languado nest poinct si dur de peau & ne faira poinct de mal aux gens, comme les Caymans nonobstant quils devorent aussi le bestiail des champs, il nentre poinct en leau car il la crainct fort, mais se tient tant seulement sur terre, il court aussi viste que le Cayman mais il n'a les dens ni le bec tant pointus mais les a plus petis & la peau plus brunatre.

Des Araignes.

LEs Araignes quon trouue icy sont terriblement grandes & ont des longues iambes, combien quelles ne sont poinct d'Aragnees comme les petites qui sont a aulcuns animaulx en salutaire Medecine quand ils les mangent ils scauent faire leurs toiles d'vne grande industrie, de facon que le filer tistre & ce que y appartient a prins son origine d'icelles, elle dresse ses filets d'vng coste & les vient puis trauerser de l'autre & les lacer en telle facõ quil sẽble quelle soit embesoignee a quelque grãde oeuure & combien quõ abbat son ouvraige ne l'abbandonne elle pourtant poinct, mais le cerchera tousiours de refaire iusques a ce quon la tue quant & quant. En fin cest vne chose incroyable, pour vng qui ni a point prins garde, les manieres dont elle vse a tirrer retirer, lacer, traverser & distinguer ses filets, ausquels quand elle y a prins quelque mouche elle y accourt subitement pour asseurer sa prinse tellement quelle ne sert non seulement de patron aux tisserans tapissiers & mais les chasseurs y doibuent aussi venir a l'escole, pour apprendre d'elle les lacemens de leur filets & rets & la subtilite des noeuds au faict de tistre, car son fil passe de finesse toutte soye & fil.

Des Laisards & Cameleons.

LEs Laisards sont de plusieurs sortes aulcuns les tiennent pour venimeuses autres non : cest neantmoins a doubter que les laisards de nos pays soyent plus poisonneux que ceulx cy, a cause quõ n'oit quasi poinct d'aulcun mal quil facent: voire on trouue quils font plus de bien aux gens que mal, car selon quils sont grands ennemis des serpens & coleuvres ainsi vexeront ils les hommes dormans en terre tant (s'il y a quelque Serpent a l'entour) quils se esveilleront, affin quil se puisse sauver en tamps de telles couleuvres, & en cas que les hommes dorment si profondement quil ne les scache esveiller en traversant par dessus leurs corps ils les poindra lors de sa langue, de facon quils se viendront a esveiller & effrayer: a raison dequoy quãd on est en quelques lieux deserts ou quon trouue quantite de couleuvres & quon voit tels laisards courrir a l'entour de soy, il fault penser quil y a des Serpens a lenviron qui nous veulent nuyre: mais la plusgrande presomption est que le debout de leur langue est venimeuse Iehannes Lerius escript qu'vng Laisard le rencontra (soy allant esbatre es bocages) qui estoit si gros qu'vng homme & long de 5. a 6 pieds, du tout couvert destoilles blanches reluisantes comme celle d'huittres, lequel haulca la teste & vng de ses pieds de deuant le regardãt auecq ses yeulx estincellans & gueule beee, tirant lhaleine tellement que cestoit chose espovẽtable a regarder & apres quil eut continue vng tel regard sur lui & ceulx de sa compagnie par plus d'vng quart d'heure, il print sa fuite au desert le traversant auecq vng tel bruict comme si vng cerf y eut couru. Le Cameleon est quasi la facon du laisard mais communement sont ils vng peu plus grands & d'vng autre couleur car regardant vng homme viendra elle a deperdre sa couleur & pallir, la teste leur est de couleur orangee & le debout de la queue pareillement, ils niquetteront tousiours de teste tandis quils sont a la veue d'vng homme & quand vous les vouldres battre prenderõt ils la fuitte & se partiront de vous il est fort sobre & mange bien peu voire si peu que animal qui soit au monde dont on dict quils viuent de lair.

Des Chiens & Chats.

LEs Chiens ont estez icy tousiours mais sont d'vng aultre naturel & condicion que les nostres, pour cela ne les voulons nous poinct accomparer ensamble leurs facons & condicions trouverez vous au 29. Chapitre. Concernant les Chats ceulx la y auons nous apportes & rempli le pais auecq, & la nature d'iceulx est tant notoire a vng chacun, que ce seroit chose superflue den dire icy quelque chose.

Du Coc & des Gelines.

LE Coc est vng oyseau Royal comme il demonstre par sa creste en forme de couronne, car il ni a nul animal bipede qui a couronne en teste hormis le Coc & pourtant le tient on pour Roy des animaulx aussi tient il sa grauite Royale de Coc en tous lieux auecq grande animosite:

il combat de ses ongles & bec, comme on voit iournellement, faisant peur au Lion, qui est bien le plus hardi & vaillant entre tous animaulx sauvages il est fort vigilant & esveille pour conseruer ses Gelines, aussi est il bien amoureux & ialoux car il ne permectera poinct que aultres Cocs le facent coccu, mais combattera pour cela a toutte oultrance vng animal animeuz qui bien tost se colere. On dict que quand il est 7. ans quil mect vn oeuf dont le Basilisque vient & s'engendre, la geline a vng estomac chaud & dur, digerant viandes crues. Ainsi que le Cocq a la Condicion & naturel de Pronostiquer la venue du iour auecq son chant ainsi faict la Geline auecq son glosser donnant notice quelle a mis vn oeuf, elle porte grãd soing & amour a ses poulcins, servãt en cela de bon exemple aux femmes car elle les rassemble & conserue dessoubs ses aisles & si quelque loup ours ou chien s'approche pour gripper ses poulcins (nonobstant que ce soyent animaulx en puissance de beaucoup surpassans la geline) elle y vole encontre pour defendre ses poulcins, comme elle fairoit aussi, combien que ce fut vng homme armé, sans auoir esgard au dangier auquel elle se mect ni a sa foiblesse mais tant seulement au salut de ses poulsinets.

Exemple aux bonnes meres.

Des Pourceaux.

LEs Pourceaux sont animaulx fort enclins a la gulosite & immondices, principallement a se creuer a manger & boire & puis se vaultroyer en leurs propres ordures il ont de coustume de soy rassasier de toutes sortes de viandes sales & puis de soy veautrer au bourbier en terre & nonobstant cela trouue on sa chair & son lard fort delicat & est en plusieurs pais de plus d'estime que la chair de Geline, ils sont fort invtils & desreigles, dont on vse plusieurs prouerbes comme il estoit yure comme vng Pourceau, ou cest vng homme desreigle & maunet comme vng Pourceau ils sont tousiours groignans, faisans continuellement bruict la ou quils sont, apportans quant & eulx vne chaleureuse puanteur fort dangereuse en tamps contagieux. Quand les Porceaux sont en quelque bocage & quils oyent crier vng aultre Pourceau lors courreront ils tous ensamble pour secourir le Pourceau brayant,

Du Chat d'Agalia ou de la Chivette.

LE Chat d'Agalia est vn animal fort inclin a mordre & mal faire, & est en oultre fort friãd consumant beaucoup de viandes, ce nonobstant est il fort net & rend de soy certaine espece de matiere quon nomme Agalia ou de la Chivette, dont on appareille force gans parfumes & autres accoustremens ils ont vne belle peau, de couleur grisatre tachettee de taches blanches vng museau long auecq des mustaches & vne queue longue, elles sont de grandeur comme le Renard. Les meilleurs Chats d'Agalia se trouuent sur ceste coste de Mina, il y en a aussi en Bengala & Iaua Maior mais point de si bons comme ceulx cy, la Chivette croist au derrier en certaine boursette, dont c'est animal porte le nom & selon que Ian Hugues escript comme vng oingnement glueux il est fort salubre principallement quand on en frotte le nombril de la femme, car elle guarit la suffocation de la matrice & incite l'apperit venerien es femmes aussi, lisez en le 27. Chapitre, la trouuerez vous plus ample instruction touchant l'Agali & le Chat de Chivette.

En Guinea les meilleurs chats d'Agalia.

Du Lievre.

LE Lievre est vng animal fort isnel a la course, qui s'estonne & espouante subitement dont il est si pusillanime quil prend incontinent la fuite des aussi tost quil oyt ou sent quelque chose: contraire a cela at il ceste propriete quil est fort viste a la course, pour par tel moyen eschapper des Chiens ses ennemis, On list que armees entieres ont est mises en effroy & fuicte par les Lievres, & on le tient en meschant prodige quand on est rencontre es champs d'vn Lievre & combiẽ quils s'effroyẽt si subitemẽt, si noublie il pourtant le soing de ses petis, car quand le Lievre se veult retirer vers sa caue, lors mectera il ses ieunes en divers endroicts, bonne piece separez l'vng de l'autre voire aulcunesfois bien vng demi arpent, & affin qu'vng homme ou chien survenãt ne les puisse trouuer tous, & quils ne soyent ensemble accables d'vng mesme dangiere puis apres affin quon ne puisse discouurir par sa trace ses petis il court tout autour ca & la enuiron sa caue & puis d'vng grand sault se lance il vers icelle.

Lieure rencontre animaulx prodige.

Des Oyes.

LEs Oyes sont fort covardes & se nourrissent a peu de despens car elles courrent & s'en volent en tous chãps non sans grand dommage toutesfois, leurs plumes sont poison aux autres bestes, car quand aulcunes bestes ont quelques plumes doye au corps ils toussiront si longuement, quils s'estoufferont totallement, elles deuent les champagnes facillement la ou quelles vont pasturer, a cause que cest vng animal affamé lequel ne faict assiduellement fors que manger & chier leur fiente est bonne pour engraisser la terre,

& combien quelles soyent bien addobbees de plumes, si est ce quelles sont a pied dechaus mais qui scait pourquoy, elles ne sont que glaisser continuellement, toutesfois vsent elles en cela certaine prouidence, car quand elles s'appercoyuent ou des Renards ou d'Aigles, qui les veulẽt surprendre, lors prendront elles vne pierrette au becq, affin quen cacquettant elles ne se trahissent soy mesmes.

Du Paon.

LE Paon est vng oyseau de fort belle apparence beau de plumes & couleurs & fort enflé en ses allures, cest le plus bel animal quon trouue au monde tant de contenance que plumes, a quoy contraire il a des pieds fort laids, de facon quil tourne toutte sa gloire en decadence, quand il faict parade de sa queue & quil vient a regarder ses pieds, alors il laisse cheoir tout son orgueilleux courage.

Des Grues.

LEs Grues nous donnent exemple de tenir entre nous quelque bonne politicee car quand elles se partiront vers quelque pais estrange, se mecteront elles premierement en bonne ordonnance, car a la leuee ont elles leur Herauts & Trompettes qui rassemblent la trouppe & lors volent elles en hault: en oultre ont elles aussi vng Conducteur qui les guide lequel elles suivent touttes la ou quil va deuant, d'aultre part ont elles aussi leurs Sergeans qui volent de coste & par derriere pour tenir chacun en son rang & de nuict ont elles leur sentinelles, auguel desquelles les aultres reposent. Plutarchus escript quelles tiennent en leurs griphes vne pierre, affin que elles, (en cas que les vinssent a dormir) se puissent resveiller a la cheute de la pierre, quand elles volent hault en lair, cest signe, le beau tamps: & quand elles ont ainsi leur vol en lair, lors boutera le Capitaine sa teste tousiours au dessus des aultres, affin quil regarde au dessus de tous & les puisse admonester de conseruer bon ordre, & des dangiers qui pourroyent survenir volans en tel ordre, auquel les plus forts sont tousiours mis deuant pour rompre lair & que les aultres plus debiles puissent plus aisement suivre selon l'ordonnance, ils s'allegent l'vng l'aultre aussi, car quand les plus de deuant sont las & ne peuuent plus endurer contre lair, lors viendront ceulx de derriere en leur place: & affin quils puissent mieulx rompre lair, ils se mecteront en ordonnance triangulaire: ils ont puis encores vne aultre meilleur ordre entre eulx, car quand ils preuoyent quelque orage future, selon le naturel instinct des bestes qui le scauent la pluspart flairer, ils tourneront en tamps vers terre pour y soy reposer ce pendant. Ordonnance des Grues.

Des Mouches au miel.

LEs mouches a miel sont de plusieurs sortes mais les meilleures sõt celles qui font le Miel & la Cire, elles ont bonne communaulte par ensamble, auecq vng Roy, auquel elles obeissent touttes. Ce Roy cy a vne tachette au frõt, qui veult denoter sa corõne, elles ont vng aguillõ, mais le Roy n'en a poinct, tel aguillon est leur armes elles tiennent leur Roy en grand honneur, car quand il sort lui suit toutte l'armee de pres & quand il est lasse de voler lors le rapportent elles vers la ruche: il ne sort poinct souuent si le cas ne le requiert pour moderer quelques querelles. Quand leur Roy viẽt a mourir font elles entre eulx vng grand d'ciul a chanter & hurler comme si des trompettes sonnoyent, elles l'ensepuelissent en terre auecq vne grande magnificence, comme on accoustume de faire des obseques, cela faict en eslisent elles vng aultre, car sans Roy ne scauroyent elles viure le Roy est fort diligent a donner courage a ses gens, quelles soyent soigneuses au trauail: quand elles ont acheue l'ouvrage eslisent elle tamps commode pour soy aller recreer, car elles scauent pronostiquer le mauvais tãps quãd il doibt plouvoir & alors ne sortirõt elles point elles sont fort nettes & tiennẽt leurs ruches bien mondes cõme aussi les champs ou elles volent elles sont aussi fort debonnaires, car elles ne poindrõt personne ou autres animauls si ce n'est a deffence de leurs ruches, car quãd elles sont quictes de laguillõ fault il quelles meurent. Il fault que les plus ieunes voysent es champs querre la nourritture pour les aultres plus vieilles, apportans ainsi l'vne des fleurs en la bouche l'autre de leaue ou rosee sur le dos & ainsi chargees tournent elles vers leur ruche, & en cas quelles s'appercoyuent de quelque vent au chemin elles se mecteront a reposer au dessus des arbres, & estans de retour au logis on les descharge & repartit on cela parmi eulx chacun a son office & scait ce quil ait a faire dedans le logis, les mouches paresseuses qui ne font grand chose sont chastiees des autres, les autres mouches qui viennẽt es ruches & ne font que manger le miel sans y proffiter riens celles la chassent elles dehors & les tiẽt, cõme leurs ennemies mortelles, elles deviennẽt fort vieilles auãt que mourir de soy mesmes, car selõ le rapport d'aucũs y en auroit il de 50. ans d'eage, elles scauẽt fort artificiellemẽt enlacer leurs ouvraiges ausquels elles sõt deux sorties ou passages lvne dessus l'autre en bas; elles n'ont nulle ialousie etre elles Le ieunes võt querre la viande & breuvage.

 mais

mais viuent amiablement & d'vng accord ensamble, sans exception de personnes, hormis que de leurs ouvriers paresseux & ennemis & les maistres nen ont que prouffict pourveu quils les gouvernent bien, car sans cela ils en pourroyent bien auoir dommage.

Des Fourmis.

LEs fourmis ne sont de moindre admiration que les abeilles, en industrie diligence & providence, tout au premier nous donnent elles exemple d'industrie pour gaigner les despens. Secondemẽt de providence pour pourveoir quelque chose de bon tiercement de diligence pour ne tomber en disette, car d'este assemblent elles dequoy elles auront a viure d'hyuer sans sortir des caues, elles sont curieuses aussi pour auoir quelque chose durable qui ce pendant ne se corrompe, quand ils ont quelque viande mouillee ou qui nest poinct bonne, il ne la traineront point en leurs caues, affin quils ne sentent puis adres dommage par elle. Ils tiennent entre eulx certains anniuersaires quils se vont visiter par ensamble, pour faire cognoissance les vngs aux aultres quand quelqu'vng y meurt, ils l'ensepuillaissent en terre la bonne communante quils entretiennent ensamble denote amitie la vitesse quils vsent es travaulx est signe danimosite & force, on se peult apperceuoir de leur debonnairete aussi, car se rencontrans par chemin estant chargés, ils se fairont place l'vng a l autre & si la charge est trop grande, a celuy qui la trouue ou porte ils se ayderont par ensamble. D'industrie en la fabrique de leurs caues passent ils tous aultres animauls, car on ni peult entrer tant subtilment font ils leurs voyes ils viuent fort paisiblement ensamble & on ne trouue poinct de rancunes ou discords entre eulx tellement quils donnent force bons exemples au gẽre humain mais qui en veult sçauoir plus quil lise Ambroise Paré qui en a escript plusieurs belles estrangetes.

Le 33. Chapitre.

De quelle facon & gout les poissons sont quon trouue ou quon prend en ces endroicts & tout au premier.

Du Dorado.

LE Dorado est tenu pour le meilleur poisson quon prent en mer, dont il a receu son nom des Portugalois, car ils veulent dire poisson doré ou poisson qui vault or, a cause quon ne trouue en mer poinct de meilleur semblablent aussi pource quil samble dore en l'eaue reluisant aulcunesfois comme or, sa facon nest point dissemblable au Saulmon des Anglois est il nomme Dolphin & des Flamans, gout visch, comme les Portugalois le nomment: ils sont fort isnels au nager tellemẽt quon les tient pour le plus viste poisson de nage quon trouue, il y a masle & femelle bien que la difference entre deux soit petite hormis que le masle a la teste vng peu plus platte que la femelle & l'vng a des oeufs & l'autre poinct ce poisson se tient beaucoup a l'entour des nauires quand il a faim & alors le prent on facillement il est communement de 4 & 5. pieds de lõgeur il a vng aisleron des la teste iusques a la queue auecq vne peau polie a laquelle ny a poinct d'escailles ou tant petites que riẽ plus, il n'a qu'vne arest traversaure & sa foye seichee & pilee & beue auecq vn peu de vin, est bonne medecine au flux de ventre. Ils sont fort envieux l'vng de l'autre car estans affamez & ne trouuãs poisson volant ils se devoreront l'vng l'autre comme l'experience nous en faict foy. Ce poisson icy est la pluspart trouue dessoubs l'Æquateur, quand le tamps faict beau lors les voit on bien par trouppes ensamble, mais en certaines saisons de l'annee le trouue on plus en vng endroict que en l'aultre, la valeur de ce poisson est si grãde quõ ne le pourroit croire car on ne s'en peult rassasier de le manger & selon que plusieurs en escriuent le tient on pour le meilleur & plus delicat poisson qui soit trouue es eaues tant de mer que de riuieres, tellement quon la a bon droict nomme Dorado.

Des Bonites.

LEs Bonites sont aussi bien bons & delicats a manger mais point tant touttesfois que le Dorado mais il est sec de chair comme nos carpes mais de beaucoup la ou que va maree, car ils se y tiennent environ la ou quil a quelque flux il est court & gros auecq vne teste ague & queue courte il a peu d'arests au corps mais plus touttesfois que le Dorado. Ce poisson cy est grand ennemy aussi du poisson volant il se tient aussi a l'environ des nauires & les devance tousiours en nageant combien isnellement quelles singlent, de facon que c'est bien merveille, comme ils les peuuent suiure. Ce poisson icy est prins auecq vn hamecon attournie de Linge, attache a l'antenne de deuant a vng cordon long quon va plongeant & retirant iusques a ce quil sey viẽt lance dessus & le happe pensant que ce soit vng poisson volãt dont il y demeurre accroche, nous trouuames tousiours beaucoup de poissons volans en leur estomac quoy nous en prennions puis des autres; sa foye est pareillement fort

fort bonne encontre la dissenterie & on l'vse comme celle du Dorado. Quand il est prins faict il beaucoup de menees saultant & grumelant se scachant malement acommoder a la mort il a aussi vne peau fort vnie qui samble grise mais elle est moins espaisse que celle du Dorado, on le prent plus en frescheure que en tamps tranquille.

Du Albocores.

LEs Albocores sont poissons d'vne peau blanche a cause quils n'ont nulles escailles comme les Bonites il a le ventre mol & du tout blanc auecq certains aislerons iaunes quon voit reluire de loing soubs leaue, & combien quil soit fort semblable au Bonites si different ils grandement en la grandeur, car nous en auons prins de 5. pieds de longeur & si gros comme vng homme, dont toutte la ciurme se pouuoit saouller. C'est vng poisson maigre sec & farineus poinct si delicat comme le Dorado, sa peau est tendre & il na aussi qu'vne areste trauersante.

Du Albcoret.

LEs Albocorets sont Ieunes Albocores, & les nomme on ainsi pource quils sont plus petis car sauf cela ont ils la facon & le goust tels que l'Albocores.

Des Tortues.

LEs Tortues sont de deux sortes, l'vne d'icelles se tient en terre sans venir en leaue & l'autre vient aussi bien en l'eaue que en terre mais en leaue se tiennent elles la pluspart. Cestes cy trouue on beauconp enuiron les Isles du sel ou de Cabo Verde les Tortues sont animaulx songearts qui flottent au dessus de la mer la pluspart en dormant: & quād elles ont la chaleur percee son escaille, se tourne elle sur le dos & ainsi se va elle tournant & retournant car quand la chaleur par trop l'eschauffe d'vng coste se tourne elle de l'autre & en c'este facon s'endort elle, se laissant demener des vogues: & flottans ainsi les prend on fort subtillement auecq vng crocq quon leue lance entre les deux escailles, a quoy on les attire dedans la barque, mais s'ils s'apperçoyuent d'aulcun ils se cacheront tout subit dessoubs leaue, combien quelles ne se y scauent tenir longuement dessoubs. Leur chair est fort delicate a manger & a le goust de chair de veau, on en trouue aussi grande quantite en China ou quon se sert de leurs escailles pour pauois a faire la guerre.

Des Requiens.

LEs Requiens des Portugalois dit Tubacon & des Flamanns hay est vng poisson fort lourd qui se laisse tousiours veoir en hault en tamps tranquille, car alors se vient il ordinairement illecq restaurer: il a tousiours entour soy quelque quantite de petis poissons quon nomme Quaquadoris ou pillotis a cause quils ne se departent poinct delui, mais le convoyent la ou quil nage, & quand il a recouuert quelque amorce lors le aydent ils a manger, sans quil leur face mal quelconque Ces Quaquadoris ont vne front plate radee, dont ils se tiennent fermes au dessus du corps de la requiens les aultres sont vng peu plus petis & sont quasi comme la rousette chez nous. Le Requiens est peu plaisante viande & bien coriace: il a sa generation dedans son ventre & ne iecte poinct d'œufs comme les aultres poissons: au nager est il fort lent & sans cela du tout paresseus, il n'a poinct des grands aislerons & sa bouche est au milieu de sa goige par dessoubs, sa teste est platte & mouce & quand il veult engouler quelque amorce il fault quil se tourne le ventre en sus pour la prendre. Cest vng animal fort, vsant tresgrande puissance a frapper de sa queue, & a des dens agus, qui sont l'vng parmi l'autre colloques a facon d'vne sye, dont il emporte aux hommes nageans en mer bras & iambes comme si on les leur eut couppes d'vne serpe & a cause quil est tant ennemi de l'homme, cerchant tousiours de soy rassasier de chair humaine, lui menent les matelots aussi guerre partiale, car quand ils en ont prins vng ils lui creuent les yeulx & lui lyent vne buche de bois a la queue & ainsi le iectent ils de rechief en mer, dont il endure grands tourmens & nous donne vng singulier plaisir, il est si gourmand que quand il a faim, il engoule tout ce quil rencontre sans viser a chose quelconque, si c'est chose digestible ou non, car on en a prins es ventres desquels on a trouue vne Serpe, vng haim de fer & vng cor de vache,

De Marsouins.

LEs Marsovins nomme on en Portugois Tamnos & sont de deux sortes l'vne a le museau poinctu comme vng Pourceau dont aulcunesfois il est appelle le Pourceau de mer, les aultres ont le museau plat comme le

Lamio & pour ce quil famble quils ayent des frocqs les nomme on moines marines. Ils sont coustumierement de 5. a 6. pieds de longueur, ayans vne queue l'arge forchue, colloquee au contraire des aultres poissons, mais comme les Lamio & Balaines. Ce poisson cy estant ouvert a de la Graisse, Chair, Lard & Foye aussi & puis toutes les entrailles semblables a vng pourceau, & au generer vsent il la mesme mode. Ceulx cy se tiennent tousiours par trouppes ensamble & la mer soy enflant viennent ils aupres des nauires rendãs la mer verde, par leur grand nombre, groignans & soufflans cõme Pourceaux, chose delectable a regarder, bien que les mariniers les voyans, estiment la tempeste bien tost future, comme souvent assez il advient, que lorage se vient a leuer bien peu aprés de lendroict dou quils arriuent.

Des Lamio.

LEs Lamio nagent a grandes trouppes comme les Marsovins, mais sont plus leuts au nager: neantmoins quand ils donnent la chasse a quelque poisson lors sont ils isnels & rades assez, comme souventesfois auons veu, ils sont vng peuplus petis que les balaines & nont point de trous dessus la teste, pour y souffler leaue dehors comme font les balaines.

La description de la figure No. 13.

Ceste pourtraicture represente les herbes & bleds quon trouue icy, A est la Canne de Sucre, B est le Mays ou Ble de Turquie, C est le Ris, D est le Millet dont ils se seruent pour ble pour en faire pain, E a ceste herbe croissent des petites poix rouge & noire fort gayement tachettees de couleurs, F est le persil de mer. G est le Gingember, H est vne arbre grande a laquele les febues croissent, qui ont bien vne paulme en rondeur, I est le Grain ou Maniguette.

Le 34. Chapitre.

Quelles Herbes & Bleds croissent en ces pais & quelles substances & vertus que elles ont.

LEs Cannes au Sucre croissent en haulteur de 7. a 8. brassees & ont l'espesseur d'vng roseau ou vng peu moins, elle sont distinguees par plusieurs noeuds & remplies par dedans d'vne tendre substantieuse moelle, les foeuilles sont longues de deux coubdees & plus estroictes que celles des Cannes despagne, aspres & tayees selon la longitude, elles ont plusieurs lettons superflus, semblables de coleur aux aultres Cannes: la racine est semblable aussi a la racine des Cannes despagne mais plus doulce & substancieuse ne sentant tant son bois, dont les ieunes sourgeons sortent, ydoines a replanter, quand on les decoupe. La Canne de Sucre croist volontiers en fond humide & air chaleureux, dont il procede, quelle ne sca croistre en ces pais depardeca on la couppe & laboure comme le ble bien entendu toutesfois a telle condicion, quil fault quelle croisse par deux estez auant quelle aye sa parfaicte croyssance, & puis y a encores des grandes paines dessus, auant quon en aye faict Sucre.

Du Mays & Millet.

LIsez le 25. Chapitre la trouuerez vous la substance & vertu du Mays pareillement aussi du Millet au 24. Chapitre.

Du Ris,

LE Grain du Ris croist a guise despics, d'vng coste & d'aultre d'vng chalumeau vng peu duret estant dedās certaines vessiettes iaunes, qui ont des tayes poinctues selon la longitude & au dessus des aguillons foibles agus, desquels le Ris estant oste, il est plus blanc, clair, dur & amiable pour en faire boullie que le plus beau fourment quon scauroit auoir les chalumeaux sont semblables a celles de l'orge, de haulteur d'vne coubdea ou vne & demie mais la racine ressemble a celle du fourment, les foeuilles ne sont point dissemblables a celles de lorge, la fleur rend bonne sustentation estant bouillie auecq des amandes & du laict estouppant le flux du ventre. Ceste semence est premierement venue des Indes & d'illecq distribuee par l'vniuers entier de facon quon trouue du Ris par tout, il ayme la chaleur & se meurit la plusspart par lardeur vehemente du Soleil, pourtant fuit il les pais septemtrionaulx, combjen quils soyent humides & ydoines mais malpropres par default de chaleur. La moisson de ce Grain vient bien tard a scauoir, a mi leptembre, cest merveille qu'vng Grain si sec & dur appete vnd fond humide, pour sa sustentation, dont procede tel Grain si savoureux & nourrissant.

Du Gingembre.

LE Gingembre croist en divers endroicts, comme la ronce chez nous de haulteur de 2. ou 3. paulmes de la main, la racine donne le Gingembre, la saison en la quelle on la ceuille la plusspart & quon la commence a seicher, est en Decembre & Ianuier, il le seichent en ceste facon, ils le couvrent d'Argille, affin de remplir & estouper les troues & quil demeure plus frez, car l'argille le garde des vers, & sans cela seroit il incontinent rongé tout oultre, il croist aussi d'vng autre facō comme la flambe auecq vn tuyau de haulteur de 2, ou 3. espans ou comme la ranse a laquelle la racine est semblable, ceste racine decouppe on par menu & on la mesle parmi autres verdures auecq de l'Huile, Sel, & Vinaigre dessus & ainsi la mange on en plusieurs lieus pour salade. Le Gingembre croist aussi en tous lieus chaulds ou quon le seme & plante, car cellui qui vient de soy mesme, n'a guerres de vertu il differe selon les lieux ou quil croist & selō cela est l'vng meilleur de l'autre. Tout au premier faict il aller a la chambre bien d'oulcement, confortant la vertu digestiue, au contraire aultres y a qui sont d'opinion que le Gingembre oppile car l'indigestion cause flux de ventre lequel procede de humidite crue & le Gingembre cause bonne digestion comme dict a este il rechausse lestomach & est bon aux vapeurs montās qui offusquent les yeulx & pour cela le mect on en grandes Medecines, le meilleur vient de S. Domingo & du Bresil & est meilleur que cellui qui vient de S. Thome ou Cabo Verde.

De la Graine ou Maniguette.

LA Graine ou Maniguette trouue on le plus en Afrique, en vng pais, qui d'icelle obtient le nom, elle croist es champagnes comme le Ris, mais poinct si hault, on la seme aussi comme le ble, & ses feuilles sont deslies & estroictes, ausquelles la maniguette croist comme avellanes aussi grande comme les espics du Mays, ayant la couleur rougatre: les pellures estees troue on la dedans colloquee la Maniguette, couverte de tayes, en maisonnettes separees comme la Granade

Le 35 Chapitre.

Des fruicts & erbres & quel gout, ressemblance, & substance qui ls ont & a quoy ils sont bons.

Du Fruict Bannanas ou figues d'Inde.

CE Fruict cy conduict on quasi par toutte l'Inde, & est le plus grand tresor que les Indiens ont auecq les Coquos: en chaque place ou il croist a il son nom different des autres places en Guinea se nomme il Banana les Bresiliens le nomment Pacona & l'arbre Pagover & en Malavar Patan & est le fruict dont Iehan Hugues escript & le nomme figue d'Inde. Cest arbre na nulles branches, le fruict procede de larbre & a des feuilles longues d'vne brassee & larges de 3. espans. Ces feuilles sont aupres des Turcs le pappier & en aultres lieux en couvre on les maisōs, a l'arbre ni a nul bois le troncq est faict par dedās de foeuilles roullees rēdres & serrees ensamble mais par dehors quand elle comme vng peu soy enveille est elle couverte, comme pour escorce, d'vne chose qui resemble le dedans d'vng tamis, & estant parcreue a la hauteur d'vng homme commencent illecq a saillir hors ses feiulles & soydresser debout & quand les Ieunes feiulles bourgeonnent lors s'aneantissent les vieilles & se seichent iusques a ce que l'arbre a sa croyssance accomplie & rend ses fruicts moeurs, Les feuilles ont au milieu vne veine bien grosse & espesse, qui separe la feiulle, au milieu d'icelles, du endedans du troncq, & au germement croist vne floeur de la grandeur d'vng oeuf d'austruche, de couleur perse laquelle s'allongit auecq le tamps comme le tronc d'vn chou auquel les figues croissent bien compres: Quand elles sont encores es gousses ne ressemblent elles poinct mal aux febues, & puis croissent elles iusques a ce quelles sont largues d'vne paulme & longues de quatre poulces, a facon d'vng cocombre ou saulcisse, on les decouperauant leur maturite & on les attache envoya auecq la trousse, qui bien souvent poise aultant comme vng homme peult leuer. elle donne aussi fort bonne pressure, comme laict qui sort de l'arbre au decouper d'icelle, & les ayant pendues 2. ou 3, iours, elles deviennent du tout meures & iaunes, l'arbre ne rend que vne trousse a la fois, a laquelle sont plus que cent fruicts ou Bannanas & quand on decoupe telle trousse de figues lors destrenche on larbre aussi iusques au pied, laissant tant seulement la racine en terre, qui bourgeonne incontinent de rechief & a sa parfaicte croissance en vn mois, & par toutte lannee sans excepter saison aucune porte larbre des fruicts: qui est fort delicat a manger, on en leue la gousse, soubs laquelle le fruict est fort delectable a regarder, sa couleur est blanchatre tirant vng peu au Iaune, & au mordre semble il que ce soit farine & beurre ensamble meslees, il est mollet au mordre & refroidit l'estomach, quand on en mange beaucoup cause il d'aller a la chābre & asprete en la gorge, les femmes qui en mangent beaucoup en sont incitees a luxure. Aulcuns y a qui sont dopinion (a cause que ce fruict est tant delicat) qui ce soit l'arbre colloquee au Paradis, dont dieu auoit defendu a Adam & Eua de manger, sa senteur est comme la rose, & fort bonne mais le gout surpasse, les Portugalois ne le distrencheront point par milieu mais le romperont en peces & ce d'vne contemplation mirifique a cause quon trouue vne crois en le coupant au milieu d'icelle dont ils en font conscience & lestiment malfaict.

Des Bachovens ou Bannana de Congo.

CEs Bachovens (ainsi nommees des flamans) sont quasi semblables au Bannana, car ses condicions & facons sont du tout semblables hormis que le fruict est vng peu plus court & plus petit & pardedans est il aussi vng peu plus blanc, & plus doulx de saveur, de facon quon les tient aussi pour plus salubres que la Bannana, mais ceulx cy ne croissent poinct en telle abondance & a cause quon les a apportes illecq tout au premier du Royaume de Congo en ont ils retenu le nom depuis.

Des Ananas.

LEs Ananas est aussi vng fruict bien delicat & odoriferant ayant le meilleur goust entre tous fruicts quon trouue, on lui donne aussi divers noms & y en a de deux sortes, a scauoir masle & femelle. Les Canarins le nomment Ananosa les Bresiliens Naua & ceux de Hispaniola Iaiama & les Espagnols en Bresil Pinas, a cause d'aucuns qui premierement le trouuerent auecq le fruict du Pin en Bresil, & ainsi est l'Ananas conduict par toutte l'Inde, il est comme vng grand Melon, bel de couleur entre les Iaune verd & Incarnat. Quand il se commence a meurir se change sa verdeur en couleur orangee, son goust est amiable & son odeur bien agreable comme vne Abricot tellement quon peult flairer lodeur de bien loing: quād on voit le fruict en quelque intervalle estant verd, resemble il fort aux cerchiopes, mais il na point tels aguillons agus. En Bresil en y a de trois sortes ayant chacune vng nom different la premiere Iaiama la seconde Baniatha la tierce Haiagua, mais icy nen trouue on que vne sorte, leur saison quils sont en fleur est en la quaresme, car lors sont ils au meilleur, il croist par demie brassee de haulteur & a des feuilles guerres dissemblables a la semprevine quand on les veult manger lors les couppe on en rondeaus y versant du vin d'Espagne dessus, on ne s'en scauroit saoler a le manger, il est de est de chande nature & appete fort le terroir de moillon, le ius quon en espraint a le goust comme le moust & quand on ne torche incontinent le couteau aueccq lequel on a couppe ledict fruict & quon se mect ainsi envoye par demie heure, il seroit tout ronge non plus ni moins que s'il este eut touche leau enforte, estant mangé en super abondance sans discretion cause il des grandes infirmites.

Des Iniamos.

ILlecq croissent aussi beaucoup d'Iniamos es champagnes quõ y seme & plante cõme les naveaux la racine est l'Iniamos qui croist pardedans la terre. Ces Iniamos sont de grandeur comme vng cheruis bien si grosses par dehors ont ils la coleur fauve & pardedans blanche comme naveaux combien quils ne soyent poinct si doulx bouillis en la chaudiere auecq de la chair & puis apres pelles en mangés auecq du sel & Huile sont ils fort delicats, en aulcuns lieux l'vse on en lieu de pain & est bien la viande dont plus les Negros vsent.

Du Batate.

LEs Batates sont vng petit plus roussatres mais de facon sont ils semblables a l'Iniamos & de goust aussi a la chastaigne. Ces deux fruicts y sont icy fort abondans, on les mange la pluspart rostis ou auecq de la chair bouillis en lieu de naveaux ou cheruis.

Du Vin de Palma.

LE Vin de Palma est quasi de facon d'arbre comme celuy du Coquos & divers aultres qui se resemblet tous quant aux feuilles mais touchant le bois sont ils differens, car cest arbre cy est plus court de bois. On tire le vin de ces arbres apres quon les a premierement perfores, dont certain suc secoule semblable au laict fort bon & amiable a boire. Tout au premier quand on la tire est il agreable & doux mais apres quelque espace petite de tamps devient il si aigre comme vinaigre, de facon quon s'en peult servir au dessus de la salade mais estãt beu, il chasse hors l'vrine tellement quen ces pais on n'en trouue poinct ou peu qui soyent vexez de la pierre de la vessie, estãt beur en quantite, eniure il car il a vn goust assez agreable, l'Ivongnerie quil cause, ne faict poinct douloir la teste, mais tresbien vriner & nettoyer les reins. Quand il vient tout premierement de l'arbre, alors est il plus doux que quand il y a este hors vng peu, touttesfois le tient on pour meilleur quand il a este vng peu dehors & s'est reposé vng petit que quand on le boit ainsi incontinent, car il bouillonne nou plus ne moins: que s'il estoit sur le feu bouillant tellement si on le mit en vng voire bouche sans y laisser aulcun air, il se casseroit par la force du vin, mais estant vieil de 24. heures ne vault il plus riens, par la grande aigreur quils a lors, auecq vne toutté autre couleur aquatique, pource fault il quil soit biẽ mesle auecq de leaue, & raresfois vient il au marche tel quil sort des arbres & ce en partie pour multiplier leur vin cõme aussi quil leur semble advis quil soit plus doux a boire il a le goust du Hipocras deau & la couleur du moust. Quand l'arbre devient vieille & ne veult plus rendre par enhault, le iecte on par terre, faisant vng feu a sa racine, de laquelle le vin vient en vn pottequin quon y met apres larbre estant du tout enveillie sans plus rendre aulcun proffict, lors bourgeonne hors de la racine de rechief vne autre arbre laquelle est bien vieille dvng demi an auant quelle donne aulcun vin, a laube du iour vne heure deuant Soleil leuant eaue on le vin desdictes arbres & vers le middi l'apporte on at marche.

Du Palmites.

DEs Palmites troune on icy bien peu, touttesfois puis que ien ay veu le fruict chez vng Negro qui l'auoit vaye voulu laisser de ne ladiondre icy c'est vne arbre sans branches & au tronc de l'arbre croist le fruict semblable de facon quasi a l'Annanas, quand il est meur at il vne belle coleur dorée & pardedans des grains comme la granade fort doux de goust.

Le 36. Chapitre.
De Leur noblesse & comment ils s'ennoblissent l'vng l'autre, & quelles ceremonies ils vsent a cela & choses semblables.

ON troune icy des nobles asses mais se sont vray belistres a tout potage car dés aussi tost quil sont estes ennoblis sont il plus pouvres & denues quils ne furent oncques mais a cause quils pensent puis apres estre grands maistres, estant ennoblis, ils sont fort ardans pour acconsuiure tel degre, combien l'advantage ne vaille maille touttesfois ils congregeant tousiours des leur Ieunesse pour a la fin lemployer en c'est ennoblissement. Il fault tout au premier quils donnent trois dons pour obtenir leu rennoblissement, le

premier

La description de la figure No. 14.

Ceste pourtraicture represente les fruicts (aueccq leurs herbes & arbres) quon trouue en ces pais, ainsi quils y furent au passé & par les Portugalois y sont estés apportes depuis. A est vne arbre a laquelle les Bannanas de Congo croissent qui est du tout semblable audict arbre de Bannana & y a esté tout premierement conduict au pais par les Portugalois, B est larbre du vin de Palma, C est le Palmites, D est larbre des Bannanas ou figuier d'Inde quils ont tousiours eu, E demonstre comme ils abbatent l'arbre du vin de Palma, apres quil ne rend plus nul vin par enhault, & comment ils le tirent puis par embas aueccq du feu dont la racine vient a recroistre derechief, F est le fruict quon nomme Annanas estant le plus delicat quon scais trouuer en toutte l'Inde, de grandeur comme vng Melon, n'estant dissemblable a l'herbe appellee Semperviuum & est venu en ces pais par les Portugalois qui l'ont apportee de la neufue Espagne, G est la racine du Batatas vng fruict bien delicat aussi, estant rosti car lors at il le goust semblable aux Chastaignes, H est l'Iniamos (vng peu moins delicat que le Batatas) qui est la plus ordinaire viande des Indiens en lieu de pain ou quils n'en ont point.

premier don est vng Chien quils nomment Cabra de Mato que veult dire vng mouton de boscage, le second don est vng mouton ou Crabitto: le troisieme est vne vache, aueccq plusieurs aultres choses, & alors est il ennobli: Ces presens sont distribues parmi la commune a scauoir entre ceulx qui sont ennoblis aussi, & sont faicts l'vn apres l'autre selon quil vient a propos a celui qui brame l'honneur, & a les moyens pour faire les despens, estant en poinct il va donner notice au Capitaine de son intention & achapte vne vache laquelle est menee au marche & illecq liee tandis faict on mander qu'vng telhomme sera ennobli en vng tel iour, ce pendant s'adobent tous ceulx qui sont desia ennoblis, pour faire vng tournoy sur la feste & autres fingeries assez. La personne qui se veult faire ennoblir apprestе aussi son cas en boire & manger pour faire bon recueil & traictement a ses hostes : il achapte des gelines & force vin de Palma & envoye a chaque gentilhomme vne geline & vng pot de vin au logis, pour en faire chere. Quand puis le iour est venu quon a de louer la force, lors s'assemblent tous les habitans au marche les hommes comme des superieurs se vont mettre a vn coste ayans aupres de eulx beaucoup d'Instruments comme tambours, sonnettes & autres tels semblables

Le

La deſcription de la figure No. 15.

En ceſte pourtraicture faicte au vif poues vous veoir en quelle maniere & quels triumphes il vſent pour ennoblir quelqu'vng, car celuy qui veult monter vng tel degre d'honneur donnera tout ſoy bien au peuple a l'advantaige, pour eſtre puis apres gentilhomme, a quoy ils pourchaſſent fort des leur Ieuneſſe, les femmes demenent lors grande ioye a danſſer & ſaulter pareillement les hommes a combattre & eſcrimer, par trois iours de routte & alors võt ils tuer la vache, dont l'ennobli faict preſent & la mectre en quartiers, la repartiſſant parmi la commune a chacun vng loupin, mais le nouveau gentilhomme nen peult poinct manger, car ils ſe perſuadent que s'ils mangeoyent du preſent quils en creveroyent tout ſubit. La lettre A eſt la vache dont il faict preſent au peuple, B eſt le buffle du Negro dont on faict vng noble toreau, lequel aſsis en vne ſellette, & ayant des eſclaues ſoubs ſes pieds, au deſſus deſquels il marche, eſt ainſi porte tout autour, allant aulcunesfois auſsi a pied. C eſt la femme du Gentilhomme ayant au bras gauche vng anneau d'or a guiſe d'ung braſſelet, D eſt le ſuperieur ou Capitaine qui regarde le ieu auecq ſon conſeil, E ſont les femmes qui vont deuant elle, F ſont les femmes qui tambourinent & ioent au deſſus des baſsins & autres inſtrumens, G ſont les gendarmes qui convient l'ennobli & ſaultent & eſcriment l'vng contre l'autre, H ces femmes cy ieſtent du ſel & de la terre blanche deſſus la femme du gentilhomme, I ſont les regardans qui viennent veoir la farce.

Le Capitaine ſe meſt es armes ayant apres de luy pluſieurs Ieunes hommes auecq des pauois & aſſegayes, tout par tout painctures es viſages & au deſſus du corps auecq de la terre rouge & iaume, reſſemblans a des petis diablets de gayete. La perſonne quon veult ennoblir eſt accompagnee d'aultres Gentils-hommes ayant vng garcon derriere ſoy, qui porte vne ſellette apres eulx laquelle ils plantent en terre la ou quils ſe veulent mectre adeniſer & quãd il viẽt a iaſer en quelque part & ſouhaiter a ſes cõfreres bonheue en leur eſtat, lors tirẽt ils vne poignee de ranſe du toict quils poſent deſſoubs ſes pieds & il y marche deſſus (cela accouſtumẽt ils touſiours quand quelques amis les viennent viſiter ou faire preſent de quelque choſe) comme choſe de grand honneur, les autres femmes des hõmes ia ennoblis ſe viennẽt auſſi ioindre aupres de la fẽme d'iceluy qui au a faire le feſle festin pour a elle monstrer tout honneur & reverence, l'attiffant & aornant gentiment, embellissant ses cheveulx auecq force Fetissos & croisettes d'or attachant a son col vne collane d'or, ayant en l'vne main vne queue de Cheval & au droict bras vng anneau ou brasselet qui a de chacun des costes deux rondeaux en guise de couvercles de pots, faicts de fin or. Estant ainsi attourees on les meet en telle ordonnance de rang selon la competence du feu, la vache mene on tout au deuant & apres icelle suivent tous les gentils hommes de la ville en procession, dansans & saultans tout autour de la ville. Puis estans de retour au marche on lie illecq la vache & la font ils rage de tambourer & corner & les ieunes hommes pareillement a saulter & escrimer auecq leurs pauois & Assegayes ca & la, demenans a leur adius grande ioye autour de ce gentilhomme, chacun a gaingner de l'aultre pour acconsuiure le plus d'honneur. Les femmes n'en font pas moins dansans & chantans & portans aucunesfois les personnes tāt l'homme que la femme au dessus d'vne chaire autour de la ville, les attourans de farine au visage de Facō quils menēt grāde ioye & ont plusieurs passetēps ensāble trois iours de routte & chaque soir les convie on au logis, ou que les autres gentils hommes les gardent le iour apres le viene on querre de rechief auecq vne bonne trouppe de gens & on y renovelle l'honneur du iour passe il meet aussi vne banderolle blanche au dehors dehors de son logis en signe de liesse & court bandie. Au troisieme iour occit on la vache & est mise par le bourreau en quattre quartiers & a chacun donne on vng loupin affin quils soyent participans de la feste mais l'homme ou la femme qui font ce festin n'en peult point manger de la vache, car on lui faict a croire quil mourroit en celle annee s'il en mangeoit morceau. Quand la feste est achevee lui apporte on la teste de la vache au logis, laquelle par lui est pendue en son logis apres quil l'aura brauement painturee & aornee de Fetissos & chalumeaux en tesmoignage perpetuel de sa noblesse obtenue a tout quoy il le peult demonstrer. Il acquiert lors des grands Privileges car il peult a chapter des esclaues & demener traffique d'autres choses que parauant il ne pouuoit poinct. Quand il sont puis ennoblis ils en sont fort oultrecuidez & la premiere chose quils diront aux estrangiers cest quils sont gentils hommes & quils ont beaucoup desclaues soy reputans lors d'estre grands personnaiges & maistres, mais il advient bien souvent apres que le festin sera tenu & quil est passe gentilhomme quil est plus pouvre & desnue quil n'estoit au parauant, comme ayant consomme tous ses biens a tel degre & quil fault quil voise puis de nouveau a pescher & se mectre a faire quelque chose s'il veult auoir dequoy viure, tel ennoblissement leur vient a couster environ huict bendes a scauoir vne liure d'or mais dessalque ce que l vng & l'autre lui donne chacun selon son pouuoir, ne lui vient il point a monter a demie liure d'or. Ces ennoblis tiennent entre eulx vne confraternite & aniuersaire faisans lors bōne chere ensamble & attournent de rechief lors, la teste de la vache auecq des espics de miller & la painctorent auecq de la couleur blanche signifiant loctaue de leur feste en oultre tiennent ces confreres encores vne feste generalle entre eulx le 6. iour de Iuillet, lors paindent ils leur corps auecq des rayes rouges & blanches & autour du collet pendent ils vne guirlande faicte destrain & branches verdes & cela portent ils par tout ce iour, dont on peult cognoistre les ennoblis, lors garnissent ils aussi de rechief la teste de la vache le iour de leur festin auecq des Fetisso comme pardeuant & au soir viennent ils a soupper ensamble au logis du Capitaine ou quils sont ioyeux ensamble en beuvant & mangeant auecq grande gourmandise & yvrognerie.

Le 37. Chapitre.

De leurs Danses & Saultemens & quels Instrumens ils ont,

ILs s'attiffent fort gentiment principallement les femmes quand elles veulent aller danser en quoy il ont grande oultrecuidance, elles se garnissent les bras auecq beaucoup de brasselets de cuivre estain & yvoire, aux iambes attachent elles des anneaux auecq des sonnettes affin que en dansant elles resonnent, leur teste est frisee & enlacee en sommet, le corps laue elle auecq de leau froide & l'engraisse puis auecq de l'Huile de Palma, affin quil fut plus reluisant, ses dens sont aussi bien blancs & polis, reluisans comme yvoire, par force de les escurer continuellement auecq vne certe sorte d'vng bois tresdur, puis apres prend elle autour du corps vne piece de blanc linge dependant de dessoubs leurs manuelles iusques aux genoux & coustumierement se rassemblent elles au soir ensamble & s'en vont au marche, pour y danser, les aulcuns ont des instrumens esquels ils iouent comme l'vng a vng bassin de cuivre au dessus duquel il frappe auecq vng baston, aultres ont des tambours de bois cauez hors d'arbres creux, couverts d'vne peau de Cabritto, au dessus desquels ils sont assis tambourinant, les troisiesmes ont des ronds [illegible] tout autour decouppez en [illegible] au dessus desquels ils tambourinent aussi auecq des bastons, les quatriemes ont des sonnettes a vache, les cinquiemes ont des luths faicts d'vng tronc auecq vng cercle a guise de harpe & cordes de roseaux auxquels ils iouent a deux mains & chacun se sert la de ses instrumens, tenans bonne resonnance par ensamble a quoy aulcuns [illegible] leur chant & autres commencent a y danser dessus a paire a paire [illegible] des pieds en terre cliquetans des doigts en aer, nicquetans les testes & s'entreparlans [illegible]; ayans vne queue de Cheval es mains, quelles iectent lors en l'vne des espaules ores en l'autre, [illegible] au ieu, & aux demenees l'vng de l'autre, se contrefaisans ensamble, autres femmes y a qui prennent vng [illegible] de fouace quelles laissent cheoir en terre & resaultans

en l'air

le reprennent elles aueccq les pieds & le iectent en hault le happant de rechief es mains de facon quelles font des terribles demenees & singeries, soy recreeans a bon escient, combien quelles ne veulent point estre regardeez des estrangiers, pour ce quils se mocquent de leurs badineries & quelles commencẽt adevenir honteuses: cecy ayant duré lespace d'vne heure ou deux se retire chacun a son logis, comme s'estãs saoulees du soulas il y a aussi des maisons là ou que les Ieunes gens apprenuent a dancer & iouer. Les Ieunes hommes s'õt fort accoustumes de s'enyvrer & de courrir de nuict par la ville aueccq leurs armes & assegayes faisans grands bruicts & tumulte, comme si vng tas de Diables y fussent dechainez & se rencontrans par fois ensamble, ils entreprenderont querelle & noise & debats, dont ils sont puis ainsi acharnes l'vng sur l'autre, quils se destruiroyent bien sans quon les puisse separer: neantmoins ils n'entreprennent point facillement des querelles car ils ne sont point colerieques mais souffriront beaucoup maximement des estrangers auant quils se y opposent pour vser force mais apres quils commencent ils ne sont point a retenir ou à acquiescer mais sont fort acharnes & ardãs pour destruire leur adverse partie, aincoys que ce leur deust couster la vie, car ils ont les mains addextres a frapper & battre que trop.

Le 38 Chapitre.

De leurs Blessures & Infirmitez & quels remedes ils vsent à icelles.

ILs sont soubiects a beaucoup d'infirmites & langueurs, combiẽ quils n'en facet cas, ou s'en soucient guerres, quand ils ont quelques blessures & playes, leurs infirmitez maladies & afflictions dont ils sont au plus tourmentes, sont la verole, poulains, flux de semence, vers douleur de la teste & fiebures ardantes: lesquelles infirmitez ils acquierent la pluspart des putaines & femmes immõdes ausquelles ils sont fort inclins & combien quils soyent puis entaches de quelque affliction, laquelle ne soit point sans peril evident si n'en font ils pourtant tel cas que le dangier requiert mais s'en vont a leurs affaires ne plus ne moins comme s'ils n'eussent mal aulcun monstrans en cela vng courage viril & nullement effemine, laissant guarir & putrifier leurs playes deulx mesmes, sans y applicquer remede aulcun, pource quil n'en ont ni seauent nuls entre nulx qui leur soyẽt bons & ydoines a guarir ou playes ou maladies, quelconques, d'autre part nont ils aussi nuls Barbiers ou semblables Chirurgiẽs qui leur sceche donner conseils ou remede contre aulcune maladie, infirmite, playe ou blessure, pourtant fault il bien qui icelles voisent leur erre, si ce n'est que quelqu'vng de nos Barbiers leur donne quelque emplastre ou remede; contre la verole & fies se servent ils desormais beaucoup de la salseperille que les nauires Hollandoises y apportent, laquelle ils font bouillir aueccq de leau doulce, & telle eau boyuent ils pour beuvrage encontre la verolle & semblables maulx, mais contre les vers qui leur viennent es iambes, dont icy apres parlerons plus amplement (car nous en sommes aussi vexes incroyablement) n'vsent ils remedes quelconques, mais les laissent es iambes comme au parauant iusques a ce que le mal se cure soy mesmes. Encontre la douleur de la teste vsent ils certain pappin quils font de herbes verdes dont ils frottent le lieu qui leur deult d'autre coste s'ils ont quelques tumeurs ou bosses & que icelles ne veulent iecter boue ils y couperont 2. ou 3. crens dedans aueccq vng couteau & les font venir en ceste maniere a operation, les laissent puis curer de soy mesmes & retiner aussi, d'ou procede quils ont tant de cicatrices par tout & tant de coupures au corps: neantmoins on peult bien discerner si ce sont trenchees faictes pour aornement ou pour remede de quelques maulx ils n'vsent aussi nulle phlebotomie, hormis quils se cauent aulcunesfois du sang a tout vng couteau ca & la au corps. Quand puis ils ont quelques autres infirmites naturelles, lors ne se secoureront ou ayderõt ils nullemẽt l'vng l'autre mais si quelqu'vng y devient malade ils le fuient comme la Peste & contemneront le pauvre malade comme vng chien, sans le secourrir ains que ce fut aueccq vne goutte d'eau ou huile seulement, combien que ce fut en leur pouuoir, voire ains que ce fut le Pere au fils, mais le laissent la comme vne beste perir de faim & malaise, tellement quils n'vsent d'aulcune compassion envers les languissans.

Le 39. Chapitre.

Des rancunes & envies quils se entreportent & en quelle maniere on ne troune icy nuls caymands ou brimbeurs.

ILs font grande distinction entre le mot Negro ou More, car ils ne veulent poinct estre appelles Mores mais Negros ou pretto (que veult dire hommes noirs) car ils disent que More signifie aultant que esclaue ou captif pareillement vng homme qui ne scait riens & est a demi fol, ne voulans a ceste cause estre dicts Mores mais bien Negros, car les nommont more, ils vous donneront ou nulle ou bien malplaisante responce. Ils se font aussi esclaues entre eulx mais d'vne autre facon que en Angola ou Congo, car on ne seauroit poinct charger icy des nauires aueccq des Negros comme illecq mais au contraire sont ils demandez icy & les veulent bien eulx mesmes achapter, mais a dire quon ne y tienne poinct d'esclaues seroit faulx, on en troune des captifs & esclaues mais a cause que le pais ni est guerres laboure tellement quils nont point besoing de grand nombre de

 captifs

La description de la figuere No. 16.

Ceste figure demonstre comment quon ne trouue icy nuls pouvres, mais que chacun se y mect pour y faire quelque chose, d'autre coste ausi comment quils vont accoustrez illecq & quels affublemens ils portent seulement, A est la femme d'un Roy quils nomment AEneodifie ainsi quelle est bardee en iour de feste, & se va deporter par les rues ayant plusieurs corails autour du collet & les cheveulx gayement entortilles, auecq des petis poincons la endedans dont elles se servent pour faire reverence, en les mectans hors & dedans, ayant a l'ung des bras vng brassal d'or comme les grandes damoiselles portent & dedans l'autre main vng esventoir pour enchasser les mouches de son corps, B est vne femme de ioye nommee Etigaso estant aussi bien gentiment attouree & decouppee & piequottee au visage ayant es iambes des anneaux ou des sonnettes, qui en allant vont retintant comme elles ne facent autre chose que danser & saulter aussi at elle a ses bras des anneaux faicts de dens d'Elephant, auecq vng petit enfant aupres de soy, attournie d'vne chemise autour du corps a guise d'vne rets enlacee de cannepin darbres, affin que le Diable ne lemporte, soy persuadants, quil en seit affranchi par tel affublement, C est la femme d vng pescheur qui va revendre la prinse au marche, D icy se entre saluent ils se donnans le bon iour disans l'vng a l'autre Ausÿ, cliequetans les premiers doigts ensamble, E icy font ils lamour ensamble.

captifs pour ceste cause ne les scauroit on recouvrer icy en nombre, pour en faire train de marchandise mais seulement autant que les gens ent ont de besoing pour leur seruice, d'autre part ne peult achapter icy tels esclaves sinon celuy qui y est previlegie estant ennobli ou de grand linage & les esclaues qui sont icy sont faicts de pouvres gens qui ne scauent gaigner la vie. Secondement aussi de personnes tombees en quelques amendes au Roy qui ne les scauent payer, qui puis apres sont revendues pour satisfaction en esclaues, tiercement les ieunes enfans qui sont vendus de leurs parens a cause quils nont le moyen de les sousteanter & donner les despens tels esclaues sont contraincts de seruir toutte leur vie aux gẽs ausquels ils sont subiects & faire le mesnage aux femmes, comme a faire pain & querre du bois & choses semblables autres ieunes garcons qui n'ont point de force encores mect on a aguiser corails & a aller en mer pescher. On les cauterise & marque aussi pour les retrouuer quand ils s'enfuyent & les recognoistre a telles marques, Puis apres touchant les autres gens qui ont quelque defectuosite au corps comme affoles & boyteux, tellement quils ne scauẽt pour ceste cause gaignee la vie

vie, tels mect le Roy aupres de quelques mareschals pour demener les soufflets autres aupres des gens qui pressent de l'huile de Palma ou broyent des couleurs a quoy tels affoles peuuent seruir ou en tels semblables mestiers dont ils se scauent mesler & gaigner la vie, de facon quon ne trouue icy nuls mediens car on les mect pour gaigner leur vie en quelque part tellement que les habitans nont nulle grevance l'vng de l'autre, vsans en cecy la coustume & mode de ceulx de China. Le Roy des villes tient beaucoup d'esclaues & demene son train de marchandise & faict son proffict auecq eulx, a les achapter & revendre tellement quon ne troune icy nuls seruiteurs ou seruantes pour seruir les gens pour loyer ou gages, mais tels sont sinon esclaues ou captifs ausquels il est necessaire de finir leur vie en telle calamite. Rancune & envie sont en ces pais aussi que par trop, & quād ils prendront quelque hayne contre aulcun ils le hayront meschamment & lui fairont tout le mal & despit quils se scauront excogiter & mectre a effect d'autre part remembrent ils vng ennuy longuement voire par 7. ou 8. ans le tiendront ils a cœur & puis le receleront ils pour s'en venger a poinct venu. Non pas moindre rancune & envie s'entreportent les villes l'vne a l'autre, s'entreblasmans continuellement par vituperes & mespris affin dattirer a soy la chalandise & que les nauires vinssent a iecter lancre deuāt leurs villes, & que les marchans fussent contraincts par cela de passer par leurs villages pour negocier auecq icelles, dont ils sont fort orgueilleux & oultrecuidez & combien que l'vne des villes ne soit distante de l'autre que de 3.4. ou 5. lieues si est ce nonobstant quelles se entrehayssent si malheureusement quil est indicible, se mesprisans & vituperans l'vng l'autre tant & plus & ce pour auoir la Chalandise des flamans, tellement que chacun deulx est plus enflammé a monstrer bon visage aux dicts flamans, pour gaignar leur bonne grace & soy asseurer de leur voisinage a cause du train de marchandise quils demenent ormais quasi seulz, puis que les Portugalois ne y font quasi plus riens. Envies de personne a personne ville ou ville.

Le 43. Chapitre.

La facon comment quils deplourent leurs morts auecq les visitations des parens, & le bruict de chanter & tinter les bassins quils vsent en cela puis apres comment quils les portent en terre & comment ils se vont puis lauer en mer & tiennent les obseques ensamble en faire bonne chere.

Les gens de ces pais sont fort assuiectis a plusieurs infirmites & afflictions signamment entre autres a celles quils acquierent par luxure, a laquelle ils sont fort addonnez, comme deuant est dict, & combien quils se marient & accouplent auecq peu damour ensamble, comme ceulx qui relectent souvent leurs femmes & en achaptent des autres: & qui en prennent 2. ou 3. qui ne sont cas d'affection stable, puis que l'hōme ne peult aymer ses femmes egualement mais fault quil monstre plus d'affection & faueur a l'vne que a l'autre, si est ce neantmoins quils se separent ennuy l'vng de l'autre & quils deplourent les morts terriblement & en demenent grand deiul. Les gens deviennent icy ordinairement bien vieils a veoir leur contenance & selon nostre aduis, mais ils ne scauent poinct compter leur eage ou a dire combien dannees ils ont. Quand les hommes commencent a soy envieillir icy ne sont ils plus si beaux de personne mais laids & malplaisans a regarder comme ayans des cheveulx gris, la peau iaune & ridee, comme marroqvin d'espagne, ce que procede de la continuelle onction de l'Huile de Palma quils souloyent vser en leur ieunesse pour aornement de leurs personnes, ils sont aussi maigres de bras & iambes en fin du tout enlaidis principallement les femmes auecq leurs tettes longues qui sont attachees au corps & ont la forme de vieilles vessies de pourceaux elles ne deviennent poinct volontiers vieilles a causes quelles ne sont alors icy en nulle estime mais reboutees par tout, & nulle part cheries & ainsi quils deviennent tousiours plus beaus en noirceur depuis leur enfance iusques au plus parfaict de leur eage, ainsi commencent ils aussi apres cela a perdre icelle noirceur & se chāger en deformite iusques au bout de leur vie, comme les arbres es champs & la neige au Soleil. Quand le Soleil vient a monter en l'Equateur ou au dessus de leur teste en la saison de leur Hyver, lors deviennent les gens icy beaucoup malades, & lors y a il icy grande mortalite entre eulx, par l'insalubrite de lair quil y est alors. Quand leur rolle est puis acheuee & quils sont trespassez, lors viennent les parens & allies en la maison mortuaire & deplourent le mort auecq grandes complainctes hurlemens & cris parlans a luy & luy demandans pourquoy quil est mort auecq semblables badineries comme les iuifs ont de coustume beaucoup faire. Ils prennēt le mort & le mectēt plat en terre au dessus d'vng matras enveloppans le corps auecq vng drap de laine, dont ils se seruent a cela, estāt faict au dedans du pais, & est de couleur rouge, bleu, noir & blanc, ils lui mectent dessoubs la teste vne sellette de bois & prennans vne peau de Cabritto luy en couvrent la teste, soit homme ou femme & tout le corps couvrēt ils auecq de la cendre & pouldre d'escorce d'arbres les yeulx du mort ne ferment ils poinct & les bras laissent ils gesir tenant lui laissant coucher ainsi ce mort par vng demi iour a lair. Si cest vng homme sa plus chere femme s'assira aupres de luy & si c'est vne femme lors se mectera l'homme au coste d'elle hurlant & brayāt auecq vng faisceau de paille ou escorces d'arbre en la main dont en hurlant il va frottant au dessus du visage du mort parlant aucunefois a lui en disant Aussi faisant des grandes complainctes, ce pendant viennent les parens & allies du trespasse le visiter & soy douloir de sa disgrace autres plus proches parens du coste de la femme vont

Quand ils commencēt a decliner.

Ceremonies vsees sur vng mort.

La description de la figuere No. 58.

En ceste pourtraicture peult on veoir quelles ceremonies ils vsent pour mectre en terre leurs morts A est le sepulchre auquel on doibt enseuelir le trespasse auecq toutes les choses quils enseuelissent auecq luy les posans au dessus du sepulchre, B sont les funerailles & les gens qui portent le decede au fosse, les premiers vont en saultant & iouant dessus des bassins, les aultres suiuans le corps mort ne font que cris hurlemens & complainctes, C apres que le mort est enseueli vont les femmes a tapinois au dessus du sepulchre faisans grandes complainctes, D apres quelles se sont ainsi trainees au dessus du fosse s'en vont elles au rivage de la mer se lauer le corps, d'ou quelles se retournent au logis a faire grande chere ensamble.

autour de la maison chantans & frappans dessus des bassins, retournans aucunesfois vers le mort autour duquel ils vont aussi chantans & saultans cliquetans les mains ensamble demenans terribles gestes, tournans puis derechief autour de la maison en chantant & iouant au dessus des bassins, ce quils reitereront par trois & quattre fois de route, estant faict ou toute preparation pour tenir les obseques & faire grande chere ensamble apres l'enseuelissement car il font cuisiner vng mouton auecq des gelines & aultres viandes quils sont coustumiers a manger. Ce pendant que le mort gist encores au dessus la terre, va le plus ancien Moriniu du quartier auecq vng bassin de logis en logis, & chacun est tenu de y mectre la valeur de dix soulx en or dedans lequel argent est employe pour en achapter vne vache, laquelle vache est donnee a vng Fetissero ou enchanteur qui coniure leurs Idoles affin quil coniure le Fetisso & lui die quil doibue laisser en paix & repos ce corps & quil le porte en l'autre monde sans lui faire molestie au chemin auecq le sang de la vache engraisse, il le Fetisso car il fault qu'vng mort oigne son Fetisso de sang, puis apres lient ils le corps mort au dessus d'vne planche & le portent au sepulchre en chantant & dansant. Ledict corps est porte des hommes mais tant seulement les femmes l'accompagnent a seules a seule de rang l'vne derriere l'autre, ayans autour de la teste vne couronne de paille & vng baston en la main, le mari de la femme quand elle meurt se mect hors tenant le mort, l'accompagnant au fosse en hurlant, & hormis icelluy ne sont nuls hommes es funerailles si ce ne fut que le mort fut conduict en vng autre endroict pour l'enseuelir, comme il advient bien quils transportent le corps bien 20. lieues arriere du lieu du lieu ou il est trespassé pour le mectre en terre illecq, & alors laccompagneront beaucoup d'hommes auecq leurs armes: on mect le mort en terre en vng fosse que le fessoyeur a faict de profondeur de quattre pieds ou environ, auquel on le mect, mectant au dessus d'icellui plusieurs bastons bien pres l'vng de l'autre, les femmes vont a chatons au dessus du sepulchre ca & la, demenans grand deuil en hurlant & brayant entant y iecte on la terre dessus ammoncellee comme ung coffre ou vne paroy de bricque. On apporte au dessus du sepulchre tout ses biens dont il s'est servi pendant sa vie, accoustremẽs, armes, pots, bassins, selles, louches, & semblables meubles touttes, on l'apporte au dessus du fossé, & on l'enseuelit aussi auecq lui affin de s'en servir en l'autre monde, comme il s'en prevalloit en cestui cy en terre. Aultres parens du mort portent aussi quelque chose pour memoire au dessus du sepulchre, quon mect aupres des aultres choses susdictes. Si cest vng yvroigne, qui beuuoit volontiers du vin de Palma pendant sa vie, a vng tel donneront ils aussi vng pot de vin de Palma le mectant dessus le sepulchre, affin quil ne se meure de soif, & tels semblables cas, dont ils se sont servis durant leur vie enseuelit on auecq eulx a la mort. Si cest vne femme qui soit morte d enfant a le produire, tel enfant mectera on en ses bras & l'enseuelirat on auecq elle en vn fosse. Au dessus du sepulchre faict on vne logette de chaulme en forme de sepulchre au dessus de laquelle touttes les susdictes choses sont colloquees. Les fossoyeurs peuuent prendre la moictie des biens quon y mect dessus pour leur droict mais les amis & parens les contentent & payent affin que tout demeure en son estre, car cest grand honneur a eulx quand beaucoup de biens sont mis & enseuelis auecq le mort, lesquels y sont laissez aultant de tamps iusquels a ce quils se gastent & consomment d'eulx mesmes, sans que personne s'advance iamais pour aller querre ou prendre quelque chose desdicts sepulchres. Le mort estant enseueli vont ils de compagnie tous vers le rivage de la mer ou quelque aultre reuiere & aulcunes des femmes vont en leau iusques au nombril & iectent leau a pleines mains a eux mesmes dedans le visaige & au dessus du corps, se lauans les mammelles & tout le corps, & aultres iouent ce pendant au dessus des bassins & semblables instrumens & vne de ces femmes prend puis l'homme ou la femme qui a perdu sa compagnie & le menent en leaue le mectant a plat sus son dos & le releuant de rechief par diuerses fois, s'entreparlans ensamble & faisans leurs doleances. Quand il est puis bien laué de hault en bas, le mene elle derechief hors de leau & laccoustrant vont ils a la maison mortuaire a faire grande chere ensamble & soy en yvrer puis apres si c'est vng homme qui ne laisse aulcuns hoirs ou qui en laisse derriere ils fault que les femmes deliurent tous les biens & argent soit d'or ou conqueste aux freres du trespassé sans en tenir vng brin pour entretenement des enfans s'il na nuls freres lors vient le pere qui recoit les biens en lieu de ses fils si cest vne femme lors fault il que l'homme rende le dost d'icelle a ses freres d'elle, sans le retenir pour les enfans d'elle, tellement quil ni a nulle succession aux enfans icy & beaucoup moins peuuent les femmes herediter de leurs maris mais la hoirie est repartie entre les freres, mais pendant leur vie ont les femmes le maniement de la cheuance ou argent, dont il procede que les ieunes fils & filles sont necessitees des leur Ieunesse a faire quelque chose pour gaigner la vie, affin d'auoir quelque chose aussi quand ils se viennent a marier.

Le 43. Chapitre.

De l'enterrement de leurs Roys & superieurs & quelles Ceremonies ils vsent a cela.

QVand quelques Roys meurent y demene on plus grand deuil & tristesse que au dessus d'vne personne particuliere, ce que samble bien raisonnable a cause que toutte la commune se resent de la perte d'vng superieur. Ils font sur lui les Ceremonies cy dessus mentionnees, mais a cause qu'vng Roy a de besoing de plus de service qu'vne personne privee fault il aussi que plus de gens le voisent accompagner en l'aultre mõde, & par chemin, pource quil ait a faire vng long voyage, auquel il a disette de beaucoup de choses. Ils ne scauẽt nulle resurrection, mais quand ils meurent, se persuadent ils, d'aller en vng aultre endroict, ou quils auront de viure de rechief comme icy sur terre, & pensent aussi quils ne trouueront la riens a vendre, a raison dequoy on leur donne & adioinct on de tout affin quils nayent nulle disette, d'advantaige s'il y a quelques ennoblis qui oyt serui le Roy pendant sa vie ceulx la quand il est decede lui font present dvn esclaue pour s'en servir, aultres personnes lui font present d'vne de leurs femmes pour le servir & appareiller sa viande, aultres d'vn de leurs fils pour voyager en l'autre monde auecq le Roy, de facon quil y a vne bonne trouppe de gens qui se mectent en chemin auecq le Roy, desquelles gens on occit & trẽche la teste, sans leur sceu touttesfois, car on ne le leur dict poinct quon les aura a occire pour accompagner le Roy mais quand le tamps des funerailles s'approche, lors envoyent ils telles personnes a ce destinees quelque part en message ou a querre de leau & l'autre la suit auecq vne assegaye & le meurdrit au chemin & porte puis le corps mort en la court du Roy; a quoy on peult veoir son fidele service quil demonstre envers le Roy, & ainsi font ils tous & les corps morts sont engrasses de sang & enterres dedans la court du Roy & en sa sepulture, affin quils eussent a voyager ensamble, s'il a quelques femmes qui lui portent singuliere affection, celles la se laissent aussi occire auecq les aultres susdicts & enterrer quant & quant affin quelles regnent auecq luy en lautre monde. Les testes des occis mect on tout autour de la sepulture pour aornement & a honneur du Roy au dessus du sepulchre pose on toutes sortes de viandes & beuvrages affin quils ayent a manger & se font a croire a bon escient quils conomment lesdicts vivres & boisson a raison dequoy on les renovelle assiduellement tous ses bagages comme habillemens & armes sont enterres auecq luy & tous ses gentils hommes qui le souloyent seruir, sont faicts au naif de terre & painctures & mis selon l'ordonnance autour du sepulchre l'vng aupres de l'autre, de facon que leurs sepulchres sont comme maisons & garnis non plus ne moins comme s'ils estoyent encores viuans, laquelle sepulture Royalle, est tenue en tel honneur & si bien gardee, que ni de iour ni de nuict elle nest iamais sans garde armee affin que s'il demandoit quelque chose quon le lui apportat incontinent & quil n'eust a souffrir indigence aucune en chose quil pourroit auoir affaire.

Le 42. Chapitre.

De leur nager & comment que les femmes y nagent aussi fort advenamment.

PAr l'vsance que les enfans s'abbandonnent des leur tendre eage tousiours en l'eau y passans iournellement le tamps, tant fillettes que fils comme n'ayans en cela nulle discretion ou vergogne, advient il, que les habitans sont icy principallement es villes marittimes tresvaillans nageurs: mais les paisans au dedans du pais nen sont nullement exercites, voire que pis est il sont bien estonnes quand ils viennent a veoir la mer iay cy deuant mentionne auecq quelle dexterite ils scauent retourner leurs Canoes renversees en la mer & les serche de rechief, ainsi ne sera point de besoing de le redire icy mais deduire tant seulement comment quils scauent nager, ils sont nageurs fort isnels & se scauent tenir long tamps dessoubs leau & soy plonger par vng bien grand traict & en pas moindre profondite conservans leur veue par dessoubs leau & a cause quils ont telle habilite au nager & plonger, les tient on expressement a cela en plusieurs pais, ou quon en a affaire & se sert on d'eulx, comme en l'isle de S. Margarita es Indes d'Ouest ou quon pesche aux perles, quon va querre au fond de la mer par les plongeurs comme les Histoires touchant cela en font plus ample relation, d'aultre part es Indes Orientales en Goa & Ormus, ou quils vont querrir l'eau fresche que les gens y boyuent par bien 20. brasses par dessoubs leaue salee, pour obuier a certaines infirmites de vers que l'autre eaue doulce du pays y cause & a cela se sert on beaucoup de ces Negros cy, pour l'adexterite quils ont au nager & plonger, neantmoins combiē quils soyent fort experimentes en tel art, si est ce toutesfois quils ne se donnent point volontiers en mer, de poeur d'aulcuns poissons appelles Requiens & en Portugalois Tubacon & en flamen haey. Ces poissons sont fort ennemis des hommes, & quand ces Negros sont nageans & soy plongeans en leau, lors viennent tels poissons & leur emportēt a dents ou bras ou iambe & que plus est il s'en vont biē a tout vne personne & la devorēt par dessoubs leaue. Ils vsent en nageant la mode Portugaloise a bras dehors l'eaue iectans ores l'vng bras ores l'autre auant pareillement aussi des iambes, comme les ranes & sadvancent terriblement, surpassans nostre nation de beaucoup neantmoins touchant les femmes combien quon en trouue icy beaucoup qui scauent aussi fort bien nager si est ce quelles ne se scauent tenir si longuement soubs leaue ou plonger: vsans la mesme mode au nager que les hommes, iay veu l'experience de cecy, quand nous estios negocians en vne saloupe deuant Mourre au dessoubs le riuage, car ainsi qu'vne barque de Negros estoit abbordee pour negocier auecq nous, dedans laquelle y auoit vne femme, & que pendant la negociation y fut desrobbe vng bassin & quelqu'vng des nostres empoignant vng baston donnat dessus les Negros, qui de craincte voyant cela saulterent en leau l'vng deuant l'autre apres, abbandonnans la femme auecq leur barque aupres de la nostre, mais la femme intimidee ne tadar guerres aussi quelle ne iectast son affublement arriere soy & ne saultast en leaue, tellement que suivāt les hommes elle arriua si tost au rivage qu'iceulx, mais a dire quon en trouue illecq en nombre, n'est poinct croyable, il y en a bien qui scauent advenamment nager mais peu.

Le 43. Chapitre.

De l'Or & comment quils le trouuent dedans la terre & quelle notice quils ont d'icelluy.

QVelle notice quils ayent ette iadis deuant nostre arrivement de l'or, est malaise a scauoir: mais au dire des Negros mesmes en auoyēt il peu de notice & nestoit guerres estime entre eulx, & ce a cause quil ni auoit personne qui le vint querre aupres deulx, mais voyans que les Portugalois le bramoyēt il est ainsi venu en estime aussi entre eulx & a peu a peu en sont ils venus a parfaicte cognoissance d'icellui, de facō quil est pour le iourd'hui aupres de eulx en plus d'estime que chez nous voire qui plus est ils en sōt plus escars & auaricieux que aucun de nostre natiō en peult estre, & ce a cause quils s'appercoyuēt des grādes paines que les Hollādois prennēt pour l'obtenir donnās plus de marchādises encōtre d'icelluy que les Portugallois ne souloyēt faire voire que plus est les Portugois n'ōt point dōne aux deux tiers pres en mesures & pois tāt de marchādises pour lor cōme les Hollādois donnēt pour le iourdhuy, dōt on presume que les Cōtractadores de Lissbone nont annee anneè aultant d'or hors de la Mina. comme pour le tamps present les flamens font, ce quest, a quasi que la marchandise y est ores conduicte en plus grande abondance que au tamps passe des Portugalois elle ne souloit estre, & que vng chacun y faict ores train de marchandise, pour la commodite que les flamans leur en donnent que les Portugalois de Mina ne vouloyent point donner, comme en apres deduirons encores plus amplemēt l'or quon negocie icy est trouue au dedans du pais en terre en des puis bien profonds & selon le rapport d'aulcuns Negros y auroit il quelques mines d'or guerres distantes du Riuage, tenant vng lieu nomme foetu, dont y a de l'or qui en porte le nom, comme Chika foetu que signifie. Or de foetu mais descripre particulierement les endroicts desdictes mines ou quon les trouue ne mest aisé a faire, a cause de la petite instruction que les Negros men ont sceu donner quand ie men suis enqueste de eulx aussi suis ie daduis quil y a peu de Negros habitans de la mer qui scachent eulx mesmes l'endroict des Mines, ni ayans estes iamais, voire ni Portugois ni flamēs aussi ne y fut oncques aupres, pource que lesdictes mines sont tenues a cachette & fort bien gardees des proprietaires: car iay entendu d'aulcuns Negros que chacun Roy a ses Mines & y faict tirer l'or dehors par ses gens & quil negocie puis ledict or a d'aultres marchans & quil vient ainsi de main en main iusques es nauires Hollandoises & par icelles au pais bas ou quon en forge monnoye a prouffict des marchans & commodite de la commune puis quon a en change de ceste terre resplendissante quon apporte de la Guinea & beurre & frommage & touttes aultres necessites & que chacun l'appette & est cogneue tout par tout mais iestime quon nen obtiendroit poinct ni beurre ni fourmage en eschange s'il fut tel quil vient hors de la Mine, de quelle facon on trouue icy l'or ne scay ie sinon de bouche de quelques Negros qui me sont dict, a scauoir quils trouuēt l'or en des profonds puis quils font ou fossoyent & vient a decouler auecq fontaines a guise de sablon, lesquelles fontaines ou ruisseaux courrans sont remplis de gens y assis dedās qui ont des louches auecq lesquelles ils prēnent le sablon & lor quils iectent ensamble en vng bassin, ainsi quils descendent a val, aultres y a qui fossoyent bien profondement & quand ils viennent a rencontrer vne veine d'or la suiuent ils en fossoyant iusques a l'extremite d'icelle, de facon que vne Mine d'or est semblable a vne arbre auecq ses racines, qui s'estend au long & au l'arge, l'or est trouue en diuerses facons, comme l'vne piece plus grande que l'autre, aulcuns loupins comme febues aultres a la grosseur d'vng poulce le troisieme comme des poyx le quatriesme en sablon comme limaille de cuivre ou arene tresmenue, les piecettes sont fort inegales comme bricque broyee, remplis encores au milieu auecq des pierrettes & menus caillous, aultres pieces y a qui sont encores entournees de chaulx & terre au dedans desquels il est trouue. l'Or menu auecq son arene purgent ils es eaues des torrentins, mais tousiours y demeure encores quelque sable dedans. On ne le trouue poinct en grande quantite comme eulx mesmes disent mais auecq grāds travaulx & peines & il couste la vie a plusieurs personnes qui sont souffocquees es Mines & vng qui sca trouuer vng escu & demy en or par iour, a bien trauaille & eu bonne iournee. La moitie de ce quils trouuent est aux travailleurs & l'autre moitie au prouffict du Roy ou du proprietaire de la mine. Voyla ce que ien ay oui de bouche d'aulcuns Negros l'or est nommé aupres de eulx Chika & certains gros marchans habitās aupres des Mines le viennēt a vēdre es Nauires, ainsi quils le tirēt de terre & cestui la est estime le meilleur or, auquel la moindre fraude est trouuee neantmoins le Receveur doibt biē viser a soy quil souffle la sable biē dehors, & quil l'oste biē a force de piler, la terre iaune & pierrettes qui y sōt attachez, & ainsi nē peult il auoir dommage. Neantmoins tient on l'vn or venant de la Mine pour meilleur de l'autre & de plus de pris au marcq que l'autre, mais que l'vng. Or soit de plus de valeur au marcq que l'autre, combien que les nauires soyent estes a l'ancre tenant l'vng l'autre deuant vne ville & souvent layent aussi receu d'vng marchant, cela procede par faulte du Receveur, quil na eu tel soing que l'aultre pour nettoyer & purger lor appresenté selon la competēce, combien que les Negros ne le voyent pas volontiers a cause de la diminution ou de la perte quils en calculent, ne scachans vendre l'or apporte tel quel il est comme aulcuns Commis y a qui le recoyvent bien ainsi pour affianser les Negros & souventesfois aussi de pure envie que les commis & mariniers s'entreportēt pour oster la chalandise l'vn a l'autre, ayans bien petit esgard au prouffict de leurs maistres & par vne telle envie viēt discorde & dommage es negoces. d'Advantage apres que les Negros ont veu que a cause de l'or tant de nauires abbordoyent illecq, est icelluy or auecq le temps venu en telle estime aupres d'eulx plus que en Europe il peult estre. & en sont si outrecuides auecq, comme aucuns enchaines d'icellui en nostre pais peuuent estre, voulans bien scauoir quils ont de l'or, & en sont si enfles & orgueilleux, comme personne au monde pourroit estre. Et combien quil y aye des Negros fort riches en or, si est ce neantmoins quils en sont si escars & ciches quil est impossible a dire, & y visent de si pres sur l'or, beaucoup plus quon ne vouldroit faire chez nous, car quand on est embesoigné auecq eulx & quils vous pesent de l'or, a male peine pourront ils donner le droict pois, ie laisse quon penseroit en auoir quelque advantaige de surplus, car ils scauent ormais plus que asses en quel pris l'or est tenu aupres de nous, & s'ils font quelque traffique entre eulx en laquelle ils se satisfacent par or, ils y viserōt de si pres quils est quasi incroyable, voire a la perte d'vng grain ils seroyent en danger de la mort, tant plus riches marchans tant plus escars & ciches de leur or ils scauent fort bien quil ni a nul or en Hollande & que pour le querre les nefs viennent illecq & font tant de paines & diligences pour l'acquerir disans pourtant que l'or soit nostre Dieu, auecq plusieurs aultres vilaines reproches dont ils vsent iournellement contre nous.

Le

Le 44. Chapitre.
De la valeur de l'or & auecq quelle finesse ils le scauent falsifier.

ILs ne s'ont contẽs d'auoir acquis la notice de l'or pour le revendre cheremẽt mais apres quils ont veu que cestoit bonne marchandise, ont il cerche tous moyens pour le falsifier pour en faire d'vne once vne & demie & tromper les estraugres. Mais l'or ainsi quil sort des mines sans quil soit aulcunement mis en oeuure ou fondu est tenu pour le meilleur, quand il est biẽ nettoyé & purge du sable & moilō, mais il adviẽt souvẽt que lvn or est de plus de valeur que l'autre que procede par peu de advertence du Receveur & souvẽt aussi selō que les mines sont, car aucunes y a qui surpassent les autres de valeur de fin or, car selō que icelles sont plus profondement fossoyes, d'aultant est l'or plus vil & plus mixtionne d'argent que n'est celui qui est au plus hault de la mine mais a cause que la science de cela n'est prouffitable a touttes personnes & pour parler selon la competence touchant la valeur de l'or le discours seroit trop prolix le passerons icy ainsi, puis que cecy est suffisant pour en exciter la memoire. Or touchant le pris de l'or quon trouue icy il est ordinairement de 22. a 23. carats au marcq bien entendu quand il n'est fondu mais quãd il y a beaucoup d'autre or fondu aupres comme de corails pendans doreilles, brasselets & semblables gentillesses il ne vient point a la susdicte valeur quand on le refond & en faict lessay es monnoyes de pardeca en oultre sont ce les petis marchans qui portẽt la pluspart tel or fondu, en semblables gentillesses & ioyaulx, & esquels on trouue la plus grande faulsete car les Negros qui ont peu de moyens pour mener train de marchandise, sont plus inclins a falsifier l'or que aultres, a quoy ils vsent grande subtilite combien que nous en soyons souvent cause pource que leur apportons & vendons les outils & l'estoffe, dont il se seruent nous trompans ainsi nous mesmes & faisans la verge dont on nous fouette: vray est quon en souloit auoir plus de faulte que au present, car ainsi que les hollandois nauoyent aulcune soupcon d'vne telle fraude, ils ne y prennoyent aussi nul resgard dont eulx seduicts du proffict se y advancerẽt si lourdement dedans, que la fraude vint a soy discouurir, de facon quon y print soigneusement esgard & y ayans estez surprins ils en furent tellemẽt guerdõnes que mal prou leur fit & s'en ont a souvenir encores & apres ce tamps la telle craincte les saisit quils ne peuuent ouir nommer l'homme qui les guerdonna, mais en ont encores belle poeur, quand ils en oyent parler. Point moindre espouantement y ont mis les Portugalois entre eulx, de facon que les Negros n'eussent estez si hardis que dapporter vng seul grain d'or falsifie au Chasteau de Mina, car les Portugois les attachoyent au gibet, quand ils apportoyent tant seulement la valeur d'vn demi escu en faux or, sans respecter personne de quelle qualite quelle fut. En certain tamps y vindrent les cousins du Roy de Commando au Chasteau de Mina apportans auecq eulx certaine quantite d'or pour negotier auecq les Portugalois, les Portugalois voyãs que l'or d'iceulx estoit falsifie auecq autres matieres, aultremẽt quil ne cōvenoit surquoy ils furẽt incontinẽt apprehendes & pẽdus quãt & quant. Mais auecq tel chastiemẽt nont ils estes encores chasties des Cōmis ou mariniers Hollãdois mais a meilleure amẽde en sōt ils eschappes, ce nous faict ẽcores pour le iourdhuy dommage de les auoir si misericordieusement traictes, car ils en sont d'aultant plus nonchallans pẽsans en ceste maniere s'il succede, biẽ va, s'il se decele non force on me rend mon argẽt & bonnes parolles aussi mal en puisse prendre qui en soit occasion, car ils font dommage non a eulx seulx mais au commun train de marchandise, & cela procede par la discorde qui est icy entre les negociateurs sur ceste coste, touchãt l'or ils en sont bien entendus & le scauent eulz mesmes bien distinguer le bon du faulx mais quãt a autres ioyaulx comme, Perles, Diamans, Rubis, Esmeraudes, & semblables pierreries precieuses ne cognoissent ils aulcunement mais le fin rouge corail cognoissent ils bien & est aupres de eulx fort en pris l'argẽt est chez eulx aussi cogneu, que trop, a cause quils s'en seruent pour en falsifier l'or & le reduire a moindre valeur. Lart de fondre l'or ont ils apprins des Portugalois & a cause quon ne sca bien rassembler l'or parfaictement si on ne y adioinct du cuivre selon la competence, en ceste facon est venu la notice entre eulx dont ils se seruent ores par trop pour en falsifier l'or, de facon quon a trouue es masses d'or fondu (quils apporterent a vendre) des pieces entieres d'argẽt monnoye, d'aultre coste falsifient ils les Brasselets & autres orfeueries auecq du cuivre rouge & estain mais poinct auecq du cuivre iaune pource quil se decele incontinẽt car ainsi que le cuivre rouge faict bonne liason auecq l'or, ainsi le faict le cuivre iaune frangible tellement quil se brise comme bricques tiercement selon quils apprennoyent encores iournellement par experience & quils voyoyent quils ne scauoyent se servir du cuivre iaune sans se deceler incontinent, ont ils trouue des autres moyens pour se seruir dudict cuivre iaune au falsifiement de lor, comme es Kakravves que les Portugalois nomment Deniero en Pey qui est vne espece de monnoye qui a cours entre eulx en lieu d'argent comme cy deuant auons dict plus amplement. Cest or est comme la teste d'vne grosse esplingle fendu en quatre parmi icellui meslent ils beaucoup de cuivre iaune semblable de veue audict or. De facon quon les peult a la veue malaiseement discerner quand tels Kakravves de cuivre sont frechement faicts & mesles parmi l'autre or mais puis apres y auoir estez parmi, quelque espace de tamps, lors les peult on fort bien distinguer pource quil sont lors changes de couleur ou rouilles. La meilleure preuue quon scauroit prendre de cecy est auecq leau forte quatriesmement ont ils trouue moyen d'entourner l'argent & le cuivre rouge auecq fin or, couvrant la faulsete tout par tout, car quand le receveur est haste & quil ne faict

que

que toucher lor a la pierre, es endroicts ou quil n'est poinct falsifie ne peult il decouvrir la tromperie, mais il fault fendre vng tel or auecq vng coin & alors se manifeste l abus, a la cinquiesme nont ils sceu trouuer aucun moyen pour falsifier le menu or dict Chika foetu, dont les receveurs y prennoyent aussi d'autât moindre garde: mais puis apres leur auons nous apportes les moyens par les limes que leur auons vendues tellement quils allerent limer le cuivre iaune parmi l'or, de facon quon s'en scauroit malaisement apperceuoir, & devint le plus meschant tour de tous: mais au souffler le cuivre devenoit palle, tellement que les Negros inventerêt plusieurs artifices pour falsifier l'or, mais ceulx qui ont les yeulx es mains ne seront poinct facillement trompes a cause quil y a des preuues qui decelêt tous leurs arts & tromperies d'autre part le peult on biê decouvrir a la mine des Negros s'ils ont faulx or ou point, car quand ils viennent auecq de l'or falsifie lors seront ils fort angoisseux & negocieront auecq vous en crainċte & quand on veult essayer leur or ils se y opposeront & se changeront de couleur au visage & trembleront par toutte la personne, comme sa la fiebure les eut surprins, dont on se peult incontinent apperceuoir que leur cas ne va poinct droict & que leur or est falsifie. Tiercement seront ils hastes & despescheront biê tost leurs affaires, pour s'en aller de peur que leur fraude ne se decele, mais quand on les attrappe en tels mesfvs vault il mieulx les chastier vng peu sur l'effect selon les demerites, que de les laisser partir sans punition.

Le 45. Chapitre.

Des vers qui viennent a ceulx qui frequentent en Guinea & d'ou quils procedent.

C'Est vng cas estrange d'ouir a vng chacun & digne d'admiration, des vers qui viennent es corps de ceulx qui nauigent icy en Guinea signamment aux personnes qui ont este sur ceste coste environ la Mina ce que ne s'est decouvert sinon depuis quelques annees en ca: car les premieres nauires de hollande qui demenerent leur train de marchandise sur ceste coste, nont eu nulle notice de tels vers, ou nen furent poinct vexes, mais qui soit este le premier m'est aussi incognu. Ces vers ne se manifestent poinct en tous ceulx, qui ont este icy, mais bien en l'vng & en l'autre poinct & en l'vng aussi plus tost que en l'autre, aulcuns y a auquel tel ver vient deuant que le voyage soit acheué & pendant quils sont encores a la coste, autres l'acquierent en chemin de retour aultres apres le voyage faict bien 4. mois apres autres bien 9. mois apres & vn an aussi, apres quils sont revenus de Guinea. Il y a des personnes qui y furêt par 2. & 3. fois, que ne scauêt poinct parler de tel mal de vers. Les Negros mesmes en sont fort vexez, principallement ceulx qui resident entour du Chasteau de Mina, dont on se doibt d'aultant plus esmerveiller pour ce que les Negros qui se tiennent 25. lieues plus bas vers l'Est ne sont poinct vexes de tels vers côme leurs voisins. Les anciês Historiographes escriuent beaucoup de ces vers & afferment quils viuent, sans y adioindre, de quoy quils s'engrendrent au corps humain, tellement quon presume quils nont faict aultre que endeuiner touchant cela, aultrement en eus[...]nt ils escript plus amplement, pour advertir les personnes affin de s'en garder. Les Grecs & Ethiopiens escriuent que les gens de ces quartiers en sont fort tourmentés & infectes sans y adiouxter, d'ou quils procedent. Il y a des Doċteurs qui veulent maintenir le contraire disans que ce ne sont point vers & quils nont poinct de vie en eulx, mais cela est faulx, ce sont des vrays vers qui ont vn mouement comme souuentesfois on a experimenté. C'est bien a esmerveiller, que tât seulemêt ce pays cy, & encores vng dôt I. Hugues faict mêtiô en son Itineraire soyêt infectes auecq cecy, car les Isles des Indes Orientales & Occidentales. China, Bresil & autres pais estranges nen sont point infectez, ni n'en scauent parler & que plus est ceulx de lisle S. Thome, quon tient pour le plus insalubre endroict du Monde, ou que les gens acquierent tant d'infirmites & tant y meurent ne scauent aulcunement parler de ces vers mais s'esmerveillioyent fort quand il leur furent monstrez par des gens qui auoyent este sur la coste auecq les Hollandois; Les Negros mesmes ne scauent poinct d'ou quils procedent ou s'engendrent ils produisent bien quelques choses mais il n'y a apparence de ferme raison en icelles. Iestime quils en sont si sages comme nous autres, a cause quils en sont tant differês, car aulcuns y a qui disent quils procedêt de trop converser auecq les femmes, aultres le contraire quils viennent de mâger certaine sorte de poisons, qui ont des vers es corps car il y a des gens la qui ne mangeront poinct pourtant nul poisson frez quon prend illecq le. troisiemes disent quils s'engêdrent par trop nager & courrir en leau, les quatriesmes que cest par trop aller en terre, les cinquiemes de boire trop vin de Palma, les si xiemes disent quils viennent par trop manger des Kaukiens, qui est leur pain, de facon que chacun en dict la sienne, cuidant en frapper le but tant Negros que flamans, mais a le confirmer par bonnes raisons ni a nullui tel quil ni a aulcun qui le schache a la verite demonstrer, dont ils s'engendrent ou quils procedent sinon par presumption. Car on troue des gens qui furent a la coste & neurent illecq ni parauant eu conuersation auecq des femmes, lesquels neantmoins en estoyent plus tourmentes de ces vers, que aultres, qui hantoyent iournellement les bourdeaux & femmes, ergo ne s'engendrent ils poinct par telle raison secondement de dire quils s'engendrent de poissons ne peult estre vray, combien quil y ait certaine sorte de poisson auquel y a des vers, troisiemement du nager & courrir en l'eaue salee ne s'engendrent ils pareillement poinct, car les gens qui ne furent oncques en leau estoyent plus vexes d'iceulx que ceuls qui iournelle-

 ment

ment alloyent nager en mer, quatriemement du vin de Palma ne croissent ils poinct aussi, car il y auoit des gens qui s'enyvroyent chacun iour au vin de Palma qui n'estoyent nullement infectés de vers, & au contraire y furent personnes qui n'ont oncques beu goutte d'icelluy vin de Palma & estoyent plus tourmentes de vers que aultres, qui le bevoyent iournellement pourtant ne procedent ils poinct de tel vin. Cincquiemement touchãt les Kaukiens en est le semblable, & au sixieme de dire quils s'engendrent d'aller trop en terre, pource que c'est le naturel d'icelle, on a trouue que aulcuns des nostres que ne furent iamais en terre en estoyent plus infectes que ceulx qui y alloyent iournellement & y bevoyent & mangeoyent & soy debauchoyent tout oultre, dont on cuide que les vers procedent ergo ne procedent ils aussi point du pais ni du naturel d'icelluy: mais la plus vraysemblable presomtion est quil s'engendrent de leau quon achapte des Negros, que le vont querre des puis & cela donne quelque apparence quand on y prend bon esgard a scauoir quils s'engendrent de leau, car en Ormus & ses endroicts tire on leau fresche biẽ par 18 brassees par dessoubs leau salee aueq des pots par des plõgeons, laquelle est beue illecq des gens, pource quils sont la aussi fort tourmẽtés de tels vers & selon l'escripre d'aucuns, disent les Indiens, quils s'engendrent de l'eau & cela me semble aussi, selon l'experiẽce que telles en doibuent estre les raisons icy aussi pource que les vers sont icy & la tout d'vne sorte & ni a difference remarquable vray est quil y a eu des gens aussi qui y ont beu de l'eau asses sans estre infectez pourtant de tels vers, mais ceulx la demenoyent leur train de marchandise au pardela Mourre comme a Akra & aultres lieux mais ceulx qui gisent a Mourre & y boyuent beaucoup d'eau, y sont ordinairement tourmentes de tels vers, plus que autres qui n'ont poinct este gisans illecq car on a trouue que les gens qui se tenoyent a l'ancre a Akra ou plus en la n'ont guerres este infectes de vers, voire les Negros de tels endroicts n'en scauent quasi parler, mais a cause quon en iuge diversement, veulx ie volontiers que chacun demeure en son opinion car Dieu scait d'ou quils procedent, & ceulx qui en sont infectes peuuent bien prier Dieu quil leur veuille donner pacience au martire, car la douleur en est aulcunesfois insupportable. Ceulx ausquels ils viennent souffrent doleurs terribles, les aulcuns ne se scauent tenir quoy ni aller, les aultres coucher ou asseoir, les troisiemes sont comme enrages de desespoir & faut aulcunesfois quon les lie, les quatriemes les acquierent auecq vne fiebure ou vng frisonnement comme si la fiebure les saisit les cincquiemes les acquierent auecq vne foiblesse, aultres les ont auant quils le scachent & en ont peu de douleur aussi tellement que les vers se manifestent en diverses facons, aulcuns vers se manifestent auecq vne fistule aultres par vne pustule endedans vne petite vessie aultres par vne pustule comme la morsure d'vne pulce, autres par vne enflure que bien souvent on peult veoir les vers entre peau & chair autres viẽnent a guise d'Vlcere il fault que le ver se descouvre tout au premier soy mesme, sans quon y puisse vser de remede au parauãt neantmoins il se manifesse sinõ par trop & tempre assez, il vauldroit mieulx quil ne vint poinct & quil laissat les gens sans tourmente, il cerchera de soy son operation, boutant son bec dehors, quon doibt lors prendre & tenir fermement, quil ne rentre derechief il se monstre comme aux iambes, au dessus des pieds aux bras genous, fesses, & la ou que coustumierement est beaucoup de chair voire que pis est aulcuns les ont en leur membre viril & signammẽt es couillons auecq tresgrandes angoisses & douleurs & maximemẽt sur tous aultres en cest endroict la vray est aussi que l'vng souffre plus doleur d'iceulx vers que l'autre & en sera aussi bien plustost deliure que aulcuns, ce que procede la pluspart du traictement quils prennent, car il est fort bon quand on s'en appercoit quon se tienne coyement, principallement quand on les acquiert es iambes ne fault il poinct quon se travaille trop & d'autre part quon tienne les places ou quils se veulent manifester bien chaudes car on en souffre d'aultant moindres douleurs pource quils veulent plustost sortir du corps humain par chaleur que perfroideur & malaise, car aulcunes gens nont prins soing d'eulx mesmes quand ils auoyent le ver, dont la playe se vint a enflammer, auecq vne grande enflure, par laquelle ils souffroyent tresgrandes douleurs & furent en dangier de perdre le membre. Quand il s'est puis manifeste si auant quon le peult happer lors fault il le tirer hors a peu a peu, mais il ne le fault forcer, mais doulcement attirer selon quil veult suiure & ce de iour a aultre & ce quon aura gaigne fault il le entortiller autour d'vn esclat ou le lier auecq vng fil aupres du trou, affin quil ne y tourne de rechief dedans: quand quil sort, porte il chaque fois beaucoup de boue auecq lui, & il fault chacun iour en prendre soing & le tirer si longuement quil soit dehors, mais il ne fault poinct le tirer trop fort affin quil ne se vienne a rompre, car par la poison quils ont se vient la playe a enflammer, il advient souvent apres que l'vng ver est sorti du corps qu'vng aultre rentre en sa place, prennant sa sortie par le mesme trou l'vne personne en est plustost delivree que l'autre, car l'vng en sera bien quicte endedans 3. sepmains, ou que l'autre nen sera guarri en 3. mois l'vng en acquiert aussi bien plus que l'autre, car l'vne personne en sera deliuree & quicte auecq vng ver, ou que aultres en auront 10. & 12. comme ien ay cogneu qui eurent 10. vers pendans hors de leur corps en vne mesme fois ien ay cogneu aulcuns aussi qui auoyent loperation d'vng ver & quil rentra & se consomma de soy mesme tellement que l'homme n'en eut lors aultre mal, mais bien puis apres. Ils sont de diverse longeur espesseur & grandeur aulcuns y a qui sont bien longs d'vne brassee & aultres vn peu plus courts chacun a l'advenant de grosseur sont ils sont differens, aulcuns sont comme grosses cordes d'vn rebec & comme achees ordinaires aultres sont comme primes du luth, les tiers fins comme soye ou fil. Aucunes veulent maintenir quils n'ont point de vie & que ce ne soyent que mauvais nerfs & poinct vers icy veu ni a

guerres

guerres a vne personne a laquelle le ver se manifesta, que le barbier ou Chirurgien tira d'vng traict le ver hors du corps de l'infecté, & haulcant le ver en lair, il se tordoit comme vne anguille, il estoit long environ vne aulne & vng quart & gros comme la corde d'vng luth, si cestoyent des nerfs ils nauroyent poinct de vie en eulx pourtant sont ce vrays vers les Negros nvsent nuls remedes a l'encontre mais les laissent faire & lavēt les playes auecq de leau salee quils afferment y valoir contre, le Seigneur en veuille garder vng chacun car la douleur n'ē est petite mais tresgriefue & indicible, comme ceulx la sçauent qui en ont estes vexes on fuiroit le pais & laisseroit on bien le voyage pour eviter telles douleurs Ian Hugues de Linsquote escrit en son itineraire que ces vers sont la plus grande affliction dont ceulx de Ormus sont tourmentes & que cest la plus grande infirmite regnante en ces pais, & ainsi que lui mesme auecq plusieurs aultres qui sont este esdicts pais presument quils procedent du boire de leau, en est l'opinion semblable aussi de la pluspart de ceulx qui frequentent ceste coste de Guinea a sçauoir quils s'engendrent de boire de leau d'illecq.

Annotation de D. Paludanus de l'Itineraire.

DE ces vers escript Alsaharanius en ses practiques au 11. Chapitre ainsi en aulcūs lieux croissēt entre peau & chair certains vers, laquelle maladie est nommee la passion des bœufs pource qu'iceulx sont souvent vexes de semblable maladie, lesquels vers s'estendent au long & se trainent par dessoubs la peau si long tamps quils percent ladicte peau, la cure consiste en purgation du corps des humeurs corrumpus & on frotte l'vlcere de burre fres non sale (quand on en a) affin de ses reguarrir plustost & soy deliurer de la douleur.

Le 46. Chapitre.

Du Sel quils font icy & quel e traffiquer quils en demenent.

LE sel quils font icy vsent ils en leurs viandes pour les saler auecq icellui, pource quils mangent volontiers viande salee principallement quand le brouet est vng peu aigret, cela mangent ils a haict & est aupres de eulx vng manger ordinaire, car vser viandes crues & peu apprestees ne leur est chose estrange. Le sel quils font est tout fin & blanc qui ne le cogneut le tiendroit pour Sucre de Canarie, car ils l'empacquettent en des petis cretins de roseaux cōme le pain de Sucre, au dessus couvert de feuilles verdes, affin que la couleur par la force du Soleil ne devint brune, & quil perdit sa blancheur ils demenent grand train de marchandise auecq le sel, le conduisant d'vne ville a l'autre ou quon le trocque en grande quantite car il y est a bon marche. Le meilleur & principal sel vient d'Anta & Chincka ou que les meilleurs chaudrons sont, a raison dequoy on y faict aussi le meilleur sel, & ceulx cy pource quils en sont renommes & en bruict par tout le pais en font aussi le plus grand train de marchandise en Ianuier, Decembre & Nouembre fourvit on les Chaudrons de Sel en ces pais & lors procure on, dont on aura a travailler le restant de l'annee: ils le font subtil & a moins de peine quon ne le faict es pais de pardeca, a cause quil se blanchit & rend menu de soy mesme & ne fault que le bouillir vne fois seulement & puis en faict on incontinent des pains quon mect a seiche de facon quil devient si dur comme vng pain de Sucre, quon le peult quasi acier, mais quand on y frappe dessus, lors vat il en pieces comme Sucre fin il est aultant bon que Sel puisse estre mais on le peult malaisement tenir bon es grandes chaleurs.

Le 47. Chapitre.

Comme les Portugalois ont conquis a pais & en quelle maniere ils hantent auecq les Negros.

AVtant que ien puis sçauoir de certain, tant hors d'aulcuns liures, comme de bouche de personnes dignes de foy, trouuerent & eurent tout au premier les Portugalois l'isle de S. Thome soubs leur iuridictiō deuant quils soyent venus environ ces quartiers cy en la terre ferme d'Afrique, & ceste coste de Guinea: mais apres quils leurent descouuerte & trouve que c'estoit vng bon pais pour y trafficquer auecq du prouffict & que les habitans & Negros d'icelluy pais estoyent fort disetteux de telles denrees & marchandises, qu'iceulx Portugalois sçauoyent assez recouvrir & leur apporter & d'autre coste estoyent riches de ce que les Portugalois bramoyent fort, a sçauoir d'or & quelques autres denrees, se sont ils tout premierement enquestez des Negros (qui alors estoyent encores du tout sauvages a cause quils n'auoyent veu nulles nations estranges, hormis lesdicts Portugalois venans de S. Thome, qui furent les premiers:) de la situation du pais & ce quon y pourroit apporter pour le parmuter a leur or, & autres semblables choses duisantes a leur advantaige: & en ceste facon se sont ils retournes vers S. Thome ou quils ont racconte au Gouverneur leurs advantures, cestui la n'estant endormi, equippa incontinent des aultres nauires & les ayant chargees d'ammonition viures gens & marchandises necessaires a vne telle entreprinse les envoya vers icelle coste de Mina, pour prēdre plus grāde cognoissance

des

des habitans & frequentant auecq eulx, sonder de plus pres leurs comportemẽs, facons de faire, & moyens d'en venir au dessus. Quand icelles navires y abborderent, furent mieulx venues que les premieres a cause quils hantoyent auecq les habitans en toutte doulceur & beneuolence les chevauchans a rebours pour mieulx en venir a bout. Les Indiens ou Negros voyans que ces gens leur faisoyent touttes caresses & amities & leur demonstroyent tout honneur en devindrent encores mieulx affectionnes pour trafficquer auecq eulx & leur monstrer leurs pais: dont les Portugalois n'ont estez nonchallans, mais ont espie le plus propice lieu pour y dresser vne bastille ou fort pour soy rendre maistres du pais & assoubiectir les Indiens, lesquels de prime face ne s'apperceurent poinct a quelle fin & intention ils y vouloyent bastir vng tel fort, de facon quils lont permis a cause des belles promesses quils fasoyent & dons quils presenterent au Roy car les Indiens ou Negros ne cognoissoyent point leur naturels pource quils nauoyent oncques frequente auecq aultre nation estrange. en fin les Portugois s'estans informez la ou quils pourroyent mieulx dresser ledict fort au preiudice des habitans pour les assoubiectir, y ont premierement dresse vne maison comme si cestoit pour y venir demeurer, & ce au plus proprice & convenable endroict du pais, comme ils font ordinairement (ne prenans les plus mauvais mais les plus excellens lieux du pais:) dont on les deburoit louer si cestoit a iuste fin. A tel bastiment ont ils faict venir de Portugal aulcunes nauires auecq chaulx & bricques, & aultres outils & instrumens a ce necessaires, de facon quils y firent vne pettite bastille, laquelle ils ont en progression de tamps de plus en plus aggrandie tellement quils ont acquis par tel moyen pied ferme en ce pais d'Afrique dict Guinea & a leur fort imposerent ils le nom de Amina, & ainsi sont ils deuenus maistres des Indiens & ont encommence a labourer & cultiver la terre a leur propre prouffict, enseignant au peuple d'illecq plusieurs choses a eulx incognues, en oultre ne leur semblant assez d'auoir vng Chasteau dedans le pais, pour dominer & seigneurier les Indiens ont ils practise pour en bastir es aultres endroicts aussi: a quoy ils se saisirent du village Achombene, distant que de 3. lieues de la Cap de Trespunctas & ont illecq basti vn Chasteau que pour le iourd'huy se nomme Aziem & vng peu plus bas a 3 lieues de la entre ladicte Cap & le Chasteau de A Mina ont ils basti vne aultre maison en la riviere de S. George aupres du village d'Anta, quon nomme la pluspart pour le iourd'hui Cama. Ceste maison feirent ils icy a cause qu'illecq y a force rafreschissemens a recouvrer de Gelines, Brebis, Ris, Grain, Mays ou ble, Caunes de Sucre, & aultres fruicts servans a la nourriture, affin quils eussent prou de touttes choses selon leur plaisir & que personne ne le sceut empescher pareillement le feirent ils aussi a vne autre fin, que de tant seulement pourveoir a leurs necessites car estant la riviere fort poissonneuse (dont le pais a l'entour en est avictuaille & entretenu) ils se y maisonnerent pour y faire payer & recevoir la gabelle, a quoy ils tiennent certaines grandes Canoes, dont ils nauigent ca & la, dictes en Espagnol Almadias, dadvantaige ne leur semblant tout cecy assez pour soy establir maistres absoltiement du pais venans chacun iour auecq leurs Chaloupes negocier en vn lieu nommé Ackra distant de 20. lieues du Chasteau de Mina plus embas, ou quon apportoit force or a trocquer & voyans que cestoit aussi vng bon lieu propice aux negoces, ont ils cerche tous moyens pour soy asseurer aussi du lieu & le mectre soubs leur commandemẽt de facon quils sont venus auecq certaines Chaloupes de gens & y ont dresse aussi vng certain fort contre le gre des Negros du pais, soy alors arrogans d'estre absolus maistres du pais & sur cela commencoyent ils a titanniser les habitans, & leur vser force, combien que les fortresses fussent telquelles prennans d'eulx gabelle du poisson quils alloyent prendre en la mer auecq auecq plusieurs cas semblables qui firent commotion & alborotter les Negros, de facon quils se incitoyent l'vne l'autre pour forclore de rechief les Portugalois, Cependant cerchans tous moyens pour donner commencement a leur entreprinse, sont ils venus auecq vne trouppe de marchans du dedans du pais au susdict Chastelet, cõme s'ils venoyent pour negocier & voyans leur dissein effectuable ils se ruerent sur les Portugois & les meurdrirent tous & leur osterent a force ledict Chasteau quils raserent de fond en comble, comme ien ay veu encores les materiaulx & ruines au susdict lieu. Les Portugalois voyans que ceulx d'Ackra leur auoyent prins leur fort & meurdri & occis tous ceulx qui le gardoyent cerchierent de rechief moyens pour les appaiser & reduire soubs l'ancienne subiection, pour en faire la revenge en tamps & opportunite. Et a telle fin entreprindrent ils de nouveau de venir auecq des Chaloupes du Chasteau de Mina pour negocier auecq les Negros mais ceulx de Ackra voyant cela ne voulurent poinct permectre quils abbordassent ou prinsent terre mais les faisoyent tenir sur la rade & commercioyent ainsi ensamble Sur ces entrefaictes commencerent les Franchoys (bien que auecq craincte) de la coste de Maniguette ou quils traffiequoyent desia, a venir aussi vers ceste coste dor, pour soy vẽdiquer quelques advãtaiges dessus les Portugalois, cerchãs moyẽs pour y negocier & faire quelque proffict mais abbordãs ores ca ores la ils ne rencontrerẽt persõne qui osast traffiequer auecq eulx de peur d'en estre punis des Portugalois: mais venans environ ce lieu cy d'Ackra, ils y furent les bien venus & les Negros & habitans d'icelluy ne desiroyent aultre chose fors que negocier auecq eulx, a cause quils estoyent desia ennemis des Portugalois du Chasteau & ainsi quicterẽt ceulx d'Ackra la negociation auecq les Portugalois, & adhererent tous les premiers a ceulx d'autre nation tellement que les estrangiers principallement les Franchois y estoyent bienvenus. Les Portugalois s'estant rendus maistres du pays, le possedant a force & rigeur, feirent defence aux Negros de ne faire aulcun train de commerce auecq quelque aultre nation que auecq eulx prennans par

diverses

diverses fois les gens prisonniers, ausquels ils faisoyent des grans tourmens à eulx dire quils sçauoyent auoir negocié auecq ceulx d'aultre nation, mais les Negros ne s'en sculcioyent poinct ni ne le vouloyent laisser pour cela mais continuoyent leurs demenees pour trafficquer auecq les estrangiers, comme a dire auecq les Franchoys quils nommoyent Borsochanga a cause quils achaptoyent de eulx la marchandise a vn peu meilleur marche que des Portugalois. Ceulx du Chasteau de Mina voyans que l'emprisonnement & tourmens faicts a certaines personnes ne causoit entre eulx nulle craincte mais faisoyent aussi bien leur demences de marchandise auecq les estrangiers cercherent aultres moyens pour leur oster tel commerce, cuidans que quand ils neussent nulles Canoes ou Almadias pour voguer a bord des nauires, ils feroyẽt bien contraincts de venir a main a eulx & negocier contre leur gre auecq eulx, a ceste cause sont ils venus auecq deux Galeres de nuict & costoyans le rivage ils ont mis en pieces touttes leurs Canoes, quils sceurent surprendre pensans puis quils n'ont nulles Canoes ils ne pourront ia voguer vers les nefs & devant quils en auront faict des aultres, se partiront les nauires & ne retourneront plus, mais cela n'ayda de riens, car les navires ne laisserent point de revenir pourtant. Puis apres ayans veu que tout ces moyens ne leur prouffictoyent poinct vers les Negros, ils se advancerent iusques a la de vouloir invader a belle force tous aultres venans & leur oster navire biens & vie, pour ainsi dechasser les estrangiers d'icelle coste, & a celle fin ils equipperent deux grandes galeres en Portugal quils feirent venir illecq, pour affranchir la coste que navires estranges ni vinssent negocier, pource que ce leur est vng tresgrief dommage, Et ainssi quils s'appercevoyent de quelques nauires estranges qui y pensoyent abborder & trafficquer ils leur faisoyent tous les maulx & dommages auecq les susdictes galeres que leur estoit possible, les enfonçans à force de coups de Canon comme ils feirent a certaine navire Franchoise de Dieppe nommee l'Esperance, quils cannonerent au fond & laisserent noyer la plus part des gens & aulcuns feirent ils prisonniers & & les enchainerent sur les Galleres, ce que peult estre passe 18. ans y a quand ie fus dernierement en Guinea, y furent encores aulcuns de ceulx la envie, qui demeuroyent au Chasteau de Mina & y estoyent maries, le semblable ont ils perpetres a des autres navires & Brigantins de France, comme entre aultre ils en accablerent vn devant Cabo Corsso, & Berqu, ce que n'est pas long tamps passe, dont iournellement ensuyent encores aulcuns que les nauires Hollandoises retournent vers leur pais Les Franchoys voyans que les Portugalois leur en vouloyent ainsi, sans misericorde, leur prennans nefs, biens & vie, abbandonnement la coste & ne tournerent depuis plus trafficquer auecq les Negros.

Le 48. Chapitre.

Comme ceulx du Chasteau de Mina font tout leur effort pour destruire tous ceulx qui sans consentement du Roy viennent commercier en ces pais.

Apres quils eurent faict preuue de tous moyens excogitables, pour empescher aux Negros le commerce auecq ceulx de nation estrange, & quils n'en sceurent venir a bout puis que les Negros ne vouloyent obmectre la trafficque avecq les estrangiers, pour mal que les Portugalois leur feissent ne cesserent ils ceulx disie du Chasteau de Mina a cercher & excogiter tous moyens pour donner le malan a ceulx qui y venoyent trafficquer a leur hasard les assaillans à toutte oultrance sans en respecter aulcun de quelle nation ou qualite quil fut & tout premierement aux Franchois puis a ceulx de leur propre nation & dernieremẽt a nous aultres du pais bas. Premieremẽt ont ils de telle facon assailli & vexe les Franchoys, quils sont par plusieurs fort estes surmontes & venus en leurs mains, dont prevoyans le malheur il quicterent totallement la coste & ni tournent plus. Puis aupres commencerent les Portugalois a commencer eulx mesmes sur ceste coste sans adveu de leur Roy & venoyent en aulcuns lieux ou que les Portugois de Mina venoyent trafficquer iournellement. Ce que eulx remarquans & scachans bien que c'estoyẽt gens de leur propre nation (mais poinct du Contract) & quils venoyent illecq sans consentement du Roy, ils cercherent (a cause du grand dommage quils en recevoyent) tous moyens pour les endommager mais auant quils vinssent aupres de eulx auecq leurs Galeres, s'en estoyent ils desia partis mais ils s'enquesterent des Negros auecq lesquels ils auoyent negocie, quelle nauire c'estoit & comment que le Capitaine se nommoit & de sa facon & contenance, ce quils annoterent & l'ont puis, auecq la premiere Barque que se partit d'illecq vers Portugal, faict entendre a Lisbone ou quon print garde de eulx de facon que quand ils vindrent en Portugal ils furent tous apprehendez & executez & nef & biens furent confisques, & ce a cause quils s'estoyent advances d'aller negocier illecq sans adveu ou permission il est advenu en mon tamps aussi, pendant que iestoy illecq a lancre sur ceste coste, que vne barque y vint surgir de Port a Port, qui tiroit vers Rio d'Ardra & ainsi quelle auoit este saccagee en chemin & vint au Chasteau de Mina pour soy raffreschir deau & aultres ammonitions necessaires, sans auoir permission du Roy d'Espagne

pour

pour se pouuoir venir mectre a l'ancre audict Chasteau de Mina, ne voulut permectre le Gouverneur au. tant seulement quils peussent descendre en terre, mais les vouloit emprisonner en cas quils fussent si hardis que de venir en terre, dont ils furent contraincts de soy partir de la en tel equippage quils estoyēt pour paracheuer leur voyage. Quand on prend garde a la cruaulte quils vsent entre eulx pour vng cas de si petite consequence, il ne fault quaulcun s'esmerveille, s'ils nespargnent nullui de nation estrange dont ils sont ennemis mortels, qui vienne a les agacer en ces endroicts principallemēt anons aultres du pais bas ausquels ils font tout le dommage & despit quil scauēt excogiter & mectre en effect: car ainsi que la notice de ceste coste parvint tout au premier aux Hollādois par vn certain Bernd Erickfz de Medēblic, le plus ancien nauigeur de la Guinea, qui tout le premier a visite & faict train de marchandise sur ceste coste, par l'instruction & informatiō des Pourtugois mesmes, acquise en lisle du Principe pendant quil y estoit detenu prisonnier pour causes trop longues a reciter Icy, laquelle instruction (sortant d'icelle prison de lisle du Prince, ayant aussi entendu que les Frāchoys par les raisons cy dessus allegnees auoyent abbandonne ladicte coste) il manifesta a certains marchans en Hollande, a laquelle aulcuns adiousterent foy de facon quils luy equipperent vne nauire, pour attenter ledict voyage vers la Guinea au nom du Seigneur, & ainsi vogua il illecq envers, & discouvrit, ladicte coste de part en part, dont il retourna aussi auecq bon heur en l'an 15. tellement quil a este le premier discouvreur d'icelle coste entre les Hollandois & l'honneur luy en appartient. Ores les Portugalois voyans, que des aussi tost quils auoyent enchasse les Franchoys, les Flamans venoyent occupper leur place, qui les pouuoyent plus endommager: encores que lesdicts Frāchoys, a cause quils venoyēt auecq des plus grādes nauires & mieulx mōtees pour leur faire resistēce & que leurs Galleres quils auoyēt illecq se consommoyēt & nestoyēt souffisātes pour soy attacquer & destuire lesdicts Flamens, ont ils cerche tous moyens pour les endommager en terre subornant les Negros de la coste ou quils abbordoyent pour trafficquer, leur persuadans que cestoyent des trahistres au Roy & quils uenoyent illecq pour les prendre captifs & mener envoye auecq plusieurs aultres vituperes & mensonges promectant en oultre le Gouverneur aux Negros que celui qui pouuoit surprendre vng blanc auroit pour guerdon 100. florins en or auecq plusieurs aultres promesses, dont ils surmonterent les courages des Negros & feirent venir les Hollandois en leur disgrace & en contrecœur, cerchans en oultre de nous tromper eulx mesmes encores par tout & de nous destruire par meschantes menees & ruses, mais aulcuns Negros venans trafficquer iournellement auecq nous en nos nauires commencerent a cognoistre nostre naturel & condicions & exciterent ainsi des aultres pour y venir aussi, de facon que pour le iourd'hui lamitie est plus grande entre eulx & nous, que oncques elle ne fut vers les Portugois comme reciterons encores plus amplement. Ce pendant les Gouverneurs du Chasteau de Mina voyans que leur gastions tout le meinage & ne faisions que anneantir du tout leur commerce nestoyent endormis a cercher & excogiter & effectuer tout ce quils cuidoyent nous deust endommager nuire ou destuire, se servans de mille rusez, & entreprinses comme tout au premier inciterent & agacerent ils les Negros contre nous pour nous faire toutte vilenie leur promectant mons & merveilles & adioustant aux promesses leffect des dons argent & aultres choses quils leur donnoyent. Secondement meirent ils en effect leur dessein, au deuant Cabo Corsso, pendant quil y auoit vne nauire a lancre dont le maistre se nommoyt Symon Taye, pour lui oster & occire vne partie de ses gēns, par vne tresfaulce menee: a scauoir que le Roy dudict lieu vouloit venir regarder la nauire. Ores pour recevoir ledict Roy en tout honneur & benevolence, pour de tant plus advancer la negociation envoya il sa chaloupe vers terre pour a la rade y attendre ledict Roy lequel ils conduiroyent auecq leurs Canoes a ladicte Chaloupe pour puis auecq icelle venir vers la navire, & venans ainsi auecq plusieurs Canoes & gens vers la Chaloupe en tresgrande triomphe & ioye comme s'ils eussent amene leur Roy, ils assaillirent ladicte Chaloupe & tuerent vng tas de gens neantmoins la bonheure voulut, que la Chaloupe les eschappa encores a singler, auecq 2. ou 3. hommes qui retournerent a bord. Cecy advint par l'incitation & subornement des Portugalois d'advantaige practisa le Gouverneur encores cecy pour manifester son courage felon quil enseigna aux Negros comme ils falsifiassent l'or, pour nous desgouter d'icelle coste mais par cela nadvancerent ils riēs encores pour nous faire retirer de la, cōbien quils falsifiassent terriblement ledict or au tresgrand dommage des Flamans, car pour prevenir telle meschanete furent ils en certain tamps tellement punis & malmenes d'vng certain Commis Mathieu Cornelissz. quil leur en souvient encores, qui fit telle paour entrer es Negros, quils ne l'oserēt depuis attenter plus si lourdement, mais sont tellement espouantes d'icelluy, quils ne le peuuent encores ouir nommer nonobstant quil fut le mieulx voulu Commis entre lesdicts Negros, de tous ceulx qui y peuuent venir. Neantmoins le Gouverneur combien quil voyoit quil ne faisoit que perdre ses peines a vouloir enchasser les Hollandois d'icelle coste pource que iournellement y abbordoyent les nauires de plus en plus voire en tel nombre que ce leur estoit merveille, si ne sceult il portāt obmectre de ne manifester ses villanies, subornāt de rechief vn certain gros marchant nomme Voetien qui venoit iournellement trafficquer auecq les Hollandois & scauoit les opportunites des nauires luy donnant vne bien grande somme d'argent pour trahir aulcuns Flamens & les mener en malheure, a cause quils scauoyent bien que ledict Voetien auoit grand credit es nauires & le pouuoit bien effectuer, ce pendant au practizer des moyens pour effectuer ladicte trahison leur sembla en

auoit

auoir excogite vne, pour bien exploicter leur entreprinse, & estoit bien inventee pour acquerrir vne partie de gens & biens. Ores y auoit il vne Chaloupe de delft, qui estoit alors demenant son train de marchandise sur ladicte coste, vers icelle sont ils venus & tout au premier attirerent ils par meschancete 3. hommes d'icelle en terre disans quil y auoit beaucoup de cerfs & sauvagine a tirer, a quoy les gens sont assez inclins & ainsi passerẽt trois hommes d'iceulx en terre les aultres Negros qui estoyent dedans la Chaloupe donnerent tant d'ouvrage aux aultres quils n'eurent moyen de viser a aultre chose voire ils auoyent par trop de confiance esteinct les mesches qui y pendoyent allumees ne pensans de soy auoir a defendre contre aulcune trahison. Les Negros voyans le chemin fraye & que leur entrepinse vouloit succeder assailirent les gens en trahison & saulterent en mer auecq deulx ou trois outre iceulx ayans fort naure le restant neantmoins vng Charpentir qui estoit deuant faisant quelque chose oyant tel bruict, saulta auecq sa coignee en la trouppe & en donna tel coups a deux ou trois d'iceulx, quils c'effraverent tellement quils saulterent puis tous en mer & 2. ou 3. qui estoyent demeures en la Chaloupe sans blessures, lamenerent encores en sauvete a layde de Dieu. Les aultres qui estoyent allez en terre pour tirer aux cerfs furent prins prisonniers & menez au Chasteau de Mina, ou quils ont souffert tresgrandes angoisses & pauvretez, car celui qui tombe dedans leurs mains doibt plus souhaiter d'estre mort que vif, mais ceulx du Chasteau & aultres endroicts ne peuuent executer par Iustice nullui sans adveu de ceulx de Portugal, hormis quand ils veulent enfuir & quon les attrappe de rechief, lors sont ils despesches & les occit on les mectans en vne piece de Canon auquel on donne le feu les faisant voler envoye comme ils feirent a vn pauvre franchoys qui s'estoit enfui du chasteau de Mina pour soy sauver, fui quoy il fut derechief attainct des Portugois & mis ainsi en vne piece d'Artillerie & tire en lair. Des aultres cruaultes feirẽt ils aussi en l'an 1599. le 17. Decembre a cincq personnes qui passerent au deuant du Chasteau de Mina auecq vne barquette pour s'ẽ aller vers vn village dict Mourre ; ausquels la calme surprint estans fort tenant du chasteau tellement quils ne se sceurent servir des voiles, le Gouverneur s'en estant apperceu envoya vne partie de Negros vers la barquette qui la invaderent & ainsi que les gens se iectoyent en leau les ont ils perces & tues auecq des Assegayes & picques & traines puis vers le chasteau auecq vne corde quils leur attacherent au col, ou quils osterent les testes aux morts quils apporterent par deuant le Gouverneur laissans gesir lesdicts corps morts sur le rivage menans grande ioye auecq lesdictes testes les cuisans au dessus du feu & se presentans a boire l'vng l'aultre du brouet puis apres s'en allerent ils mectre encores lesdictes autour du chasteau dessus des bastons poinctus en despit & desdaing des flamengos voire puis apres ont ils encores beu dehors des tets ils devindrent si oultre cuides & orgueilleux par ceste victoire cuidans d'auoir gaigne tout quils vindrent puis apres le 27. Ianuier 1600. environ la minuict auecq certaines canoes esquelles y auoit beaucoup de Negros & Portugalois pour surprendre encores vne aultre chaloupe, quils auoyent veu singler celle soir mais a l'approcher leur donnerent ceulx de la chaloupe telle bienvenue quil leur en souvient encores, car aulcuns grands maistres y demeurerent occis tellemẽt quils ne retournerent puis poinct, iusques a ma departie de la coste ; ils sont venus pareillement par nuict & ont couppe les cordes ausquelles les chaloupes & barques gisoyent attachees, auecq plusieurs aultres poincts dont il appert quils ne cerchent sinon de nous destruire de leurs costes comme incitans & subornans par argent les Negros contre nous affin de nous faire tous mals quils sçauroyent effectuer, a quoy ils ont faict mainct effect mais il leur est (merci dieu) souvent mal prins, & a cause que ceulx de Lisbona ne les secourrent selon que bien en seroit de besoing, se tiennent lesdicts Portugois ormais coys & sortent que peu du chasteau, car pource quils sont peu de nombre ils se tiennent ensamble, doubtans que les Negros ne les trahissent qui de iour en iour plus se retirent de eulx & leur de viennẽt ennemis mortels, a cause quils voyẽt quils n'ont doresenauant a attendre plus nul prouffict de ceulx du chasteau, ainsi que des Hollandois ils font & selon quils voyent & considerent le bon naturel & complexion des flamans ils en viennent d'aultant plus a mespriser les Portugalois cõme gens insupportables d'arrogance & sont d'aultant plus addonnes a nous de facon que nous avons espoir que auecq le tamps les Portugalois y perdront leur iuridiction totallement & que les flamans y auront a l'encontre tout libre acces & credit.

Le 40. Chapitre

Touchant quelques aultres opportunites dudict Chasteau de Mina & quelle police & commerce quils ont tenus illecq auecq certains aultres poincts quand a cela.

QVand ceulx de Portugal a vtilite d'eulx & de leur Roy & par les commandemens d'icelluy, eurent descouvert la coste de Guinea & quils eurent dresse quelques Chasteaux ou forts sur les lieus principaulx & frontieres du pais, de facon quon ne les eut sceu tout au premier coup derechief deschasser d'illecq, sans y conduire plus de puissance que la leur, Institua le Roy le contract du chasteau de Mina & le donna a louage a certains marchans pour & affin que eulx seulx eussent pouuoir de commercer illecq, recevant annuellement pour tel louage plusieurs milliers de Crusados a raison de quoy il fit inhibition a tous ses subiects que personne ne fut oseu de trafficquer sur la coste de Guinea sans sa permission ou commission du Contractador & ce a peine de la vie, comme on les a aussi executez a mort qui auoyent faict au contraire ainsi que au Chapitre precedent a este recite & pour d'advantaige asseurer les Negocians ou Contractadores de n'estre illecq endommages, ou de recevoir quelque empeschement en leur commerce, fit ledict Roy de Portugal bastir la ce Chasteau de Mina pourveu de garnison & ammonition necessaires a la defence d'vng tel lieu & y meit vn Gouverneur pour le regir, lequel il renouuelloit de chasque trois en trois annees y envoyant vng aultre en place du precedent tellement que ledict Chasteau de Mina a chaque trois annees vng nouueau gouverneur, lequel est ordinairement quelque chief, conducteur, ou Capitaine qui a faict service audict Roy en quelque aultre endroict & en est devenu boyteux ou affole, ceulx la envoye on pour les recompenser en tels semblables quartiers comme cestui cy, pour acceptant vng tel Gouvernemēt & superiorite soy engraisser par moyen d'icelluy affin que le Roy ne soit par apres plus greue par eulx. Aultres communs souldarts qui viennent icy ou y sont envoyez, fault quils demeurent icy coustumierement toutte leur vie, & sont ordinairement des personnes qui ont merite la mort par leurs deportemens en espagne ou en Portugal quon bannit puis apres icy ils ont neantmoins leur salade & gaines du Roy, auecq lesquels il fault quils se entretiennent, puis apres tous aultres despens concernant cela le Roy fault quil les paye, de facon que les Contractadores n'auoyent frais aulcuns sauff de charger leurs nauires auecq des marchandises & y envoyer leurs Facteurs, qui prenoyent garde aux marchandises quand elles arriuoyent illecq & de la commerce en temps convenable pour despecher de rechief le retour vers Portugal auecq les mesmes barques ou nauires. Par deux fois en lan se partoyent coustumierement les barques de Lisbone envers le Chasteau de Mina, a scauoir au commencement de l'annee ou esté environ les mois d'April & Mais & a lacheuement de l'annee en Septembre & Octobre, a quoy les marchans se servoyent la pluspart de nauires Franchoises qui leur sembloyent convenables a tel voyage dequoy les Franchois eurent premierement la cognoissance de la situation de ces pays, qui puis apres se hasarderent de y venir trafficquer pour leur propre, comme cy deuant auons mentionne. Quand ces barques, se partoyent envers la Mina, lors se mettoyent elles ordinairement en chemin touttes de compagnie a 4. ou 5. a la fois & venoyent auecq leur charge au Chasteau, ou quils deschargeoyent leurs marchandises & fardeaux & calfattoyent & raddressoyent quelque peu leurs nauires, de facon quils estoyent en vng mois ou 6. sepmaines de rechief prestes au retour & estans en ordre leur donnoyent les facteurs ou Commis qui gisoyent en commission au dessus dudict Chasteau tout l'or quils auoyent receu & lenvoyoyent auecq lesdictes nauires vers Portugal tellement quils faisoyent lors tels voyages en 8. ou 9. mois la ou que les nauires Hollandoises sont necessitees y consommer an & an & demi de terme & souventesfois sont elles la a l'ancre a la coste, par plus de tamps pour y faire leurs traffiques que les Portugalois auoyent de besoing pour le voyage entier d'aller & tourner ce que procede a cause que les Flamās nont la nuls lieux ou maisons fortes pour y descharger leurs denrees comme les Portugalois auoyent & ont encores, mais leurs cas va du tout a neant & se declinent de facon que le Chasteau de Mina cause desormais plus de dommage au Roy que prouffict & ce pource que le commerce des Portugalois se y va anneantissant tellement quils ne demenent la plus nul train de marchandise, a cause des nauires Hollandoises qui donnent les Marchandises a tel pris, que les Portugalois ne les scauroyent a si bō marcher achapter en lissebone. Es tamps passes quand les Portugois estoyent en fleur de leur trafficque, tenoyent ils les denrees en valeur & reputation ne se hastans pour soy despecher mais les distribuoyent en tamps convenable pour en faire bon prouffict voire ils ne vouloyēt poinct vendre leurs marchandises a loupins mais a grosses parties, car ils auoyent amenes les Indiens ou Negros a tel ordre, quil falloit quils congregassent entre eulx premierement la valeur de 4. mille ducats en or, auant quils eussent ose s'approcher au Chasteau de Mina pour y trafficquer tellement quils nauroyent poinct ouvert leur magasin devant qu'vne telle somme ou plus y eut este pese en Or, lors ouvroit on le magazin, dielvrant & mesurant a vng chacun sa marchandise, sans vouloir en facon quelconque rechanger aulcuns bassins chaudrons ou aultres denrees, mais il falloit quils les acceptassent tels quels on les bailloit sans quils se y osassent opposer ou y cōtradire. On ne les auoit aussi cōduict en coustume de leur donnee quelque dache, quand ils auoyent achapte quelque chose, voire il ni eut esté entre eulx aulcun tant osé que de penser de dache, ie me tais de le demander. Les Portugalois les eussent occis mais ce quils noserent alors aulcunement ces Negros ni penser ni dire cela osent ils d'aultant plus ores entre nous a nostre grand dommage, tellement quils vendoyent leurs marchandises si cherement quils vouloyent car il ni auoit personne qui le leur sceut empescher aussi faisoyent ils tel prouffict quils vouloyent & traictoyēt les Negros comme le Chat la souris car les Negros les redoubtoyent plus que leur propre Dieu, tellement quil y a encores plusieurs Negros qui nen scauēt sentir le vent pour le iourd'huy, encores a cause de leur tant rigoureuse & cruelle domination, & depuis nostre commerce sur ceste coste sont ils a peu a peu tousiours declinez de eulx & inclines vers nous d'aultre coste auoyent ils conduict les Negros en telle craincte, quil ni auoit personne tant hardie qui eut ose porter la valeur d'vng grain de faulx or, au deuant des yeulx des Portugois, car quand ils les trouuoyent coulpables d'auoir porte faulx or il ni auoit que le gibbet d'amende sans respecter personne

Quelles personnes le Roy y envoyoit pour Gouverneurs.

Le cōmece des Portugois va a neant & pourquoy.

personne ou excepter aulcun comme est apparu au cousin du Roy venant auecq vne partie en or vers le Chasteau de Mina pour achapter des marchãdises & les Portugois ayãs cõsidere l'or & trouue quil estoit falsifie, le cõstituerent prisonnier aincoys quil fut cousin du Roy & a miroir & exemple d'aultres le pendirent quant & quant au gibbe, ce que occasionna tel effroy entre la commune, que nullui se seroit plus advance a faire du faulx or a cause que lamende estoit trod exorbitante. Le Gouverneur tient encores pour le iourd'huy les Negros qui sont soubs luy & sa dommation en telle contraincte quil faict incontinent enserrer es ceps, celui qui sans son adveu ou commandement aura este aux nauires flamandes voire que plus est quand il voit quelques Negros ayans des habillemens chausses souliers ou chappeaux quils ont trocques auecq les Hollandois ou quilz viennent deulx, leur faict il oster de meschantete & malice tel accoustremens & defendre de ne les plus porter, auecq plusieurs semblables incivilitez que les Gouverneurs vsent en leur regiment dessus les Negros. Les Portugalois tiennent icy leur grauite grandement & se font servir comme Seigneurs & Princes ayans chacun de eulx qui en a le pouuoir certain nombre desclaues a leur seruice tellement quils souloyent iadis estre icy fort estimes & craincts par leur outrecuidance & superbite & ce auant que les nauires Hollandoises vinssent a ceste coste & les gens d'icelles receussent la liberte de pouuoir venir & hanter en terre car alors estoyent ordinairement les Portugois du Chasteau au pais deca & dela car il ni auoit personne que leur osoit messaire, mais apres que les Hollandois eurent commence a mettre pied a terre ont les Portugois quicte les places ou que les flamans venoyent sans y oser plus venir, de facon que les villes & lieux se sont a peu a peu revoltes de eulx voire si les Flamans auoyent en leur pouuoir le Chasteau de Mina ils auroyent illecq aultant & plus de authorite & pouuoir que les Portugalois y eurent oncques. Si fault il neantmoins confesser que les Portugois ont fort amende ces contrees & quartiers, combien que la pluspart at este faict pour leur propre prouffict & advantage, car tout au premier ont ils amende le pais en bestial de plusieurs sortes qui n'estoyent illecq cognus deuant leur arriuement comme de Colombs, Gelines, Pourceaux, Cabrittes & Moutons quils y ont portez. Secondement y ont ils aussi apporte le Mays ou ble de turquie pour soulagement du pais, troisiemement a leur rafresschissement les Canes de Sucre les Bachouens dictes Bannana de Congo & le fruict Annanas quils ont apportez icy de S. Thome, le tout a grande nouvellete & estrangete des Negros qui donnoyent pour aulcuns fruicts quand ils y vindrent premierement beaucoup d'argent pour la grande envie quils auoyent d'en manger, comme signamment, pour les Annanas ont ils bien donne iadis vng escu & demi pour piece & des aultres fruicts a l'advenant mais en progres de temps y sont ces choses tellement multipliez icy, quelles sont pour le iourd'huy a vil pris a cause que le pais en est rempli. En oultre scauent les Portugois soy fort bien comporter icy & mieulx souffrir lair qui ne font les Flamans, a cause quils se scauent mieulx contregarder de touttes choses & viure a leur sante & se faire plus seruir que les Flamans qui souvent par trop sont nonchallans de leur sante sans soy contregarder. Mais quant aux femmes Portugaloises icelles ne s'y scauent point naturaliser car elles sont illecq tousiours malades & languissantes ne se scachans accoustumer ainsi a la nature du pais comme leurs maris & pour cela ne menent les Portugois guerres de blanches femmes icy pource quelles ne se y scauant iamais accoustumer ou naturaliser mais ils prennent a femmes plusieurs gagliardes noires ou Melato a demi blanches a demi noires a scauoir iaunattes dont lesdicts Portugalois font grand cas, mais a cause quils ne peuuent les prendre en ferme mariage les achaptent ils & les tiennent comme leurs propees femmes, combien quils s'en peuuent separer a leur plaisir & en achapter des aultres quand il leur vient a poinct. Ces femmes entretiennent ils fort bragardement & gentiment en leurs habits, les aornant & embellissant tousiours plus que les aultres femmes du pais, tellement quon les peult bien tost cognoistre & sans cela se tondent elles les cheveulx de la teste de pres comme les hommes, ce que les autres femmes ne font poinct, ayans aussi plus de paremens es affublemens & au dessus du corps que les aultres du pais.

Les Portugois ont amende fort le pais par diverses choses y apportees.

Le 50. Chapitre.

Quelle fortresse & munition le Chasteau de Mina a, & les commodites d'icelui.

CE Chasteau de Mina est renommé par tout non tant seulement par sa munition, mais par sa vieillesse aussi tellement quil est plus renommé par icelle que pour sa fortification, & est vn lieu fort propice & bien situe tant au commerce que a la defence du pais car il est tout au premier basti au plus convenable endroict du pais au milieu des plus fameuses places, desquelles les paisans du pais viennent auecq leur or pour negocier auecq les estrãgers d'aultre coste est il bie edifie aussi au plus propice quartier de la coste, ou quil y a & croissent le plus de rafreschissemens de bestiail & fruicts & aultres viandes a l'entretenement des habitans du Chasteau. Troisiement est il bien situe aussi par lassiette naturele du lieu qui rend le Chasteau plus muni, comme estant basti en vng rocher a l'encontre duquel la mer rend ses vogues d'vng coste, en oultre a il plusieurs beaus boulevers deux au rivage de la mer les plus forts & deux vers terre les plus foibles: il est quasi totallement edifie de pierres viues, quils ont taillees hors des rochers & comme dict est la plus grande partie du Chasteau est assise sur vng roc, & y est si bien dresse dessus, quil ne lui faict nuisance mais le fortifie d'advantage pour la resistence. Les rempars ne sont poinct haults vers le riuage de la mer, a cause que les rochers au dessus desquels les boulevents sont plantéz s'esleuent assez, mais vers terre est le mur hault assez, mais point espes de bricque,

Situation du Chasteau de Mina.

on peult bien aller autour du Chasteau au derriere des parapets, & est quasi aultant grand que le Chasteau de Rammekens en Zelande, selon que iay entendu d'aulcuns qui y ont estes prisonniers & furent relaschez. Il est entourne aussi d'vng fosse combiē quil soit vers terre quasi par tout sec mais vers la mer y a maree accez & reccez comme par toutte la coste en aia l'est du rempart est le fossa vng peu plus profond que a l'autre coste, voire y est si profond quil sert d'vn haure pour y loger leurs barcques & descharger iadis leurs marchandises quand il est a son plus sec lors ni a que 6. pieds de fond. Le Chasteau a aussi deux portes au coste occidental & au coste oriental la porte occidentale est la principalle & la plus forte & a aussi vn pont levis, auecq vne belle blanche tourette ayans plusieurs chambres pardedans esquelles le Capitaine ou Gouverneur se tient & a sa residence, l'aultre porte tenant le magazin est faicte pour y abborder les nauires & barques & les descharger illecq. Le Chasteau a par dedans aussi une belle place quarree, ou quils ont depuis naguerres bast vne Chapelle, ils souloyent au temps passe auoir leur Eglise au dehors du Chasteau en vne colline mais depuis ces troubles lont il, rasee & ce a cause quelle eut peu servir de fort a leurs ennemis, qui les eussent voulu invader ou assieger, dont ils auroyent sceu a traict de Canon fort endommager & nuire audict Chasteau, ils le raserent en lan 1599. quād Charles Husscher & Garcia pensoyent conquerre ledict Chasteau de Mina. En icelluy demeurēt pour le present bien peu de Portugois selon quil y en souloit estre car la trouppe s'ammoindrit iournellement, & on n'ē envoye d'aultres, ils ne sont au present poinct 30. en nombre vrays Portugalois & la moitie gist bien maladie en l'Hospital au dehors du Chasteau ou quils mectent leurs malades la reste sont sinon grands maistres qui fairoyent petite defence au besoing & ce sont nommeement ceulx cy, Le Gouverneur du Chasteau ou Chastelain nomme Don Christophoro de Mena qui y gouverne pour asteur, le second est il Padro puis le Viador, le factor du Roy, le Capitaine des souldars, le Factor des Contractadores, auecq quelques aultres d'authorite, qui se tiennent quasi tous au dedans du Chasteau, aultres souldars communs comme Conestables Barbiers cuvelliers, garsons & mouchats resident au village hors du Chasteau, mais viennent a tenir leur garde leur tour dedans ledict Chasteau, quils tiennent laschement assez quand il y a peu de nos nauires la environ & sur la coste mais leur plus grande puissance quils ont dont ils se frent sont six ou sept cens Negros ou Melattes esclaues quils ont soubs leur soubiection & a leur commandement qui sont plus meschans assez que lesdicts Portugalois & ce par l'instruction d'iceulx Portugois. Quand on vouldroit occuper le Chasteau, c'est de ceulx cy quil fauldroit craindre, car ce sont tous hommes vaillans & braues qui sceauent fort adextrement manier les armes & s'en ayder advantageusement tellement quon auroit plus de malencontre de tels esclaues que des Portugalois. Ils souloyent y estre aussi plus pourveus de vivres & ammonition que presentement ils ne sont a cause que ores y abbordent peu de barcques de Portugal, que le leur apportassent cōme iadis, que le Roy en souloit auoir & recevoir des gros emolumens mais asteur quil n'en a nul prouffict, il na plus grand soing dudict Chasteau de facon quils sont au present fort miserables & foibles nayans necessite que de tout, & si ceulx de S. Thome ne feissent qui les viennent aulcunesfois visiter auecq vne barque de passage & les pourveoyent vng peu, ils seroyent tost consommes & contraincts d'abbandonner le Chasteau, voire que plus est, si les Portugalois osassent venir aupres des flamans, sans craincte destre tues ils auroyēt pieca abbandonne le Chasteau mais craignans plus grand malheur, il fault que malgre eulx ils le tiennēt en garde. Il y a telle peur pour asceur entre lesdicts Portugalois, quils ne se oseroyent hasarder au dehors du village, car ils crainderoyent d'estre emprisonnes ou meurdris des Negros nos adherens tellement que le Chasteau gist asteur fort desolé & en pouvre estat. Aulcuns y a qui disent que ce n'est qu'vne petite maisonnette mais ceulx qui en sont sortis & en sceauent bien les commodites & situation affirment le contraire, que c'estoit voire vng Chasteau fort beau & biē faict en son tamps & le seroit encores s'il fut entretenu selon la competence necessaire comme au passé, tellement quil seroit malaise a surmonter principallement si les Portugalois auoyent les Negros comme iadis a leur devotion & quils fussent maistres du plat pais mais le cas se porte bien aultrement auecq eulx a cest heure, la ou quils souloyent au tamps passe receuoir tant & tant de nauires de Portugal & S. Thome ni vient surgir a peine en l'an vne barque ou deux pour le present & cela encores par grands dangiers & crainctes car on leur couppe les pas souvent en chemin de facon quils tombent es mains ennemis, le Chasteau est neantmoins assez bien muni de gros Canons comme coulouvrines & demi Canons & autres pieces de fonte dont les meilleures pieces gisent envers le Rivage de la mer, la quantite ou nombre ne scait on bien dire, a cause que les personnes que en viennēt ne s'accordēt de bouche l'vn dict ainsi l'autre ainsi tellement quon nen peult escrire rien de certain, d'aultre part aussi quil y a plusieurs pieces au dedans du Chasteau qui ne sont en veue au dessus des rempars & touchant l'amonition quils peuuēt auoir a service d'icelle nest ayse a scauoir, a cause que le Gouverneur le tient cache, pour plus d'honneur mais a presomption estime on quils nont guerres d'ammotion depuis quelque tamps en ca pource que le Gouverneur envoye iournellement des gens vers les nauires gisantes a la coste pour achapter d'elles quelques quantite de pouldres presentant den satisffaire la valeur d'icelles en Or, de facon quon coniecture & tient pour vray, que cela procede par leur disette & en leur nom pour s'en fortifier au besoing. Et auecq cecy concluirons nous ce deduict touchant le Chasteau de Mina & poursuivrons nostre description de la coste d'or de Guinea.

DESCRIP-

DESCRIPTION DV PASSAGE QVON PREND AV DEPARTEMENT DE LA COSTE d'Or vers le Cabo de Lopo Gonsalves.

La troisieme partie.

LA negociation estant par grace de Dieu paracheue auecq les Negros, & quon est d'intention de departir, auecq le retour vers la partie estans prests & quon s'est pourveu de ce quest necessaire sans vouloir abborder en quelques rivieres pour y faire commerce aulcune mais quon veult tout droict prendre son cours ver Cabo de Lopo Consalves, se departet ordinairemet les nauires de Mourre a cause que cest vn lieu covenable & ydoine a soy raffreschir & aussi pource que cest vng des plus haults endroicts affin de ne decheoir par trop bas par telle raison se sert on de ceste place a la retraicte d'icelle coste. On metera donc voile au vent venant de terre & se tiendront on au plus pres d'icelluy sans en quicter quelque advantage car on aura encores du mal asses pour surgir au dessus de S. Thome & Rio de Gabaom & ce a cause du flux qui pousse vers lest au nord est vers le rivage & golfe de Fernande Poo, a quoy il fault bien viser, car celui qui decheoit en ce golffe nen peult que bien malaisement sortir pour le flux voire est en danger de perir illecq, ou il fauldroit que quelques Travados du Nord l'aydassent qui le fissent sortir vers le Sud aultrement ni a remede, car il y a aucuns ayans le vent vn peu contraire qui sont bien six ou sept sepmaines auant quils scauet venir au Cap de Lopo Consalves. On doibt noter icy que d'aultant plus quon s'approche a l'Æquateur d'aultant plus vente il du sud tellement que ledict vent quand on a passe l'Equinoctial vient bien a venter du Sud & Sud a l'Est & plus hault encores, aussi fault il remarquer, quand on voit les grands poissons volans quon n'est lors guerres loing de S. Thome ou environ l'Isle du Prince.

Du passage de la coste d'Or vers le Royaume de Benin ou Rio Benin & Rio Florado.

AInsi que la coste d'Or ne s'estend plus auant que du Cap de Trespunctas iusques a la Riuiere de volta, apredrot ceulx d'icelle coste qui vouldroit tirer vers le Royaume de Benin leur cours tout tenat le rivage & au devant des Revieres de Rio de Volta, Rio d'Ardra, & Rio de Lago. Ces riuieres cy ne sont point hantees, a cause quil ny a rien de vaillant hormis vng peu de dens d'Elephans tel quil ne vault la peine de y abborder pour les dangers & perils quo a, a l'entree des ardeurs. En lebourchive de la Riviere Florado gist vne Isle & la riuiere est si grande quon la peult cognoistre, le pais s'estend la plusspart par 30, lieues iusques au Rio d'Ardra. Ceste riuiere d'Ardra est fort frequentee des Portugalois & est cogneue par tout & ce poinct par valeur du pais mais par l'abondance des esclaues quon y achapte & traffique illecq pour conduire en aultres places, tant vers S. Thome que Brasil pour travailler la & raffiner les Sucres car ce sont des hommes vaillans & robustes qui scauent durer aux travaulx & sont ordinairement meilleurs esclanes que ceulx de Gabom mais ceulx quon achapte en Angola sont encores meilleurs. En ceste riviere ne trouue on aultre singularite qui vaille hormis certaines pierrettes bleues verdes & noires dont ils aguisent des corails & pour leur elegance de couleur, les veulent bien auoir les aultres Negros signammet a la coste d'Or de Guinea ou quils sont en grad pris & estime entre les Negros, hommes & femmes vont icy tout nuds de facon quils nont nulle vergogne ni concupiscence l'vng de l'autre & ce iusques a tant quil sont vendus pour esclaues lors couvrent ils les parties vergogneuses, & selon leur dire & raisons nont ils nuls desirs charnelis a se veoir nuds parensemble, moins que nous aultres des femes vestues puis quon voit l'homme plus inclin a ce quil ne voit ou quil ne peult auoir que aultrement. Les Portugalois font icy grand train de marchandise & y viennent auecq des barques achapter beaucoup desclaues les habitans leur sont aussi meilleurs amis que a aultre nation quelconque & ce a cause quils viennent la beaucoup & que ceulx d'aultre nation y venans ni achaptent nuls esclaues comme les Portugalois d'aultre coste y a icy aussi certains Portugalois qui y tiennent leur residence, qui achaptent les marchandises & denrees, qui y tombent a trafficquer. De Rio de Ardra a Rio de Lago sont dix lieues & en ceste riuiere ni a pareillement rien de singulier a negocier & nest a ceste cause point renommee tellement que le Rio d'Ardra est le plus fameux des deux a scauoir Rio de Volta & Rio de Lago. De Rio de Lago iusques a Rio de Benin sont environ 20. lieues, tellement quon estime Rio Benin estre distant de la coste d'Or a scauoir de Mourre environ de cent lieues, de facon quon peult venir illecq en deux iours a layde du flux la ou quon est empesche bien six sepmaines, pour retourner dou quon est venu.

DESCRIP.

DESCRIPTION DE LASSIETE ET COVSTVMES DE LA GRANDE VILLE DE BENNIN, situee au dedans du premier goulpse ou destour,

Descripte par D. R.

TOut au premier semble la Ville bien grande, quand on y entre dedans vient ou premierement en vne rue large poinct pavee, qui semble a veoir de 7 a 8. fois plus large que la Warmoestrate a Amsterdã, icelle s'estend au loing & au droict sans courbure, & la ou que iestoy loge chez vng Matthieu Cornelissz. y avoit bien vng quart de lieue de chemin de la porte illecq, & si ne sceu ie d'illecq penetrer de veue la fin d'icelle rue, mais ie veoyes, bien vne grande arbre tant que la veue pouuoit porter & on me disoit que la rue estoit encores plus longue, ie parlay la a vng Flaman qui disoit d'auoir esté aupres ladict arbre, mais quil ne scauoit encores veoir la fin bien veoit il que les maisons commencoyent illecq a devenir plus petites & aulcunes aussi qui estoyent abbatues de facon quil pouvoit coniecturer par cela, que le debout en estoit pres. Ceste arbre estoit plus de demie lieue arriere de la maison la ou que iestoy loge ainsi quon estime qu'icelle rue soit bien longue vne lieue, sans les faulsbourgs ie vis a la porte par laquelle ientroy a cheval vng Boulevert fort hault esleve & bien espais de terre aueco vng fosse profond & large mais sans eaue rempli d'arbres fort haultes. Ie parle a vng qui auoit este vng grand traict de chemin au loing des rempars mais il n'en avoit veu d'autres fors elles cy dessus mentionnees & ne scauoit de certain aussi si elles attournioyent toutte la ville ou non. Ceste porte susdicte est assez belle faicte a leur guise de bois quon la peult fermer & on trouue tousiours garde a icelle, & au dehors d'elle y a des grands faulbourgs & quand on est dedans la susdicte grande rue lors voit on beaucoup de rues au coste qui s'estendent aussi tout droict mais on n'en sca venir a bout de veue aussi par leur longeur: On escriroit bien plus de particularitez de ceste ville si on la pouuoit veoir comme on peult faire celles d'Hollande mais cela vous est defendu d'vn qui vous accompagne, tousiours pource qu'on ne peult illecq aller hors sans compagnie. Aulcuns y a qui disent que cestui la vous accompagne affin que mal ne vous advienne mais ce neantmoins ne pouvez vous aller plus auant quil ne veult permectre,

De leur Bestial & Fruicts,

ILs ont beaucoud d'excellens fruicts & Bestial dont ils se scauent soustenter la vie, comme Iniamos, Bannanas, & Bachovens, Oranges, & Limons, Le vin de Palma est icy fort exquis & bon a boire, le vin de Palma argret est icy de deux sortes comme vin de Palma & vin de Bordon. Le vin de Palma boyvent ils au matin & l'estiment lors fort bon a boire & le vin de Bordon boyvent au soir pource que l'estiment alors mieulx beu que au matin.

Ils ont aussi vne espece de fruict semblable quasi de goust a l'ail & de couleur totallement en pourpre rouge, du tout semblable a celuy quon trouue a la coste d'or, & quand ils se veulent entrepromectre ou iurer quelque chose lors disent & promectent ils de ne manger plus de tels aulx qui se brisent en tant de pieces. Aultres se pariurent de manger de tels aux qui se rompēt en tant de pieces tellemēt que chacun a son propre sens en cela.

La facon de ces Maisons.

LEs maisons sont colloquees en ceste ville en belle ordonnance de rang & sont contigues comme les maisons esquelles gens de qualite demeurent soit ennoblis ou aultres monte on a tout vn degre deux ou trois & y ont la guise d'vne gallerie au dessoubs de laquelle on se peult asseoir a couvert & ladicte galerie est chacun matin nettement baliee & on y estend vng matras au dessus duquel on peult asseoir & leurs Chambres sont pardedans comme vne muraille en quarre, faictes de toicts penchants qui au milieu ne se seruent, par ou que la pluie, vent & lumiere viennent & la dorment & mangent ils mais ils ont puis a part certaines logettes pour cuisinier & faire autres choses.

Les maisons communes ne sont point ainsi, celles la ne sont que d'vng mur dresse, ausquels y a vng huis ils ne scauent point faire des fenestres la, la lumiere dont ils se servent en la maison vient parmi le toict leurs maisons sont touttes rouges & mues plains & sont fabricquees de terre quils fossoyent, qui est ordinairement grasse & la pluspart de leur terre est rouge, laquelle ils apprestent auecq de leau & en font comme terre potasse de nos

pays

pays & cela emplissent l'vng dessus l'autre le laissant puis apres seicher de soy mesme ils font leurs murs d'espesseur de deux pieds ou environ, & nonobstant y vient bien souvent vne guillee, quil en abbat deca & dela quelqu'vng & lors ont ils derechief ouvrage a les faire.

De la court Royale.

LA court du Roy est bien grande & a per dedans plusieurs places quarrees qui ont des Galleries tout alentour esquelles on trouue tousiours garde ie fus si auant moy mesme dedans icelle court que ie traversai quattre telles grandes places d'aultant que le veue s'estendoit ie veoys encores par des portes en des aultres places & ainsi fus ie si auant que oncques flammes fut a scauoir en lestable de ses meilleurs Chevaulx & ainsi passoye aulcunesfois vn long chemin, tellement qnil semble bien que le Roy a beaucoup de gendarmes comme aulcuns ie pouuoy bien veoir en se court. Aussi at il beaucoup de noblesse les nobles venans en court vienuent a Cheval & y sont assis dessus comme les femmes en nostre pais, ayans de chaque coste vne Homme auquel ils se tiennent & selon quils sont de grand estat selon cela ont ils grande suitte de serviteurs derriere eulx, l'esquels ont des aulcuns des grands pavois pour ombrager le gentilhomme & deulx cy vont au plus pres de luy sont ceulx ausquels il se tient & les aultres suiuent par derriere en Iouant, aulcuns sur Tambours aultres sur cors & fleutes & aulcuns ont vn Fer creusé, au dessus duquel ils frappent & leur Cheval est aussi mene par vn & ainsi chevauchent ils en iovant vers la Court. Les plus magnificques Gentilshommes ont encores vng aultre ieu quand ils chevauchent vers la court a guise de petites rets, aueq lesquelles on va a la poissonnerie chez nous, qui sont remplis aueq certaines choses dures, a l'encontre desquelles ils frappēt continuellemēt en allant aueq leurs mains, qui rend vn tintamarre aultant melodieux que s'il estoit rempli de grosses noix ou gauges & vn Gentilhomme a beaucoup de serviteur qui le suivent aueq telles rets.

Le Roy a beaucoup desclaues d'Hommes & femmes lesqnelles on voit souvent porter de leau, Iniamos & huile de Palma, quon dict estre a service des Femmes du Roy. On voit aussi beaucoup des hommes porter ean Iniamos & huile de Palma qui est pour le Roy. Aussi y voit on courrir souvent qui portent de l'herbe pour les Chevaulx & touttes les susdictes choses sont portees en la court. Le Roy envoye souvent aussi des presens dehors a scauoir des viandes qui sont portees en belle Ordonnance par les rues. Pareillement quand ce que dessus est mentionné est porté lors vont les porteurs aussi de rang suivans l'vng l'autre & vng ou deux les accompagnent ainsi tousiours ayans vne vergette blanche, tellement que chacun doibt faire place & se retirer du chemin ains que ce fut vng Gentilhomme.

Des femmes du Roy & de ses processions annueles.

LE Roy a beaucoup de Fēmes et faict chacun an deux processions tellement quil se monstre lors hors de sa court et va visiter la ville et alors faict il parade de toutte sa puissance et moyens pareillement de tous ioyaulx quil a et sca mectre en auant. Il est lors ausi accompagne et convoyé de touttes ses femmes qui passent le nombre de six cens bien quil ne les tient touttes en femmes mariees. Les Gentilhommes ont semblablement beaucoup de femmes, comme aulcuns et ont bien 80. aultres 90, et plus tellement qui ni a si petit fils de ribaude quil naye 10. ou 12. femmes, de facon quon trouue icy plus de femmes que hommes.

De leurs Marchez.

ILs ont ausi leurs places a part ou quils tiennent diuers marchez en vng endroict ont ils leur grand marche ou Dia de Ferro en vng aultre tiennent ils leur petit marche ou Dia de Fero, En ces places portent ils touttes choses a vendre comme chiens viuans quils mangent beaucoup, singes et quingnaulrs rostis, Rats, Parocquets, Gellines, Iniamos, Maniguette en gousse, Laifards seichez, Huile de Palma, grande Palme, grandes Felipes aueq plusieurs sortes de Kaukiens aueq plusieurs aultres sortes d'herbes & animaulx le tout pour viande ils rapportent aussi beaucoup de bois a brusler & des cabas aussi pour y manger & boire dehors aueq des aultres sortes de plats & augets servans a telle fin. Puis apres encores beaucoup de fil de Cotton dont ils font leurs habillemens pour soy affubler aueq. Leurs accoustremens sont semblables a ceulx de la coste d'Or mais plus leaux & nets touttesfois, dont a dire le tout serions trop longs d'aultre coste apporte on la a vendre aussi grande abondance de touttes sortes de ferremens, comme instrumens a pescher a cultiver & plusieurs armures comme assegayes & couteaux pour mener guerre tel marche & commerce est tenu en fort bonne ordonnance & vng chacun sca sa place ou quil aura a se mectre pour vendre ses denrees selon la difference d'iceiles estant a vn chacun destine lieu propre ils vendent aussi des femmes comme en la coste d'or.

Des Gentilshommes & de leurs guerres.

LEs Gentilhommes vont auecq vne grande reverence vers la Court ayans diverses fortes d'instrumens de musique aupres de eulx & estans convoyez par vne grande quantite de Negros d'esquels l'vng a vng tambourin au dessus duquel il ioue les aultres des aultres instrumens. On mect vne sellette de bois au dessus du Cheval & au col pend on vne sonnette a vaches qui va tintant pendant que le Cheval marche [illegible] de lassis vont aussi deux au dessus desquels il s'appuye auecq ses bras. Ces varlets ou convoyeurs viennent [illegible] tin a l'huis du Gentilhomme, & attendent la iusques a ce quil vienne pour le Convoyer. Les Chevaulx sont fort petis & poinct plus grands que les veaux en ces pays, dont il procede que nos Chevaulx y sont [illegible]. Le Roy a beaucoup de Gendarmes & souldarts qui luy sont soubiects, ces Souldars ont [illegible] vn superieur au dessoubs duquel ils sont comme soubs vn Capitaine. Ce Capitaine qui a ses souldars [illegible] luy [illegible] au milieu de eulx & eulx autour de lui mennans grande [illegible] a saulter & danser d'aultre [illegible] trecuidez en leur office principallement le Capitaine qui tient tousiours sa granit, & [illegible] orgueil. Leur espee est large & la pendent au col auecq vne ceincture devant par dessoubs [illegible] aussi des pavois & Assegayes comme ceulx de la coste d'Or.

De leurs Accoustremens.

ILs se tondent en diverses facons chacun au plus gay, es accoustremens sont ils le semblable & ont des manieres estranges n'estant semblables l'vng de l'autre hormis quils sont tous faicts de Cotton & au dessus d'iceulx portent ils ordinairement du linge de Hollande. Les Ieunes Fils & Filles vont tous nuds iusques a ce quils sont maries ou que le Roy leur donne licence & conge de se pouvoir couvrir, dont ils menent grande ioye & liesse, du plaisir & amitie a eulx vsee du Roy & embellissent lors leurs corps fort gentiment le frottant auecq de la terre blanche & tiennent vng grand estat estans assis en grande magnificence, & lors viennent les aultres aussi a leur prier bonheur comme si cestoyent des dames de nopces. Ils se laissant circoncier aussi tant fils que filles en quoy ils suivent la loy de Mahomet, ils se decouppent en leur corps du hault des espaules iusques au dessoubs des genitaulx a chaque coste trois grandes tailles d'vn doibt de grosseur, comme par vertu doeuure saincte estimans que cela leur soit fort salutaire. Ils sont fort iustes aussi & ne se fairont nul fort l'vng a l'autre & aux estrangers ne desrobberont ou osteront ils chose aulcune, car ils en seroyent pour ce punis a mort & fort facillement font ils mourrir quelqu'vng pourveu quil aye mesfaict aux estrangers en quoy ils vsent de fort estranges droicts & Iustices a scavoir. Ils lient les bras du malfaicteur sur son dos & luy bendent les yeulx sur cela vient vng des Iusticiers qui luy haulce les bras contrement tellement que la teste vient a pencher embas, lors vient le bourreau qui luy couppe la teste & puis le mect on en quartiers, lesquels sont iectes aux oyseaux desquels ils sont fort espouantes ils ont terrible poeur de ces oyseaux et ni a nullui qui ose les mesfaire ou soy opposer a eulx il y a des gens a ce institues qui portent a manger et boire a ces oyseaux, lequel leur est porte en grande magnificence et personne ne le peult veoir porter ou y estre apres que ceulx qui sont ordonnes a cela mais s'enfuyuent tous envoye quand ces gens vienneut auecq le manger pour le porter a ces oyseaux a quoy est pareillement vng lieu prefix.

Ils respectent les estrangees fort et quand quelqu'vng les rencontre au chemin ils luy fairont place et se osteront de voye et ne seront tant hardis que de passer oultre si ce n'est quon le leur commande expressement et quon veuille quils passent oultre voire tant chargés quils fuissent si nauront ils telle hardiesse quils losent faire car ils en seroyent chasties. Ausi sont ils fort ambitieux et volontiers recompenses de leur plaisir et amitie.

EStant passe ces Rivieres fault il tenir son cours au plus pres pour abborder au Cap de Lopo Consalues et oultre passer toutes les Rivieres qui se trouuent au dedans du destour pource quil ny a nul prouffict a faire, mais si on vient a decheoir au derriere de fernande Poo on est en danger de y demourer toutte sa vie sans en eschapper iamais mais aulcunesfois ne veult servir le vent pour abborder au Cap tellement quon vient a decheoir souvent a l'Isle Corisco ou environ Rio d'Angra en lembouchure duquel l'Isle Coriscò est situee. Ceste isle de Corisco est vng meschant lieu a habiter ausi ni demeure personne dessus il ni a rien a recouvrer que eau et bois a brusler de facon que les nauires qui viennent de la coste d'Or et decheent icy se y pourveoyent de eau et bois et singlent puis vers le Cap de Lopo Consalves pour d'illecq reprendre leur cours vers l Europe. Au dedans de la Riviere gisent encores trois aultres Isletes qui ne vaillent guerres ausi, a cause quelles ne rendent rien de

prouffitable

Testes de Femmes en Benin & diuerses facon de testes tendues de chefs Capitaines & Souldarts.

prouffitable & ni a rien en abondance que bois a brusler. Ces Islettes sont auiourd'huy nommees pource quelles nauoyent point de nom les Isles de Mouchero a loccasion que vn certain Balthasar Mouchero les auoit faict occuper par ses Commis, ou quil auoit faict bastir vne forteresse en l'an 1600. pensant les peupler & y attirer grand train de marchandise d'aultres contrees, mais ceulx de Rio de Gabom l'ayans entedu que gens estoyent venus a demourer illecq cercherẽt tous moyẽs pour les meurdrir & pour leur oster le fort & tous leurs biens comme ils feirent aussi auant quils se fussent tenus la quattre mois soubs vn Capitaine nomme Eduvvard hesins voire leur ont surprins le fort a belle force & massacre tous ceulx qui y estoyent dedans. l'Isle de Corisco a receue son nom des Portugalois a raiso quil faict la des grads orages en icelle par tonneres & fouldres & guillees, de facon quelle n'est bonne pour estre habitee d'aultre part ne y veult croistre riens aussi que Concombres, elle est bien douee deau belle & arbres rouges belles & excellentes, comme bois de Bresil extremement reluisant & beau, comme vng miroir, quand il est bien rabotte, qui est aussi tant dur quon ne peult que a grande peine l'abbatre l'Isle a de circuit enuiron vne lieue & ni a point d'ancrage a l'enuiron quand les Trauados viennẽt, De Rio d'Angra iusques au Rio de Gabom sont 15. lieues. Ceulx de Rio Gabo ne sont poinct amis a ceulx de Rio d'Angra, car ils font souuent guerre ensamble & puis s'accordent ils bie derechief tellement que le bien quils se veulent ne vault guerres ils ont aussi vng Roy entre eulx mais ils sont meilleures gens a frequenter que ceulx de Gabom, car depuis ce tamps que ceulx de Gabom invaderent le fort de Moncheron & y prindrent les gens & biens ne voulurent ceulx d'Angra auoir plus a faire auecq eulx mais ce leur estoit a contrecœur que cela advint & a cause quils craignoyent ceulx du Rio Gabom & Pongo ne se y oserent ils opposer auecq ces gens faict il bon trafficquer & on trocque icy beaucoup de dens aussi, mais point tant abondamment que en Rio de Gabom, mais quand on veult negocier la ne fault il guerres tarder illecq auecq la Chaloupe car ce quils ne scauent porter es 2. ou 3. premiers iours ne porteront ils poinct puis apres car a cause que raresfois y abbordent des nauires pourtant portent les Negros tous les dens quils ont au premier traict pour les commercer leur langage est different d'icelluy de Gabom mais touchant leur religion & opinions sont ils quasi d'vng consentement & se y accordent, dequoy dirons cy dessoubs en la description de Rio de Gabom & Gabo de Lopo Consalves.

DESCRIP-

DESCRIPTION DE RIO DE GABOM ET DU CAP LOPO GONSALVES.

La description de la figure No.19.

En ces deux figures trouues vous tout ce que concerne la Cap de Lopo Consalues & le Rio de Gabom. Tout au premi[er] voyez vous la magnifence en laquelle le Roy se mest quand quelque Monsieur ou estranger y viet pour parler & a luy est assiz en vne celle esleuee de terre par deux ou trois degrez & tout autour environne de ses gentils hommes les estrange[rs] qui le viennent visiter sont assis plat a terre dessus certains matras. Au coste voyez vous vne de leurs Canoes creusee d'v[n] arbre en laquelle ils sont en pied gaschans auecq des louches bien 50. ou 60. personnes, en oultre voyez vous vng Cheval ma[rin] desquels on troune icy beaucoup soy entretenans tant en terre que en leau d'aultre part leurs maisonnettes & le m[ai]nouvrage que les femmes font entrelacans des matras, & seichans des Bannamas dessus du feu.

POurtant que les gens de Gabom & ceulx du Cap sont voisins & ont vne langue facon & contenance les pays ie mis ensamble & faict vne description de eulx deux. La Riviere de Gabon gist environ 15. lieues au Sud du Rio d'angra & 8. lieues au nord de Capo Lopo Consalves & gist droictement dessoubs la linie Equinoctiale environ 45. lienes de S. Thome & est vng pais aisé a cognoistre, deuant en la Riviere gist vne seicheresse de 3. ou 4. brassees au dessus de laquelle il brusle terriblement a cause des flux qui sortout de la Riviere est biẽ 4. lieues long en lembouchure mais arrinant environ l Isle quon nomme de Pongo n'est elle point 2. lieues long. A chacun des costes de la Riviere est il plain d'arbres & l'Isle gist plus pres du rivage nord que sud & en-

cores

La description de la figuere No. 20.

A est vng grand Maistre brauement bar de ayant diverses sortes de cousteaux attachez au corps & vne Assegaye en la main, B est vne femme ayant vng petit enfant a la main estant piquotee par dessus le corps & gentiment enduicte de couleurs ayant en oultre es Iambes 2. ou 3. anneaux destain ou cuiure pesans plus de 4. liures chaeun., C est vng habitant de la peuplace ainsi quil va iournellement faisans ses trafficques auecq les estrangers portant des dens d'Elephant a vendre.

cores vng petit plus avant gist vne Isle ou quon peult recouvrer prou de rafreschissemens de Bannanas, Iniamos, & pommes d'Orange. Environ 2. lieues dedans la Riviere at on fond a 8. brasses bon fond a perche. Ceste coste s'estend totallement sud & nord & on a fond ou dehors du rivage environ lieue & lieue & demie de 12. a 13. brassees bon fond a perches & a demie lieue pres du rivage at on fōd de 4. 5. 6. & 7. brassees on s'en peult approcher de bien pres, a cause quil faict par tout bon ancrer au long de ceste coste, estant bon fond a perches par nuict at on tousiours vent de terre & par iour de mer. Ceste Riviere a trois puissans Roys qui dominent en icelle, comme vng Roy an coing Nord quon nomme Caiombo & vng au coing sud Gabom, & vng au dessus de l'Isle dict Pãgo, qui a en soy vn terriblemẽt hault esleue mōt. Ceulx de Pongo sont les plus puissans de gẽs, & ont bien souvent guerre a ceulx de Gabom. Ceulx de Caiombo sont grands amis auecq ceulx de Pongo & les habitans du coing sud de la Riviere font grand amis auecq ceulx de Cap de Lopo Consalves.

Du Cap de Lopo Consalves.

LE 12. Decembre sommes nous arrivez devant le Cap de Lopo Consalves & auons trouue illecq trois navires a lancre deux de Zelande & vne de Schiedam. Concernant leur Religion ils ne scauent ni de dieu ni de sa loy vng brin. Aulcuns adorent le Soleil, aultres la Lune aultres certains arbres ou la terre pource quils en recoyvent nourriture, de facon quils feroyent conscience a cracher en terre, Ils vont raresfois par les rues & y allant porteront ils tousiours vn large couteau es mains. Ils sont & hommes & femmes tous picquotes aux corps auecq des estranges facons de piquctures & diverses guises, fort novelles a regarder, esquelles ils frottent quelques graisses auecq des coleurs. Ils ne boyveront poinct sans verser premierement quelque chose en terre hors du pot, ils n'vsent point le boire au repas mais apres icellui boyverōt ils vn bon traict deau ou de leur vin de Palma ou Melasso faict auecq de leau & miel. Au matin bien tempre a laube du iour vont ils vers leur superieur ou Chaueponso luy donner le bon iour & faire reverence: a l'approcher tombent ils es genous & frappent les mains ensamble, disans ces mots, fino, fino, fino, qui vault vne salutation dont ils veulent signifier paix & vnion & tout bien ils sont fort inclins au larrecin pour desrobber quelque chose maximement aux estrangers dont ils ne font poinct de conscience mais cuident bien faire mais l'vng ne desrobbera poinct a laultre en facon quelconque. Les femmes y sont aussi fort inclinees a luxure & impudicite singulierement auecq ceulx de nation estrange dont elles veulent estre honnorees, car ce nest point de honte entre eulx. Voire que plus est vn homme presente aux estrangers qui viennent la ses femmes & en oultre presentera le Roy mesmes & honnorera aulcuns estrāgers auecq quelques vnes de ses femmes, dont il a foison ils ont entre eulx vne abominable coustume a scauoir que le Roy quand il a des filles grandes, les prend a soy & les tiēt pour ses femmes & s'en abvse, semblablement la Royne quand elle a des fils eages elle s'en faict culebutter aussi. Dadvantage sont leurs accoustremens plus elegans que a la coste d'or, car ils sadorneut brauement le corps ils portent autour du corps dont ils couvrent les parties vergogneuses vng mattas faict descorce darbres tainct en rouge auecq certain bois rouge auecq lequel ils le scauent taindre, au dessus de tels matras attachēt leurs accoustremēs aulcuns des peaux de singes au marmots & aultres d'autres animaulx auecq vne sonette au milieu, telle quō attache au col des vaches & moutōs chez nous. Leurs corps paindent ils aussi en rouge, auecq taincture de rouge bois qui est assez belle mais plus clere que celle du Bresil ils sont aussi souvētesfois l'vn oeil rouge & l'autre blāc ou iaune auecq encores vne raye ou deux au visage, les aulcuns portent aussi au col des choses faictes descorce d'arbres petites & grandes point dissemblables aux boistes quon pend es Hostelleries pour recevoir aux pouvres, mais ils ne veulent point permectre quon y regarde dedans. Les hommes & femmes y vont quasi tous a teste nue, ayans les cheveulx bragardement tondus & entrelaces, aulcuns portent des Chappeaux faicts descorce d'arbres de Cocos ou noix Indiennes, aultres portent vng tas de plumes & pennaches, qui sont attachez aux cheveulx auecq des fers, il y a aucunes personnes qui ont des trous es levres de dessus & aussi par le dedans ausquels ils mectent des pieces des dens d'Elephant de grandeur d'vng daldre auecq vne queue, qui serre au trou, qui y estant mise dedans vient a pancher par dessus le nes jusques au dessoubs de la bouche, ce que leur vient puis a poinct & leur sert quand ils tombent en maladie & se esvanouissent & quon ne leur peult ouvrir les mains a force, lors ostent ils tel osselet & y pressent le suc de quelques herbes verdes dedans, au moyen duquel ils retournent puis a eulx tellement quil leur est duisable a deux choses. Aulcuns portent des anneaux aussi en l'entredeux du Nes ou parmi les levres aultres y a qui y traversent des cornets ou dents & les portent ainsi estant cela a leur advis vng tresgrand ornement aultres percent aussi la levre de dessoubs, & iovent par ce trou auecq leur langue plusieurs entre les hommes & femmes portent aussi des anneaux es oreilles, dont aulcuns pesent plus que 3. ou 4. onces, aulcuns ont des bastoncins au travers d'elles de longeur de 5. ou 6. doigts la plus-partdes gens principallement les hommes portent vne ceincture autour du corps d'vne peau de Buffle de son poil encores vestue laquelle ceincture vient a ioindre pardevant a vne paulme pres bouttant a chacun debout vne piece dehors ou quelle est attachee ensamble auecq vne bandelette, ils ont aussi ficheau dessus du vētre vn court & large couteau de fer duquel le fourreau est aussi faict de fer ces ceintures sont aulcunes bien d'vne paulme de longueur aultres de deux & de troix aussi, apres de ses couteaux se servent ils encores d'vne aultre sorte d'iceulx ayans 3. ou 4. poinctes qui sont fort dangereux dont ils scauent iecter & par tout ou quils peuuēt attaindre demeurent ils fichez ils sont mieulx muniez daamures que ceulx a la coste d'or & leurs armures sont pieques ou Assegayes arcs & flesches des pavois selon leur longeur descores d'arbres leurs tambourins sont estroicts par embas & larges par enhault les Assegayes sont fort gentiment & industrieusement faictes, car ils sont fort artificiels a travailler en fer. Les femmes portēt les armes aux hommes allans au combat & au poinct les mectent elles es mains des hommes: ils sont fort furieus contre leurs ennemis es batailles & se menent guerre tant par eau auecq leurs Canoes que par terre, & quād ils prēnent quelqu'vns de leurs ennemis (quils souloyent au tēps passe devorer mais ores point) ils leur font des grāds tourmens & maulx. Les femmes s'attiffent (selon leur advis) & portent beaucoup d'anneaux de cuiure rouge & estain es bras & iambes, aulcunes vng aultres deux, qui souvent poisent 3. & 4. liures & sont si serres autour des iambes, quon ne peult quasi scauoir commēt quelles les y ont mis, tels anneaux portent aussi certains hommes mais les femmes plus, lesquelles portent ausi des devantiers lacez de ioncs comme ien ay bien veu faire. Puis apres touchant leurs accoustremens & ornemens de leurs corps ils sont disformes & abominables & si ne sont ils poinct plus civils en leur manger & mesnager, car ils viuent comme bestes & dorment en terre dessus des matras, quils scauent fort artificiellemēt entrelacer les viandes quils mangent au plus sont Ignamas, Batattas & Bannanas, se servans des Bananas en lieu de pain quand ils sont bien seichez, leur commanage est la plus part poisson seiché & chair auecq plusieurs au-

gres

tres racines & Canes a Sucre, ils mectent leurs viandes en vng plat ensamble auquel ils se vont asseoir tout autour & mangent comme vn tas de bestes sans boire au repas mais bien apres. Le Superieur, nommé Maui, mange tousiours seul hors d'vng auget destain mais les subiects si non d'augets de bois, estans tousiours assis dessus vng matras en terre estendu, Le plus grand travail des femmes quelles font icy est d'aller querre de leau & cueillir des fruicts & cuisiner, Leurs maisonnettes sont bragademet faictes de Cannes & auecq des feuilles de Bannanas font ils leurs taicts & sont plus gentiment & nettement faictes que celles de la coste d'or. Le Roy a vne maison la plus grande de la ville, on le nomme Golipatta, il est fort brauement orné & garni de patenostres faicts dosselets & coquilles tainctes en rouge qui luy pendet au tour du col bras & iambes leur visage frottet ils beaucoup auecq de la couleur blanche. Ils sont bien obeissans a leur Roy & le reverent fort en sa presence, il a devant son logis vne couleuvrine auecq quelques aultres piecettes en roues, quil a iadis achaptees des Francois ils sont fort industrieux pour apprendre a manier les armes principallement vne hacquebutte. Leur hyver est d'Apuril iusques en Aoust quil y faict terriblement chaud toutesfois nat on lors quasi nuls iours sereins car il y pleut terriblement auecq des gouttes qui tombent si chaudement au dessus des pierres a demi ardantes quelles sont incontinent seichees, & par icelles deviennent les Rivieres espesses & glueuses d'eau. Es Rivieres comme aussi au riuage sont bonnes pecheries & tresbon poisson les huistres s'engendret aux arbres, aux branches qui pendent denhault en leaue. Le iour & la nuict sont icy d'egalle longeur & ne differe point vn demi quart d'heure en toutte l'annee quou s'en puisse bien appercevoir. Leur Hyver commence en Mars & leur. Este environ mi Septembre de facon quil est plus chaud icy en Hyver que en esté. Ils parlent fort lentement tellement quon sca mieulx apprendre leur langage que celuy de la coste de Gunea. Le Cap est vn pays bien bas & aise a cognoistre il ni a nul pays icy a l'environ qui s'estend auitant Occidentalement en mer comme cestuy cy & gist environ vn degre au Sud de l'Equateur & est distant de S. Thome de environ lieues. Quand on est a lancre au Cap, lors y a vne Riviere environ 3. lieues Sudest de vous en laquelle les Chaloupes voguent ordinairement pour y trocquer quelquesdents quon y peult bien recouvrer au village qui gist a mont de la Riviere environ 4. lieues. En ceste Riviere trouue on beaucoup de Chevaulx Marins & Cocodrils, tellement quon coniecture que la Riviere du Nil vient a ceste Riviere cy. Au pays sont aussi plusieurs animaulx farouches cruels & estranges comme Elephans, Buffles, Dragons & Serpents singes & marmots, qui sont espoventables a regarder & d'vng naturel nuisant. Auecq ces gens cy faict il mieulx trafficquer que auecq ceulx de Gabon & on ne trouue poinct quils ayent faict quelque insolence aux Flamens, comme ceulx de Gabom ont faict en l'An 1601. a vne nef nommee l'arbre de Palme & encores vne aultre nommee la more de Delft auecq vne barque d'Espagne pareillemet quils invaderent touttes en peu de temps & ont occis & mange les gens auecq plusieurs aultres imsolences quils ont perpetrees & a cause quil faict bon se raffreschir icy & y estre a lancre pour querir de leau & calfatter les nauires y viennet elles la plus part abborder pour soy apprester au retour vers la maison environ de ce Cap sont plusieurs bancs ausquels vne nauire seroit bien tost perdue, mais au derriere d'iceulx ni a danger la sonde aduertira chacun a souffisance.

Aulcunes parolet des habitans du Cap de Lopo Consalves.

Achapter, *Siombe*, dens d'Elephant, *Mamimomeeau*, Fer, *Pelingo*, Toille, *Monello*, nation Flamende, *Mondello*, mauvais, *Broquo*, bon, *fino*, allez envoye, *quendo*. laissez veoir, *Mona*. vn Couteau, *Iagna*, vne belle Femme, *Mokendefino*, ouvrage destain, *Fusienni*, demander. *Quero*, petit, *Iango*. laissez venir, *Biaka*, manger, *Ceria*, pouldre, *Petello*, navire, *Longo*, pouvoir, *koquelle*, vng Roy, *savepongo*, grand, *pællie*,

Le departement dudict Cap vers la maison en Hollande.

L'An 1602. le 2. Ianvier nous sommes nous partis du Cap nous boutans en mer en compagnie de 3. nauires le vent estoit escars & nous fallut bouter a loo.

Le 5. dict auions veu l'Isle S. Thome, ouest ou nord de nous 5. lieues.

Le 12. dict auions la haulteur d'ung degre au sud de l'Equateur.

Le 14. dict auions derechief la haulteur d'vng degre & primes vng Albekoret.

Le 19. dict auions la longueur du Cap de Palma & l'Isle S. Matheo.

Le 26. dict envers le soir passames l'Equateur dressans nostre cours nord a l'ouest.

Le 17. dict auions la haulteur d'vng degre au nord de l'Equinoctial.

Le 29. dict auions la haulteur de degre & demi & auons veu quantite de balaines.

Le 9. Febvrier auions la haulteur de 10. degrez 10. minut.

Le 12. ditto auions la haulteur de Capo verde & dressions nostre cours n.o. est.

Le 16. dict auions la haulteur de 23. degrez & passames le Tropic du Cancre & voyions beaucoup de Saragossa floter & voler plusieurs Rabos.

Le

Le 19. dict auions la haulteur des Isles Canariennes en 28. degrez.

Le 22. dict auions la haulteur de 32. degrez auecq vn vent routier du n. Est.

Le 24. dict de nuict nous surprint vne tempeste hors du nord auecq vn rude vent, de façon que fumes sepa-res d'ensamble par tel orage.

Le 25. dict flottions encores sans voiles & vers le middy visimes nostre compagnie derechief, dont estion fort resiouis & auions la haulteur de 36. degrez.

Le 28. dict eumes vne tempeste hors du nordouest auecq grandes guillees ayans la haulteur de 40. degrez tellement questimions auoir passe les Isles de Tercera & aultres.

Le 2. Mars auions prins la routte du n. Est et au middy auions la haulteur de 41. degrez et 10. minutes.

Le 5. dict auions la haulteur de 45. degrez.

Le 7. dict auons veu sept nauires et apres disnee parlames a vne nauire Franchoise de hable de grace qui tiroit vers Terra Noua et ils disoyent questions encores 200. lieues arriere de hayssant, au middy eumes la haulteur de 48. degrez.

Le 9. dict auions nous tourne nostre cours a l'Est vers le Canal ayans la haulteur de 49. degrez.

Le 10. dict auions iecte la sonde et trouuames 95. brasses fond sablõneus et bon tellement que nous apperceumes que le Franchois nous auoit mal rapporte.

Le 12. dict sommes nous entres au Canal et vimes 7. voiles au deuant de nous le tamps estoit calme.

Le 13. dict suruint frescheur et auons veu 18. nauires a loo et 27. a bouline entre lesquelles estoyent des nauires qui venoyent de venise & vimes Plemouth.

Le 14. dict auions nous veu Portlande.

Le 15. dict auions veu l'Isle de Wicht & eumes grande tranquilite.

Le 17. nous vint vent agre et vers le soir auions veu france et l'Angleterre.

Le 18. dict sommes nous passez les Caps et de nuict se partit nostre Viceadmiral vers la Meuse et auons derechief veu vne flotte de nefs.

Le 20. dict du matin sommes nous venus en Tessel le et auons trouue la a la rade plusieurs nauires a hoc[illegible]

Le 21. dict sommes nous venus deuant Amsterdamme remercians et louans le Seigneur de la prosperi[té] que nous auoit concedee en tel voyage.

AMEN.

CY APRES SENSUIVENT AULCUNS MOTS ET COLlocutions, selon que les Negros de la coste d'or de Gunea (principallement, environ le Chasteau de Mine) les parlent en leur langage, l'ordre de l'A.B.C.

Françoys	Guneis
A	
Vitres coustumes	o kiry
ananasses	ananesso
porter	faberar
endre	quarare cabera
portez poisson	fa nam berà
hapter	betto
lez	menko
are	bosesebamba
moitie	essini
nuict	adosin
assez vous	Kuarare
acunesfois	dabi
monceller	a sofanen
rquebuseou musquet	ettour
B.	
Bassins	Casse
Bassins à barbier	acamatane
annanas	amenenne
balanches	ensenni
boyre	benoumensen
venez dehors	a besant
bon jour	auzy
bonne nuict	adie
bon homme	mepaso
battre	bonnenie
beau	ode apa
baston	eduwa
blanc	fousoufou
C.	
Comme vous	Dabere
corailz bleuz	enginbe
cuisiner	noa de
capitaine	ane
capitaine vient	ane feran
corail	andi
couteaux de norim-(bergue	fernandise
colombs	abronama
chemise	atare
casse	o tom
cheval	panquo
chien	ekia
chat	ambaiou
cabritto	eguoan
canoe	ebem
croire	meppiou
courroute	emonson
comment va	assem
cõment vous portez (vous	eckie
chaudrons	a sofnionom
courrir rade	brettenten
cueillier	atere
ceincture de cuir	saforavon
couteaux	dareba
cuir de cheval	panko bouima
compter	can
crier	fre non
cercher	guyne
chanter	engoume
cannes de Sucre	a fenifam
chair	banom
combattre	ackey
croistre	guare
D.	
Doleur	Engemiam
donnez	mame
donnez moy à mãger	mame idei
drap bleu	tomtombre
drap rouge	a safera
drap iaune	ato
drap verd	abouten wiren
diligent	ade ottome
dormir	menkoda
debvoir	ekua
desrobber	egua
dire	senou
doulx	edean
demeurer	effi
E.	
Emender	menko ebribi
Ensepvelir	enchien assache
esclaue	akoba
escrin	adaka
enfuir	aguane
espoir	assaua
escripre	crecma
envoyer	Koberenna
espingles	fretta
entendre	atti
eau	enchion
F.	
Fier	Menio sademema
froidure	agodeme
faire	meho
femme	biro
fillette	acatrassa
faim	ako medinai
fer	dade
fabriquer	quade
flamens	borfotiange
foible	boube
fort robuste	agomeme appa
G.	
Geline	Koko
garder	fasei
gentilhomme	brennipono
garcon	abassra
grand	kasse
garder	equian
guerroyer	ecko

Hoste

Françoys	Guneis
H.	
Hoste	*fanfo*
homme	*bampa*
haulcez vous vng peu	*afruron*
hacquebutte	*ettour*
hostesse	*ebbredde*
homme sage	*enimade bampa*
I.	
Incontinent	*enbriera*
icy	*eke hay*
il est icy	*oha*
juvenceau	*abanania*
ingniamos	*egine*
je men vay a la maisõ	*ame koifon*
je veulx	*mcnbeeki*
je ne veulx point	*men kohei*
je le veulx veoir	*moneabe*
jover	*abba*
jetter	*mesabomabe*
L.	
Linge	*Tetette*
lier	*keno*
lune	*assata*
larron	*a.y.ou*
limons	*kaukaba*
lasiers	*o.dasso*
linge	*fon[illegible]*
M.	
Mocquer	*se feron non*
marchandise	*agnaede*
marchant	*batafon*
mort	*agou*
mer	*epo*
manger	*didi*
moirie	*esine*
me cognoissez vous	*enninana*
mentir	*atofo*
mesurer	*fno*
mon pere	*aggia*
ma mere	*enna*
mon frere	*[illegible]*
ma soeur	*maggeba*
mon ami	*meanko*

Françoys	Guneis
miroirs	*abowa*
mourir	*a ou*
molade	*oarri.*
N.	
Navire	*enkasse*
nom me	*afere adem*
nouveau	*efoso*
negros	*bebuni*
nager	*abro a fon.*
O.	
Oeufz	*Koke ovina*
or	*chicka*
or faulsifie	*chika emen*
oyes	*apatta*
ouir	*atte*
oui	*i.o.*
oranges	*abrenba*
P.	
Pouvre	*Animaso bebribi*
prier	*metrato*
promectre	*mabe ada*
pain	*awonfon*
pleuret	*osson*
peschour	*a parfo*
poix ou flesche	*ebon*
prester	*femmeme*
prendre	*gei*
plier	*doubra*
pacquet	*esson mine*
paicquet	*bobatam*
porcellaine	*ken ken kuio*
patatres	*matate*
portugalois	*borsoba*
prestre	*assofo*
pot a boire	*egera*
plouuoir	*echuotto.*
parler	*vasar*
pesant	*adon*
porceau	*ebbio*
pescher	*breppo connam*
perdre	*way io*
pour vous	*gie meckran*
Q.	
Queues de cheval	*Ankodne*

Françhoys	Guneis
R.	
Respondre	*guwano*
rompre	*aboe*
regarder	*guiee*
retournes icy	*aba*
roy	*aene kache*
roine	*aene odis*
ribaude	*etigafon*
rire	*esseron*
rien	*mebribi*
rechevoit	*ninmi*
riche	*elbo*
ris	*amo*
reculez	*a kuy.*
S.	
Soldat	*Consokom*
servir	*femmeme*
soleil	*awvia*
serment	*enchion*
saluer	*frade*
scavoir	*minime*
sel	*inkenim*
saulter	*grou*
T.	
Trompet	*Eganne*
trembler de poeur	*ohopope*
tuer	*kounon*
tourner	*senaboyn*
tenoir	*asafey*
trocquer	*sesane*
trenche	*tna*
tromppette	*brambe*
travados	*agom bremon*
V.	
Venez ca	*Bera*
vache	*annanne*
violon	*fanckoe.*
vieil	*opada*
vouloir	*abhenne*
vent	*aggo*
vin	*ensam*
veut du pain	*bosine*

Autres

Les Mois de l'an.

Ianuier	*Kuapara*
feburier	*ſanda*
mars	*ebbo*
avril	*ebobere*
may	*biraſe*
juin	*deoſou*
juillet	*aſa oeu*
aouſt	*adeſſenſanda*
ſeptember	*abeſſem*
oſtober	*ebire*
novembre	*abanamattam*
decembre	*mamanre*
ung Mois	*eſſetan*
aujourd hui	*menbri*
demain	*eckenna*
hier	*d'anou*
un an	*affei*

Des Nombres.

un	*abiancon*
deux	*abiennon*
trois	*abieſſa*
quatre	*anam*
cincq	*anom*
ſix	*achien*
ſept	*ochron*
huict	*oque*
neuf	*oquenom*
dix	*edou*
onze	*edou abiancon*
douze	*adou abienne*
treize	*edou abieſſe*
quattorze	*edou anan*
quinze	*edon anom*
ſeize	*edou achren*
dix & ſept	*edou ochron.*
dix huict	*edou oque*
dix noeuf	*adou oquenom*
vingt	*adenom*
vingt vng	*adenom biancon*
vingt & deux	*adenom abienne*
vingt & trois	*adenom abeſſe*
vingt & quatre	*adenom anam*
vingt & cincq	*adenom anom*
vingt & ſix	*adenam achion*
vingt & ſept	*adenomochion*
vingt & huict	*adenom oque*
vingt & noeuf	*adenom oquenom*
trente	*adeſſem*
cincquante	*aha*
cent	*banon*

Nombres devant Chincke.

vng	*kackie*
deux	*ennio*
troix	*ette*
quattre	*ebbie*
cincq	*ennon*
ſix	*eppa*
ſept	*paon*
huict	*pannie*
noeuff	*neva*
dix	*nomme*

Le compter d'Anta juſques à Berqui eſt tout vng.

Colloques pour ſen ſeruir au train de Marchandiſe.

François.	Negros.
N. MOnſieur comment vous portes vous	N. *AOro deſe*
Fr. fort bien,	Fr. *Daſene*
venez ca que demandez vous	*bera ebeni*
bon jour, marchant	*bataſou ackie*
que voules vous achapter,	*i betso beney.*
N. Ie veulx achapter du linge	N. *Betto ſouſou*
monſtres moy voſtre marchandiſe	*ko kine me mame bule*
je veulx achapter beaucoup de choſes	*betto brette*
et vous payeray bien	*metria caubie,*
Fr. Voules vous parler a nous.	Fr. *Meſonei bribei*
nous avons beaucoup de denrees	*agua edebrette bo bo*
y a force marchans a terre?	*bataſou aſaſei brette.*
N. Voila beaucoup de denrees	N. *Chika berette bo bo*
je veulx achapter quatre bras de linge	*betto iect an anam ſouſou*
pour deux peſos.	*eggeba.*
Fr. Il couſte plus en Flandres	Fr. *Metuo Chikou*
faictez bien	*mame bribei*
& donnes de l'argent	*mame Chika*
marchant peſes voſtre or	*bataſou tumon Chika*
voſtre or eſt trop leger	*Chika engron*
ceſt or faulx	*Chika emon*
N, Capitaine donnes moy a manger	N. *Aene manie idei*
je veulx aller	*menkoſou*
& tournerai demain	*eriko nommaba*
[illegible]pter des baſſins & drap	*bettoecovvay toniet* [illegible]
Fr. Alles vous a la maiſon, tournez icy	Fr. *Koſou cobera*
& pones ung pot de vin de Palme	*Fa enſam bere tentem*
apportez du bois pour cuiſiner	*ſa innem bera*
apportes de leau freſche	*aſazaba.*

COLLOCVTION
AVECQ LES NEGROS DE GVINEA,

François

N. BOn iour Capitaine
ie vous viens dire quelque chose
allons vers la nauire.
F. Ie ne le veuls poinct faire
vous parlez bien
taisez vous
donnez moy vne belle Femme
Dame voulez vous coucher auecq moy
N. Amy donne moy de l'argent.
F. Prenez voila de l'or
vng Teston
ie ne veulx plus donner
Adieu a la bonheure
N. Donnez moy quelque chose
Mon tres cher amy.
F. Venez ça ie veuls estre a terre.

Negros.

N. AChie ane
Baramantbeau
mekou abenau
F. Menkokie
casar brette
mchamme
mame biro ode ape
mame oquemidi
N. Meanko Maine Chike
D. Tounou Chika
begue guove
mienkanoun au bean
mainke.
N. Maune dasche
mancebrebeau
D. Meko afasci bero.

Registre ou Table du Contenu de ce Liure.

A

B

C

D

Denrees

Registre ou Contenu de ce Liure.

Registre ou Contenu de ce Liure.

M

N

O

P

R

S

Serres

Registre ou Contenude ce Liure.

FIN.

www.ingramcontent.com/pod-product-compliance
Lightning Source LLC
Chambersburg PA
CBHW052132090426
42741CB00009B/2048